옛 그림,

　　불교
　　　에

빠지
다

옛 그림, 불교에 빠지다
전생에서 열반까지, 옛 그림으로 만나는 부처

ⓒ조정육, 2014

1판 1쇄　2014년 5월 15일
1판 3쇄　2018년 6월 8일

지 은 이　조정육
펴 낸 이　정민영
책임편집　정민영
편　　집　박주희
디 자 인　이선희
마 케 팅　정민호 이숙재 정현민 김도윤 안남영
제 작 처　미광원색사(인쇄), 중앙제책(제본)

펴 낸 곳　(주)아트북스
출판등록　2001년 5월 18일 제406-2003-057호
주　　소　10881 경기도 파주시 회동길 210
대표전화　031-955-8888
문의전화　031-955-7977(편집부)　031-955-3578(마케팅)
팩　　스　031-955-8855
전자우편　artbooks21@naver.com
페이스북　www.facebook.com/artbooks.pub
트 위 터　@artbooks21

ISBN　978-89-6196-168-4　04220
　　　　978-89-6196-169-1 (세트)

이 도서의 국립중앙도서관 출판시도서목록(CIP)은 e-CIP홈페이지(http://www.nl.go.kr/ecip)와
국가자료공동목록시스템(http://www.nl.go.kr/kolisnet)에서 이용하실 수 있습니다.
(CIP제어번호: CIP2014013020)

옛 그림으로
배우는
불교이야기
1
佛

옛 그림,
불교에
빠지다

조정육 지음

전생에서 열반까지,
옛 그림으로 만나는 부처

아트북스

시작하며

옛 그림, 석가모니 부처에 빠지다

좋은 만남은 사람의 운명을 바꿔놓는다. 내게는 석가모니 부처와의 만남이 그랬다. 어떻게 살아야 할까. 어떻게 살아야 한 번뿐인 인생을 잘 살 수 있을까. 인생에 대해 가장 궁금하고 회의가 많던 시절, 나는 우연한 기회로 석가모니 부처를 만났다. 직접 본 적이 없으니 가르침을 통해 만났다고 하는 것이 정확한 표현일 것이다. 그때 알게 된 이 성인聖人의 삶은 충격 그 자체였다. 내가 정신없이 좇던 돈과 권력을 미련 없이 버리고 출가한 것도 충격이었고, 여든 살까지 평생을 남을 위해 살다 간 생애도 경이로웠다. 그분은 내가 옳다고 생각한 기존 관념을 송두리째 바꿔버렸다. 내가 추구하던 삶이 전부가 아니라는 것도 깨닫게 해주었다. 도대체 무엇이 그런 삶을 선택하게 한 것일까. 이 책은 그 공부에 대한 작은 기록이다.

우리는 잘 사는 인생에 대해 이야기한다. 영원의 차원에서 보면 촛불처럼 짧은 인생이라 해도 한 생을 사는 사람에게는 길고 긴 것이 인생이다. 오랜 세월을 복대기 치며 살다 보면 별의별 사람들과 얽히고설킨다. 기왕이면 뼈아픈 후회 없이 넉넉하고 여유롭게 살 수 있다면 얼마나 좋을까. 남들에게 눈총 받을 정도만 아니라면 행복 속에 깊이 파묻혀 사는 것도 좋은 인생이 아닌가.

그렇다면 어떤 사람이 복 받은 사람일까. 유교儒敎에서는 다섯 가지 복五福을 갖춘 사람을 진짜 복 있는 사람이라 평한다. 『서경書經』의 「홍범洪範」 편을 보면 '오복'에 대해 이렇게 적어놓았다. 첫째는 오래 사는 것壽, 둘째는 부유한 것富, 셋째는 건강하고 편안한 것康寧, 넷째는 덕을 좋아하는 것攸好德, 다섯째는 목숨을 살펴서 마치는 것考終命. 우리는 오복 중에서 몇 개나 누리고 살까. 전부를 가진 사람도 있겠지만 누구나가 다 한두 개 정도는 결핍을 느끼며 산다. 젊었을 때는 세상을 전부 가진 것처럼 힘이 넘치던 사람도 나이 들면 신체가 쇠락해지는 것을 실감한다. 열 살 때의 활력과 스무 살 때의 열정을 유지하고 싶어도 뜻대로 되지 않는다. 돈도 마찬가지이다. 개나리꽃 같은 미소와 벚꽃 같은 손짓으로도 떠나가는 돈을 불러들일 수는 없다. 건강은 어떠한가. 아무리 운동을 하고 좋은 음식을 먹어도 병은 피할 수 없다. 죽고 사는 문제야 더욱 뜻대로 할 수 없다. 이러니 무슨 수로 오복을 다 누릴 수 있겠는가. 큰 비극의 주인공이 되지 않은 것만으로도 감지덕지해야 할 판이다.

그런데 스물아홉 살에 행복이 무상하다는 것을 깨닫고 모든 것을 내려놓은 사내가 있었다. 석가모니 부처였다. 한 나라의 왕위 계승자로 태어난 석가모니 부처는 어느 누구도 누려보지 못한 부와 권력을 가졌지만 그 본질이 무상하다는 것을 알았다. 대단하지 않은가. 무엇이든 두 손에 움켜쥐려고만 하는 팔팔한 나이에 인생을 마무리할 때나 깨닫게 되는 진리를 알았다는 사실이. 이것이 필자가 놀란 이유였고, 불교를 공부한 이유였다. 공부 과정에서 만난 석가모니 부처의 가르침은 경이로움과 감동으로 다가왔다. 필자는 석가모니 부처를 공부하면서 누렸던 행복과 안녕과 평화를 많은 이들과 나누고 싶었고, 이 책은 그렇게 기획되었다.

책에서 소개하는 석가모니 부처의 일대기는 그 생애를 여덟 장면에 압축 저장한 팔상도八相圖에 맞춰 여덟 개의 장으로 구성했다. 팔상도는 도솔천에서 호명보살로 있던 석가모니 부처가 지상에 내려온 '도솔래의상兜率來儀相'에서부터 쿠시나가라의 사라쌍수 아래에서 열반에 드신 '쌍림열반상雙林涅槃相'까지 생애의 중요한 장면을 여덟 개의 그림으로 압축한 것이다. 생애의 요약본이라 할 수 있다. 책의 내용은 '팔상도'에 맞춰서 진행하되, 그에 맞는 적절한 옛 그림을 보충하는 형식으로 구성했다. 중간중간에 가끔씩 필자의 개인사도 덧붙였다. 따라서 이 책은 서로 다른 세 개의 이야기가 인드라망처럼 얽혀 있는 구성이다. 부처의 생애와 옛 그림과 필자의

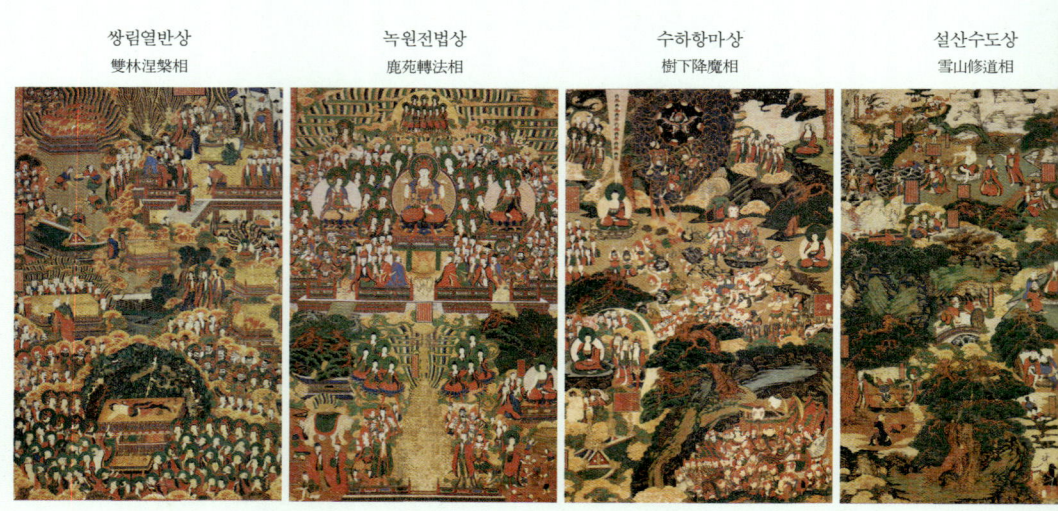

쌍림열반상 雙林涅槃相 　　녹원전법상 鹿苑轉法相 　　수하항마상 樹下降魔相 　　설산수도상 雪山修道相

　개인사가 그것이다. 여러 개의 글이 한데 어우러져 있다는 점에서, 이는 후기인상파의 점묘법點描法식 글쓰기가 되겠다. 점묘법은 원하는 색을 미리 혼합해서 화폭에 칠하는 채색기법과 달리, 화폭에 직접 색을 찍어서 그것들이 보는 이의 눈 속에서 한데 혼합이 되게 하는 기법이다. 화폭에 점점이 찍혀 있는 원색들은 가까이 들여다보면 서로가 전혀 관련이 없는 색처럼 보인다. 그러나 조금만 떨어져서 보면 각각의 점들은 큰 그림을 만드는 세포처럼 하나로 연결되어 있다. 각 글을 엮는 세 개의 이야기도 마찬가지다. 서로 무관하면서도 절묘한 장면을 연출하는 점묘법의 색점처럼 서로 다른 옛 그림과 필자의 개인사가 부처의 위대한 생애와 혼색이 되어, 끊임없이 우리 삶을 돌아보게 하는 거울이 되었으면 한다.

　옛 그림은 예배 대상으로서의 불화佛畵 대신 감상용 회화를 선택했다. 이것은 필자의 전공이 일반 회화라는 사실이 큰 이유이지만 불법佛法의 세계를 불화로만 설명하던 좁은 테두리를 벗어나고 싶은 마음이 크게 작용했다. 부처의 가르침은 불자에게만 해당되는가. 불교를 모르거나 믿지 않는 사람에게는 적용되지 않는 '한정적인

| 유성출가상 | 사문유관상 | 비람강생상 | 도솔래의상 |
| 踰城出家相 | 四門遊觀相 | 毘藍降生相 | 兜率來儀相 |

작자 미상, 『통도사 영산전 팔상도』, 비단에 색, 233.5×151cm, 1775, 보물 제1041호

진리'인가. 불법이 만법萬法이라면 불교 교리를 전혀 담지 않은 일반 회화에서도 불법을 찾아볼 수 있지 않을까. 이런 의문이 불화가 아닌 감상용 회화를 선택하게 했다.

　이 책은 불법승佛法僧 삼보三寶에 맞춰 기획된 '옛 그림으로 배우는 불교이야기' 시리즈 중 첫 번째인 '불佛'이다. 전생에서 열반까지, 부처의 생애와 발자취를 따라간다. 그런 만큼 1권의 고갱이는 부처의 생애다. 부처의 가르침이 담긴 경전經典의 내용은 두 번째인 '법法'에서 살펴볼 예정이다. 부처의 10대 제자와 역대 조사祖師들의 발자취는 세 번째인 '승僧'에서 만나게 된다. 점묘법 스타일의 글쓰기로 진행될 불법승 삼보를 다 읽고 나면, 나와는 상관없는 줄로만 여겼던 석가모니 부처의 가르침이 여전히 나의 삶 속에 현재형으로 진행 중임을 비로소 발견하게 될 것이다. 부디 위대한 성자의 생애와 가르침을 담은 이 시리즈가 독자들의 마음과 삶을 조금이나마 밝혀주었으면 좋겠다.

2014년 봄

조정육

차례

004 시작하며

1
도솔천에서
내려오다

도솔래의상
兜率來儀相

014 전생 작자 미상 「사신사호도」 정선 「단발령망금강」 이인문 「단발령망금강」
위대한 인물의 아주 특별한 과거

026 기다림 이경윤 「낚시꾼」 「도솔래의상」
도솔천에서 사천 년을 기다리다

036 태교 작자 미상 「백자도」
은을 준들 너를 살까 금을 준들 너를 살까

2
룸비니 동산에서
탄생하다

비람강생상
毘藍降生相

048 탄생 작자 미상 「왕세자탄강진하도」
위대한 탄생

061 유년기 작자 미상 「정묘조왕세자책례계병」
싯다르타 태자의 풍족한 어린 시절

072 소년기 심사정 「호취박토도」 전 유숙 「호취간작도」
살기 위해 살육하는 참혹한 세상

3
사문에 나가
세상을 관찰하다

사문유관상
四門遊觀相

084 결혼 작자 미상 「동가반차도」
한 생애가 또 다른 생애로 흘러들어

097 생로병사 신윤복 「미인도」 강세황 「복천오부인초상」
거부할 수 없는 운명의 무게

108　출가 정선 「파교설후」 조희룡 「홍백매 8곡병」
　　　태자 싯다르타, 출가 사문이 되다

4
성을 빠져나와
출가하다

유 성 출 가 상　122　스승 심사정 「산승보납도」 전 이인문 「격단조주」 전기 「매화서옥도」
踰 城 出 家 相　　　따르되 머무르지 않은 위대한 여정
　　　　　　　　136　고행 작자 미상 「석가고행상」 양해 「석가출산도」
　　　　　　　　　　고행으로는 다다를 수 없는 세계
　　　　　　　　149　중도 강희언 「사인사예도」 김홍도 「활쏘기」 「빨래터」
　　　　　　　　　　중도의 길을 찾다

5
설산에서
수도하다

설 산 수 도 상　164　유혹 신윤복 「주유청강」 안중식 「유해섬도」 김명국 「수로예구」
雪 山 修 道 相　　　유혹을 넘어 깨달음의 문을 두드리다
　　　　　　　　177　깨달음 이인문 「강산무진도」
　　　　　　　　　　찬란한 빛은 삼천대천세계를 비추고
　　　　　　　　188　전법 안견 「몽유도원도」
　　　　　　　　　　석가모니 부처의 위대한 선택

6
보리수 아래서
마귀의 항복을 받다

수 하 항 마 상　202　불족적 작자 미상 「성세창제시미원계회도」
樹 下 降 魔 相　　　마침내 굴러가는 진리의 수레바퀴

214 60아라한 이인상 「송하수업도」 윤두서 「진단타려도」
전법의 길을 떠나는 60아라한

225 외호자 작자 미상 「지옥초지」 정조 「파초」 「들국화」
빔비사라 왕, 승가 최고의 외호자가 되다

7
녹야원에서
포교하다

녹원전법상
鹿苑轉法相

240 세 제자 작자 미상 「모란 병풍」
큰 제자와 만나다

254 수닷타 장자와 제타 태자 정선 「초당춘수」 김정희 「세한도」
선각자들의 빛나는 협상

266 고향 방문 최북 「산향재도」 「석림모옥」 강세황 「초당한거도」 「시」
석가모니 부처의 고향 방문

8
사라쌍수 밑에서
열반에 들다

쌍림열반상
雙林涅槃相

280 업보 김득신 「벼 타작」
나는 농사짓는 사람

293 가르침 김정희 「불이선란」
앙굴리말라와 올바른 가르침

304 열반 신명연 「연꽃」 작자 미상 「일월오봉도」
자신을 등불 삼아 법을 등불 삼아

317 마치며
318 참고자료

일러두기

작품 제목은 「 」, 책·화첩은 『 』, 연극·전시 제목은 〈 〉로 묶어 표기했습니다.
이 책에 수록된 미술작품은 저작권자가 확인되는 대로 정식 동의 절차를 밟겠습니다.

도솔래의상 兜率來儀相

1
도솔천에서 내려오다

1
도솔천에서 내려오다

전생

위대한 인물의
아주
특별한
과거

작자 미상 「사신사호도」
정선 「단발령망금강」 이인문 「단발령망금강」

　　내 나이 오십. 노후를 걱정한다. 작년에 한 번 된통 아픈 뒤로는 더더욱 미래가 불안하다. 걱정은 은근하면서도 집요하다. 하나를 차단했나 싶으면 또 다른 걱정이 뒤를 잇는다. 불안의 요인은 수두룩하다. 사람의 수명은 백 세를 바라본다는데 모아둔 돈이 없으니 늘어난 수명 자체가 재앙이다. 빈곤한 미래, 자신 없는 건강, 아직 어린 두 아들 등, 꼬리에 꼬리를 무는 걱정은 하루도 쉬지 않고 들이닥친다. 걱정에 대한 걱정으로 숨이 콱 막혀 쓰러질 지경이다. 워낙 닳고 닳은 물건이라 세월이 지나면 익숙해질 줄 알았다. 그러나 걱정은 아무리 많은 시간이 지나도 결코 고물이 되는 법이 없다. 언제나 싱싱하게 전열을 갖추고 지치지 않는 전투력으로 나를 공격한다. 끝없이 밀려드는 걱정에 치여 기진맥진한 내 모습이 낯설게 느껴질 때도 많다. 삶과 죽음의 문제도 진지하게 고민하면서 고상하게, 때로는 철학적인 자세로 살겠다던 나의 결심은 결코 실현될 것 같지 않다. 그런 거대 담론에 몰입하기에 앞서 당장 현실의 문제를 고민하는 것만으로도 벅차다.

그런데 스물아홉의 젊은 석가모니 부처는 거대 담론을 위해 출가했다. 왕위를 계승해달라는 아버지의 간절한 애원을 뿌리치고 과감하게 빈자의 삶을 선택했다. 나는 '쪽팔리게' 오십이 되어서도 돈 몇 푼에 허둥거리는데, 석가모니 부처는 젊은 나이에 '위대한 포기'를 감행했다. 역시 위대한 사람은 달라도 뭔가 다르다. 상식으로는 도저히 가늠할 수 없는 특별한 뭔가를 가지고 태어났음이 분명하다.

보통 사람과는 다른 특별한 삶

나만 이런 생각을 한 것이 아닌가 보다. 다른 사람도 마찬가지였던 것 같다. 위대한 인물을 보면 자신과는 다른 특별한 존재라고 생각한다. 천재가 그렇다. 보통 사람이라면 죽었다 깨어나도 선택할 수 없는 삶도 천재니까 가능한 것이라고 단정 지어버린다. 천재라는 단어 속에는 천재 아닌 사람의 부족함과 게으름을 감춰보려는 면피용 의도가 깔려 있다. 자신과 똑같은 사람이 엄청난 능력을 발휘했다는 사실을 인정하는 순간 상대적으로 자신이 더 초라해지기 때문이다. 그러니 차라리 그가 출중한 능력을 타고났다고 규정지어 버리는 편이 훨씬 편하다. 내가 아무리 노력한들 하늘이 내린 인재를 이길 수

1 도솔천에서 내려오다

있겠는가, 하면서 스스로를 위로한다.

또 다른 반응은 윤회를 인정하는 것이다. 현재의 그가 되기 위해 여러 생을 거쳐 갈고닦은 솜씨가 비로소 이번 생에 빛을 발휘하게 되었다는 논리이다. 하늘이 내린 인재가 천재라면, 그는 윤회 속에서 지독하게 연습한 결과 현재의 능력자가 되었다 하겠다. 석가모니 부처의 전기를 쓴 사람들이 이 부류에 속한다. 전기 작가들은 인류에게 큰 영향을 끼친 위대한 석가모니 부처일지라도 겨우 80년의 생애로는 도저히 그렇게 큰 업적을 남길 수 없다고 생각했다. 그들은 석가모니 부처의 생애를 쓸 때, 당연히 전생에 대한 이야기부터 시작한다. 이것은 단지 불교만의 특징이 아니다. 과거에는 위인전을 쓸 때, 전생 이야기를 기록하는 사례가 왕왕 있었다. 이것을 '본생담本生譚' 혹은 '자타카Jātaka'라고 부른다. 본생담은 석가모니 부처의 전생 이야기를 기록한 책으로, 547종의 설화가 알려져 있다. 이야기가 많다는 것은 그만큼 석가모니 부처가 여러 생을 거치면서 높은 공덕을 쌓았다는 뜻이다. 석가모니 부처는 이 세상에 출현하기 전에 여러 생을 통과하면서 남을 위해 희생했다. 때로는 부처께 연꽃을 공양한 수행자로, 때로는 아홉 빛깔의 사슴으로, 때로는 원숭이의 왕으로, 때로는 자신의 몸을 희생해 호랑이를 살린 왕자로 살았다. 수많은 생을 거듭하는 동안 선한 일을 끝없이 한 결과 부처가 될 수 있었다. 이런 자기희생의 기록이 본생담이다. 석가모니 부처의 '위대한 포기'를 이야기하기 전에 본생담부터 시작하는 이유는 본생담이야말로 불교의 자비심과 계율의 뿌리가 되기 때문이다.

몸을 던져 굶주린 호랑이를 구하다

본생담 중에서 가장 널리 알려진 이야기는 「사신사호도捨身飼虎圖」에 담겨 있

佛

작자 미상, 「사신사호도」
(타마무시노즈시의 「수미좌」 그림 중 오른쪽 면),
나무에 칠, 7세기 전반, 아스카 시대,
일본 나라 호류지 소장

다. 내용은 이렇다. 석가모니 부처가 과거생에 전단마제라는 태자일 때였다. 눈이 많이 내린 어느 날, 태자는 골짜기 밑에서 새끼 일곱 마리를 낳은 어미 호랑이가 먹이를 찾지 못해 굶주린 모습을 발견한다. 그대로 두면 어미와 새끼가 모두 굶어죽을 것 같았다. 이를 가엽게 여긴 태자는 호랑이의 먹이가 되기 위해 벼랑 위로 올라간다. 높은 곳에서 뛰어내려 몸이 부스러지면 힘없는 호랑이가 좀 더 쉽게 먹을 수 있지 않을까 해서였다. 태자는 벼랑 아래로 몸을 던진다. 떨어진 태자의 살을 먹은 어미 호랑이는 살아났고, 새끼 호랑이들도 모두 기운을 차렸다. '몸을 던져 호랑이의 먹이가 되다'라는 뜻의 「사신사호도」는 특히 자기희생이 두드러진 전생 이야기로 둔황敦煌 벽화를 비롯해 일본의 타마무시노즈시玉虫厨子의 「수미좌」에서도 발견할 수 있다. 타마무시노즈시의 「수미좌」는 집 모양의 불감佛龕 받침대인데, 청동 투조透彫를 막는 곳에 비단벌레의 속 날개가 끼워져 있어 얻게 된 별명이다. 「사신사호도」는 받침대 네 면에 그려진 그림 가운데 하나이다.

 그림의 내용은 화면 위에서부터 아래로 전개된다. 태자는 시간 순서에 따라 한 화면에 세 번 등장한다. 맨 위에서 태자는 상의를 벗고 있고, 다음에는 두 손을 모아 합장한 채 절벽 아래로 떨어진다. 마지막으로 대나무 숲에 떨어진 태자를 호랑이가 뜯어먹는다. 이 본생담에서 석가모니 부처의 자비심은 사람을 넘어 짐승에게까지 닿아 있다. 귀중한 목숨을 버려 하찮은 동물에게까지 자비를 베풀 필요가 있느냐는 날 선 비난은 모든 생명을 등가로 여기는 사람에게 무의미하다. 어떤 포악한 이론으로도 공격할 수 없는 자비심의 실천이야말로 태자가 부처가 될 것이라는 수기授記를 받은 이유였다. 이런 세계관과 우주관은 다른 종교에서는 발견할 수 없는 불교만의 특징이다. 부처가 단지 사람 중에서 뛰어난 자가 아니라 삼계색계, 욕계, 무색계의 도사이고, 사생태생, 난생, 습생, 화생의 자부慈父라는 것을 의미한다. 본생담은 재미있는 동화다. 판타지 만화처럼 상상력이 가득 담겨 있다. 그런데 알고 보면 이 이야기의 그물망 속에는 불교의 거대한 철학과 가르침이 담겨 있다. 위대한 석가모니 부처의 면면을 효과적으로 전달하기 위해 이런 이야기들이 나오게 된 것이다.

감동을 전하려는 예술가의 고민

본생담이 탄생한 과정을 생각할 때마다 떠오르는 작품이 있다. '단발령에 올라 금강산을 바라보다'라는 뜻의 「단발령망금강斷髮嶺望金剛」이다. 정선鄭敾, 1676~1759이 서른다섯 살 때 그린 작품으로 『신묘년풍악도첩辛卯年風嶽圖帖』 중의 한 폭이다. 풍악산은 가을 금강산의 다른 이름이다. 그러니 『신묘년풍악도첩』은 '신묘년1711에 그린 금강산의 가을'을 말한다. 모두 13폭으로 구성된 화첩에는 금강산 전체 모습을 한 화면에 그린 「금강내산총도金剛內山總圖」를 비롯하여 장안사, 보덕굴, 피금정, 해산정, 총석정 등 금강산의 빼어난 경치가 담겨 있다. 굽이마다 궁극의 아름다움을 생생하게 간직한 명소를 그린 화첩이다.

「단발령망금강」은 『신묘년풍악도첩』의 첫 번째 그림이다. 단발령은 금강산에 오를 때 처음 만나는 고개로 금강산의 대문이다. 대문 이름을 '머리를 깎는 고개'라는 의미인 '단발령'이라 지은 것은 이곳에 온 유람객이 금강산을 보는 순간 속세에 대한 미련을 잊은 채 머리를 깎고 세상을 등질 정도의 비경이라는 의미에서이다. 금강산은 불교적인 색채가 강한 산이다. '금강산'의 '금강'은 불교에서 나온 말로 '견고하고 단단하다'라는 뜻이다. 부처의 덕이 금강처럼 견고하여 일체의 번뇌를 끊어버린다고 할 때 쓰는 단어이다. 금강산에 있는 석가봉, 관음봉, 향로봉 등의 봉우리도 불교를 떠나서는 생각할 수 없는 지명이다. 사람들은 금강산을 특별하게 생각했다. 신령스럽고 성스럽게 여겼

1
도솔천에서 내려오다

정선, 「단발령망금강」(『신묘년풍악도첩』 중에서),
비단에 연한 색, 36×37.4cm, 1711,
국립중앙박물관 소장

다. 금강산에는 부처가 산다고 믿었다. 누군가는 신선들이 노닌다고 믿었다. 부처가 살고 있는 금강산에 다녀오는 것만으로도 지옥에 떨어지는 것을 막을 수 있다고 믿어 금강산을 유람하는 풍조가 생겨났다.

정선이 지금 그 산 앞에 서 있다. 그는 금강산의 수려한 자태에 큰 감동을 받았다. 화가는 자신이 감동받은 것으로 끝나서는 안 된다. 붓을 통해 다른 사람에게 전해줘야 한다. 마치 전기 작가가 석가모니 부처의 위대한 생애를 쓰기 위해 본생담을 들려주듯 화가도 붓을 통해 대상의 아름다움을 보여줘야 한다. 두고 온 속세를 가차 없이 버리게 할 만큼 단호한 울림을 주는 감동을 정선은 어떻게 표현했을까. 「단발령망금강」에서 대각선으로 가로지른 산의 오른쪽이 단발령이다. 구름 너머 뾰족뾰족한 흰 바위산이 금강산이다. 정선은 사람들이 서 있는 단발령을 분명하게 그렸다. 능선을 따라 빗자루로 쓸어놓은 듯 단정하게 서 있는 나무들은 미점*米點*을 찍어 차분하게 드러냈다. 골짜기를 흐르는 계곡물과 가파른 고갯길도 충분히 찾아낼 수 있도록 꼼꼼히 그렸다. 반면 저 멀리 보이는 금강산은 구체적인 표현을 삼간 채 흰 바위만으로 표현했다. 정선의 친구였던 시인 이병연李秉淵, 1671~1751은 금강산을 "신선이 사는 궁궐의 금자물쇠를 연 듯하고 아름다운 허공에 부용꽃을 묶어놓은 듯하다"라고 묘사했다. 구름 너머 아득히 보이는 금강산이 꼭 그대로다. 신비스런 자태를 구름 속에 감춘 모습이 쉽게 출입을 허락할 것 같지 않다. 감히 때가 탄 인간의 시선에는 속내를 보여줄 수 없다는 듯 근엄한 몸짓이다. 정선은 현실과 이상, 차안과 피안, 예토와 불국토의 대척점 사이에 구름을 풀었다. 구름은 이질적인 두 세계를 갈라놓으면서 연결시킨다. 구름과 맞닿은 단발령은 부처와 중생이 만나는 문이며, 신선과 인간이 어울리는 마당이다. 마음 한 번 바꾸면 중생이 부처가 되듯 발 한 번 내딛으면 속세가 곧 불국토가 된다.

감동을 전해주려는 예술가의 고민은 본생담의 작가나 금강산 화가가 다르지 않다. 훌륭한 원전 못지않게 전달자의 노력도 가상하다.

정선은 단지 금강산이라는 풍경을 보여주는 데 끝나지 않고 소소하게 그림 읽는 맛도 느낄 수 있게 했다. 단발령 중턱 우람한 전나무 아래에는 이제 막 도착한 유람객과 가마꾼들이 서 있다. 편하게 가마를 타고 온 선비들은 서로 금강산을 가리키며 황홀경에 빠져 있는데 죽을힘을 다해 '깔딱 고개'를 올라온 가마꾼들은 그들끼리 모여 힘들었던 여정을 토로한다. 꾸불꾸불하게 굽이진 길에는 아직 도착하지 못한 사람이 헉헉거리며 말을 끌고 올라온다. 이미 구경을 끝내고 내려가는 사람도 있다. 멋진 경치만 그린 것 같은데 그곳에도 사람살이의 어려움이 고스란히 담겨 있다. 정선을 '진경산수화眞景山水畵의 대부'라 부르는 이유도 단지 조선의 실경實景을 있는 그대로 그리는 차원을 넘어, 그 안에 자신의 감정과 느낌을 담아 감상자와 대화를 시도하고자 했기 때문일 것이다.

본생담과 닮은 진경산수화

정선보다 한 세대 뒤에 활동한 이인문李寅文, 1745~1821도 정선과 같은 제목의 작품을 남겼다. 제목만 같은 것이 아니다. 이인문의 「단발령망금강」은 정선의 작품에 비해 필치가 훨씬 꼼꼼하고 세밀하지만 기본적인 구도는 정선의 작품과 똑같다. 정선이 영조 시대 때 작가라면 이인문은 정조 시대 때 작가다. 그런데도 이인문의 그림에는 정선의 영향이 뚜렷하다. 정선이 출현하기까지 화가들은 실경을 그리면서도 중국 화보를 참고한 관념산수를 선호했다. 그 선입관을 깨뜨리고 나간 사람이 정선이다. 첫발을 내딛기가 힘들어서 그렇지 한 번 발자국이 찍히면 그다음부터 사람들이 통행하는 것은 그다지 어렵지

이인문, 「단발령망금강」, 종이에 연한 색, 23×45cm, 개인 소장

않다. 정선이 금강산의 아름다움을 그리고 난 후 많은 작가가 정선의 자취를 따라갔다. 그들은 흔히 '정선파'로 불린다. 이인문을 비롯하여 강희언姜熙彦, 1738~84, 김윤겸金允謙, 1711~75, 정황鄭榥, ?~? 최북崔北, 1712~86, 강세황姜世晃, 1713~91, 김응환金應煥, 1742~89, 김득신金得臣, 1754~1822, 김석신金碩臣, 1758~?, 김유성金有聲, 1715~?, 정수영鄭遂榮, 1743~1831, 김홍도金弘道, 1745~1806 이후 등 조선 화단을 대표하는 화가들이 이에 속한다.

    진경산수화의 전개 과정은 본생담의 그것과 닮아 있다. 위대한 분에 대한 존경심에서 하나의 '본생담'이 출현하자 이에 자극을 받은 다른 이야기가 뒤를 이었고, 마침내 500여 종이 넘는 풍부한 이야기가 꽃핀 것과 같다. 정선이 「단발령망금강」에 구름을 넣은 이유는 속세와 구분되는 금강산의 신령스러움을 드러내고자 함이었다. 그는 성공했다. 민족의 영산靈山 금강산이 곁에서 호흡하듯 생생하게 느껴지기 때문이다. 부처의 전생 이야기를 담은 본생담 역시 정선의 「단발령망금강」만큼이나 감동적이다. 원전도 중요하지만 전달자도 중요하다. 작가도 화가도 자신의 역할에 넘칠 만큼 충실했으니 이제 감상자 차례다. 읽고 보고 실천하는 우리들의 역할만 남아 있다. 우리도 그들처럼 잘 해낼 것이다.

기다림

도솔천에서
사천 년을
기다리다

이경윤 「낚시꾼」「도솔래의상」

　남편이 은퇴했다. 대한민국 보통 직장인이 그러하듯 갑작스런 은퇴였다. 말이 좋아 은퇴지, 일방적인 해고였다. 아무런 준비 없이 해고당한 남편은 몹시 당황한 것 같았다. 지금까지 당연하게 생각했던 새벽 출근이 없어짐과 동시에 할 일도 없어졌다. 정해진 틀 안에서 정해진 자리에 앉아 정해진 일만 하던 생활이 갑자기 사라진 것이다. 대신 모든 일을 혼자 만들어서 혼자 해야 하는 낯선 삶 속에 던져졌다. 완전히 다른 형식의 삶이었다. 넘치는 시간을 감당하기가 벅차 보였다. 며칠 동안 이곳저곳에 새로운 직장을 알아보더니 급하게 출근을 서둘렀다. 그러나 급하게 먹는 음식은 체한다고, 남편은 한 달도 되지 않아 다시 사표를 던졌다.

새로운 일을 시작하기 위해서는 준비 기간과 기다림이 필요하다. 그걸 알면서도 서두르는 것은 조급하기 때문이다. 무엇인가를 빨리 해야 한다는 강박증과 일을 하지 않으면 자신이 이 사회에서 쓸모없는 인간으로 전락할지도 모른다는 두려움이 작용했다. 경제적인 불안감도 한몫했다. 위험을 알면서도 섣부르게 자영업자의 길로 들어섰다 결국 가게 문을 닫는 경우도 당장 생계를 유지해야 하는 절박함이 낳은 결과일 것이다.

조금 늦고 빠른 차이만 있을 뿐 은퇴는 누구나 맞이하는 통과의례이다. 피하고 싶지만 피할 수 없는, 두려움과 막막함에 홀로 맞서야 하는 고독한 싸움이다. 인생의 절반을 겨우 넘긴 상태에서 나머지 인생을 걸고 싸우는 전투인데, 어찌 고민과 고뇌가 없겠는가. 급하게 서둘러서 쉽게 결정할 일이 아니다. 우선은 쉬면서 차근차근 찾아봐야 한다. 어떻게 사는 것이 의미 있는 삶인지 숨 좀 돌리면서 생각해봐야 한다. 큰일을 하려면 그만큼 더 오랜 기다림이 필요하기 때문이다.

문왕과 강태공의 운명적인 만남

준비 기간은 어느 정도가 적당할까. 얼마나 시간을 투자하고 기다려야 충분하다고 느낄 수 있을까. 한 달이면 넉넉할까. 1년? 아니면 10년? 사람마다 다르고 하는 일마다 다를 것이다. 그런데 7년 도 아니고, 무려 70년 가까이 준비한 끝에 꿈을 실현한 사람이 있다. 인간이 되기 위해 굴 속에서 마늘과 쑥으로 연명했다는 단군신화 속 곰보다 더 지독한 사람이 아닐 수 없다.

'낚시꾼' 하면 떠오르는 사람, 강태공이 문제의 주인공이다. 그는 중국 주周나라 때 실존했던 인물로, 사마천司馬遷, 기원전 145~기원전 86의 『사기史記』 「주본기周本紀」와 「제태공세가齊太公世家」에 자세히 기록되어 있다. 강태공은 주 문왕文王과 무왕武王의 군사軍師로, 주공周公 단旦과 더불어 은殷나라를 격파하고 주나라를 건국할 때 결정적인 역할을 했다. 건국 후 개국공신으로서의 능력을 인정받아 주공 단은 노魯나라, 강태공은 제齊나라의 제후로 각각 봉해졌다. 제나라는 지금의 산동성 북부 지역에 위치했는데 기름진 땅과 바다를 낀 지정학적 조건으로 상공업과 어업이 발달한 강국이 되었다. 강태공을 시조로 한 제나라는 춘추전국 시대 때 가장 강력한 국가였다.

주공 단이 주나라의 건국 과정에서 큰 역할을 한 것은 문왕의 가족이었기 때문이다. 그는 문왕의 아들이자 무왕의 동생이었다. 그런데 성씨가 전혀 다른 강태공이 주나라 건국에 참여하게 된 데는 특별한 사연이 있었다. 『사기』 「제태공세가」에는 이렇게 기록되어 있다.

> 여상呂尙은 일찍이 궁핍했고 나이도 아주 많았던 듯한데, 낚시질을 하면서 주나라 서백西伯. 문왕을 만나고자 했다. 서백이 사냥을 나가기 전에 점을 쳤는데 이렇게 말했다.
> "사로잡을 것은 용도 아니고 이무기도 아니며 호랑이도 아니고 곰도 아니니, 사로잡을 것은 패왕을 보좌할 신하일 것이다."
> 이에 주나라 서백이 사냥을 나갔는데 정말로 위수渭水 북쪽에서 태공을 만났다. 그와 이야기를 나누어보고는 매우 기뻐하며 말했다.
> "나의 선왕 태공太公께서 '성인聖人이 주周나라에 나타날 때가 되면, 주나라는 그로 인해 흥성할 것이다'라고 하셨습니다. 선생이 정녕 그 사람이

1
도솔천에서 내려오다

맞습니까? 우리 태공께서 선생을 기다린 지가 오래되었습니다."
이에 그를 '태공망太公望, 태공의 바람'이라고 일컬으며 수레를 타고 함께 돌아와서 즉시 국사國師로 삼았다.

강태공의 원래 이름은 여상이었다. 그는 아주 가난했다. 가난했으나 큰 꿈을 품고 살면서 때가 오기만을 기다렸다. 당시 은나라는 패망의 길을 걷고 있었다. 은나라의 마지막 왕 주紂는 도덕적으로 타락해 음탕한 것을 좋아했으며, 충신들을 죽이고 세금을 무겁게 매겨 백성들의 어려움이 말이 아니었다. 포격炮格, 기름칠한 구리 기둥 아래 불을 지피고 죄인에게 기둥 위를 걸어가게 하여 미끄러져 불에 떨어져 죽게 하는 형벌을 집행하고, 충신을 죽여 심장을 꺼내는 등의 간악한 행위를 자행하였다. 사람들은 어서 빨리 새 지도자가 나타나 백성들을 신음 속에서 구해주기를 학수고대했다. 당시 주나라의 왕 서백은 백성들에게 덕을 행하고 선정을 베풀어 많은 제후들의 신망을 받고 있었다. 그는 여러 제후들의 뜻을 모아 은나라를 정벌할 계획을 세웠다. 무슨 일을 하든 사람이 가장 중요한 법. 서백은 자신을 도와 새 나라를 이끌어갈 국정 파트너를 애타게 찾아다녔다. 여상은 서백이 간절한 기다림 끝에 만난 인물이었다. 여상과의 만남이 얼마나 반가웠으면 자신의 아버지까지 들먹거리며 '태공망'이란 이름을 하사했겠는가.

오랜 기다림의 결과가 더 반가운 쪽은 서백이 아니라 태공망이었다. 태공망이 기나긴 낚시질 끝에 서백을 낚았을 때, 그의 나이 일흔둘이었다. 오죽했으면 그의 아내마저 남편을 포기하고 도망갔을까. 그 나이라면 미래에 대한 가망성이 전무하다고 판단했음이다. 그런데 태공망은 확신이 있었다. 한 송이 국화꽃을 피우기 위해서도 봄부터 소쩍새가 그렇게 우는데, 하물며 한 사람의 인생을 꽃피우는데 한두 해의 울음소리로 가능하겠는가. 천둥이 먹구름

佛

이경윤, 「낚시꾼」(『10폭 화첩』중에서), 비단에 먹, 31.1×24.8cm, 고려대학교박물관 소장

속에서 '또 그렇게' 우는 강도의 자기 단련과 준비 기간이 필요했을 것이다. 태공망은 소쩍새가 우는 가을을 일흔두 번 넘기고 천둥이 먹구름 속에서 또 그만큼 울릴 때까지 낚시질을 하면서 기다렸다. 사족을 붙이자면 낚시질하는 동안 아무 생각 없이 그저 멍하게 앉아 있었다고 생각하면 안 된다. 언제든 실무에 투입될 수 있도록 만반의 준비를 끝내고 기다렸을 것이다. 덕담이 오간 후 문왕이 물었다. 내가 그대를 국가의 중요한 부서에 중용하고 싶은데 특기가 무엇인고. 태공망이 대답했다. 천하를 주나라의 깃발 아래 하나로 모을 수 있는 계책이 특기입니다.

큰일을 위한 칠십 년의 기다림

버드나무 잎이 하늘하늘 바람에 휘날리는 위수渭水에서 강태공이 낚시질을 하고 있다. 삿갓을 쓴 강태공은 힘껏 낚싯줄을 던졌지만 낚싯줄 끝에는 바늘이 없다. 그는 지금 고기를 잡기 위해 낚싯줄을 드리운 것이 아니다. 세월을 보내기 위해 앉아 있을 뿐이다. 아직도 낚시 중인 것을 보면 문왕이 도착하기 전인 것 같다. 잠시 후면 이 작은 냇가에서 역사적인 만남이 이루어질 것이다. 「낚시꾼」은 조선시대 중기의 왕족 출신 선비 이경윤李慶胤, 1545~1611의 작품이다. 그림 형식은 나무가 만들어놓은 공간에 중심이 되는 인물을 그려 넣는 전형적인 소경산수인물화小景山水人物畵이다. 인물을 강조하기 위해 화가들이 즐겨 사용한 구도법이다. 상식적인 구도법을 차용했지만 「낚시꾼」의 인물과 배경은 매우 독특하다. 인물은 선線으로 그린 반면 배경은 면面을 드러낸 몰골법沒骨法을 썼다. 몰골법은 뼈가 없는 필법이란 뜻으로, 나무와 바위 등을 그릴 때 테두리를 그리지 않고 곧바로 면을 칠하는 기법이다.

이경윤은 여러 점의 산수인물화를 남겼다. 대부분 조선시대 중기에 유행한

작자 미상, 「도솔래의상」(「통도사 영산전 팔상도」 중에서), 비단에 색, 233.5×151cm, 1775, 보물 제1041호

절파화풍浙派畵風이 두드러진 것이 특징이다. 절파화풍은 명明나라 초기에 저장浙江성 출신 화가 대진戴進과 그 추종자들에 의해 만들어진 화풍이다. 화면을 대각선이나 수직으로 양분한 뒤 부벽준斧劈皴으로 흑백 대조를 강하게 드러내는 기법이다. 부벽준은 마치 도끼 자루로 나무를 찍어낸 것처럼 거친 필선으로 바위 표면을 표현한다. 붓을 옆으로 뉘어 아래로 끌며 그어 내리는 붓질이다. 「낚시꾼」에는 절파화풍이 잘 반영되어 있다. 그림 하단에 진한 먹으로 그린 부벽준의 바위가 전형적인 절파풍이다. 바위에 칠한 진한 먹 덕분에 그림의 중심이 잡히고 무게감이 느껴진다. 강태공 뒤의 버드나무 몸체와 받침대 같은 바위도 같은 준법을 써서 안정감을 주었다. 바람에 하느작거리며 나부끼는 버드나무 줄기가 흙 속에 단단히 박혀 있는 뿌리에 의해 지탱되듯 강태공의 미래에 대한 의지도 바위처럼 굳건하다. 바위와 나무에 칠한 진한 먹은 강태공의 단심丹心이자 자기 확신이다.

사천 년을 기다린 호명보살

한 나라를 건국하는 데도 70년의 기다림이 필요하다. 하물며 인류 전체의 스승이 탄생하기까지는 얼마나 오랜 시간이 필요하겠는가. 앞서 본생담 이야기를 했다. 석가모니 부처는 부처가 되기 전 무수히 많은 생을 거쳐 자기희생의 공덕을 쌓은 결과 도솔천에 올라갈 수 있었다. 도솔천은 수미산 꼭대기에 있는 하늘이다. 선행을 많이 한 사람들이 태어나는 곳으로 그곳의 하루는 인간세계의 400년에 해당될 정도로 길다. 도솔천에 비하면 지구에 사는 인간의 수명은 하루살이에 불과하다. 장차 부처가 될 보살은 도솔천에 머물면서 지상에 내려올 시기를 기다린다. 도솔천은 마니주가 환하게 빛을 발하는 가운데 눈부시게 화려한 궁전과 건물이 세워져 있는 천국이다. 아름다운 꽃이 은

은하게 향기를 내뿜고 하늘을 나는 새가 청아한 목소리로 노래하는 곳에서 천신들은 더없이 흡족한 수명을 누리며 살았다. 석가모니 부처도 이곳에서 4,000년 동안 호명보살護明菩薩로 있으면서 천신들을 가르치며 교화시켰다. 그러면서 이 세상에 태어날 시기와 장소를 살폈다.

호명보살은 매우 신중하고 사려 깊은 보살이었다. 능력이 있다 해서 상황과 조건은 살피지도 않고 무조건 내지르거나 하지 않았다. 인간 사회가 안락하고 이상적인 상태에서는 신앙심이 일어나지 않는다. 너무 타락하고 부도덕한 세상에서는 종교를 돌아볼 여유가 없다. 그 중간이 적당하다. 거기가 어디일까. 호명보살은 심사숙고 끝에 자신이 내려가야 할 인간 세상을 선택했다. 네팔 남부 타라이 지방에 있는 카필라바스투라는 도시국가였다. 슈도다나 왕이 다스리는 석가족의 나라였다. 카필라바스투라는 코살라나 마가다국처럼 강대국은 아니었지만 백성들은 부지런하고 온순했다. 왕비인 마야 부인은 도솔천의 신과 천녀들이 감복할 만큼 인품이 뛰어났다. 호명보살은 자신의 후임자로 미륵보살을 도솔천에 남겨둔 후 지상으로 내려왔다. 4,000년의 기다림 끝이었다.

호명보살은 여섯 개의 상아를 가진 흰 코끼리를 타고 어머니가 될 마야 부인의 태 안에 들어갔다. 그녀의 오른쪽 옆구리를 거쳐 태 안에 들어간 호명보살은 신들이 마련한 보전寶殿. 부처를 모시는 건물 속에서 가부좌를 틀고 앉았다. 대범천왕은 보살에게 우주의 정수만을 담은 공양을 올렸다. 마야 부인은 조용히 잠든 채 부처가 오는 과정을 생생하게 지켜보았다. 잠시 후 이 기쁜 소식을 슈도다나 왕에게 알렸다. 4월 어느 날, 봄빛이 눈부시게 꽃밭을 뒤흔드는 길한 날이었다. 부처의 생애를 여덟 장면으로 표현한 그림을 「팔상도八相圖」라고 한다. 그 첫 번째 장면 「도솔래의상兜率來儀相」에는 부처가 도솔천을 떠나 지상으로 내려오는 과정이 한 장의 그림에 담겨 있다.

자식이 부모를 선택하다

석가모니 부처가 도솔천에서 자신의 인연에 맞는 부모를 찾아서 내려온 이야기는 기다림의 중요성에 밑줄을 치게 한다. 생명의 탄생이란 남녀의 결합이 빚어낸 우연의 산물 같지만 사실 이토록 오랫동안 기다린 결과다. 탄생을 앞둔 생명은 비록 호명보살처럼 4,000년은 아닐지라도 나름대로의 준비 기간이 있는 것은 사실이다. 살아 있는 모든 생명을 함부로 해쳐서는 안 되는 이유가 여기에 있다. 고생고생해서 준비를 끝내고 태어났는데 칼을 들이댄다면 어떤 생명이 원한을 갖지 않겠는가.

그런데 「도솔래의상」에는 우리가 놓치기 쉬운 또 다른 진리가 담겨 있다. 부모가 자식을 선택한 것이 아니라 자식이 부모를 선택한다는 것이다. 새로 태어날 생명이 자기 복에 맞는 인연처를 찾아 태어나기 때문에 부모는 선택을 받는 입장이다. 그러니 자식은 자기가 태어난 집안의 부모가 형편없느니 환경이 나쁘니 탓할 자격이 없다. 스스로 선택해서 왔기 때문이다. 사람이 생명을 받고 태어난 것은 풀어야 할 숙제가 있기 때문이다. 그 숙제를 풀어나가는 과정을 우리는 인생이라 부른다. 인생에는 때로 지름길을 가로질러 가야 할 때도 있지만 잠시 멈추어 서서 기다려야 될 때도 있다. 강태공의 기다림과 호명보살의 기다림이 바쁜 우리에게 던지는 메시지다.

태교

은을 준들
너를 살까
금을 준들
너를 살까

작자 미상 「백자도」

나는 8남매 막내다. 한 어미 자식도 아롱이다롱이라는 속담처럼 8남매 모두가 성격이 제각각이다. 참 신기하다. 분명히 같은 부모한테서 났는데 우리 8남매는 모두 전혀 다른 개성을 가졌다. 앞에서 호명보살의 예를 들면서 부모가 자식을 선택한 것이 아니라 자식이 부모를 선택한다고 했다. 태어날 아이가 자신의 업에 맞는 부모를 찾아서 온다는 뜻이다. 그런데 같은 부모라는 조건에서 태어난 8남매는 그 법칙이 전혀 적용되지 않았다. 우리는 돌연변이일

1 도솔천에서 내려오다

까? 아니면 자식이 부모를 선택해서 온다는 진리가 틀린 것일까.

 아니다. 부모라는 조건은 맞는데 그 조건의 질에 변화가 있었다. 우리는 하루에도 수십 번 마음이 변한다. 너그러울 때는 온 세상의 희로애락을 다 받아들이지만 옹졸할 때는 바늘 하나 꽂을 틈이 없다. 아이를 가졌을 때의 엄마 마음도 그럴 수 있다. 엄마의 마음이 편안할 때는 조금 넉넉한 성품의 아이가 찾아온다. 엄마의 마음이 불안하거나 분노에 차 있을 때는 역시 그 성품과 인연이 닿은 아이가 찾아온다. 옛 어른들이 태교의 중요성을 강조한 것은 좋은 인연을 맞이할 준비를 하라는 뜻이었다. 내가 하루에도 열두 번 마음이 변하듯 열두 가지 다른 빛깔의 아이를 만날 수 있다. 우리 8남매가 각자 엄마를 찾아갈 때, 엄마의 마음상태가 모두 달랐을 것이다.

태교에 좋은 「백자도」의 구성과 내용

 석가모니 부처의 전신인 호명보살은 여섯 개의 상아를 가진 흰 코끼리를 타고 마야 부인의 태 안에 들어갔다. 호명보살은 태 안에서 대범천왕이 올리는 우주의 음식을 받았다. 그 덕분에 마야 부인은 보통 임산부들이 겪는 입덧을 하지 않았다. 음식 냄새만 맡아도 구토를 느끼는 증세도 없었고, 한밤중에 갑자기 족발을 찾는 일도 없었다. 우울하거나 답답한 증세도 느끼지 않았다. 항상 상쾌한 기분이 유지되었고, 평안함과 고요함이 마야 부인의 주위를 감싸주었다. 병든 사람은 마야 부인을 보는 것만으로도 건강을 회복했다. 작은 나라 카필라바스투의 왕비는 귀한 인연이 찾아온 열 달 동안 때가 탄 생각과 구겨진 감정을 가슴속에 담지 않았다. 평화로운 만남의 장소에는 햇살 같고 구름 같고 연꽃 같은 마음만이 투명한 바람처럼 잔잔하게 흘렀다. 순조롭고 긍정적인 태교였다.

佛

| 6폭 | 5폭 | 4폭 |

작자 미상, 「백자도 6첩 병풍」, 비단에 색, 각 74.8×46.3cm,
국립고궁박물관 소장

1
도솔천에서
내려오다

3폭   2폭   1폭

모든 부모는 태교를 할 때 내 자식이 건강하게 태어나 훌륭하게 자라기를 기원한다. 기왕이면 똑똑하다는 소리를 듣고 공부를 잘해 높은 벼슬을 하면 더욱 좋을 것이다. 옛날부터 동양 사람들은 자손이 많고 재물이 그득하며 높은 벼슬을 하여 장수하는 것을 으뜸으로 쳤다. 「곽분양행락도」에서 곽분양이 누렸던 복이 대표적이다.

　　사람들은 자손이 많이 태어나 번창하기를 바라는 소망을 그림에 담았다. 「백자도百子圖」가 대표적이다. 「백자도」는 많은 아이들이 화려한 전각이 있는 정원 앞에서 즐겁고 행복하게 노는 모습을 그린 그림이다. 현재 남아 있는 '백자도'는 병풍이 대부분인데 주로 6폭에서 8폭, 10폭까지 그려졌다. 그중에서도 「백자도 6첩 병풍」은 조선시대 후기를 대표하는 전형적인 백자도의 예로 볼 수 있다. 중국의 백자도가 부채 그림扇面畵, 세로로 긴 축화軸畵, 두루마리橫卷, 화첩畵帖 등 다양한 형식으로 그려진 것에 비해 조선의 백자도는 거의 병풍 형태다. 조선 사람들은 병풍을 대단히 좋아했다. 병풍은 접었다 폈다 할 수 있기 때문에 필요한 장소로 옮겨, 필요한 용도로 활용할 수 있다. 벽 앞에 세워두면 추위를 막아주고 실내장식도 겸할 수 있다. 혼례식장이나 회갑연 등에서는 흥겨운 분위기를 띄워주고 사람들의 시선을 집중시키는 효과가 있다. 백자도 병풍은 궁중에서 가례 때 사용되었고, 왕세자가 거처하는 동궁전에도 배치되었다. 이런 왕실 문화가 점차 시중에 퍼지게 되어 사대부를 비롯한 관아와 부잣집에서 쓰였고, 부녀자나 아이들의 방을 꾸밀 목적으로 민화풍 백자도가 제작되었다.

　　백자도에서 백百은 '많다'는 의미다. 꼭 100명의 아이들이 등장하는 것은 아니다. 중국의 백자도에는 한 화면에 거의 100명의 아이들이 그려지지만 조선의 백자도에는 그렇게 많이 그려지지 않는다. 각 폭에 10명에서 20명 정도의 아이들이 모여서 여러 가지 놀이를 하는 장면을 세필로 정교하게 그린 것이 특징이다.

「백자도 6첩 병풍」은 6폭의 화면에 하나의 주제를 연속적으로 그린 왜장병풍 형식이다. 「곽분양행락도」에서처럼 궁중에서 사용할 목적으로 제작된 만큼 장식성이 강하고 화려하다. 그림은 건물과 나무 등에 의해 자연스럽게 두 폭씩 구분되었으며, 그 안에서 아이들이 노는 모습이 다양하게 펼쳐진다. 오른쪽부터 시작하는 그림의 1, 2폭에는 연못에서 노는 아이들이 주제로 그려졌다. 오동나무와 괴석, 흙으로 시작되는 3, 4폭은 건물의 회랑 앞에서 행차 놀이를 하는 아이들을 그렸다. 5폭과 6폭은 4폭의 회랑으로 연결될 수 있도록 괴석과 나무가 뒷쪽으로 물러나게 배치되었다. 5폭에서는 아이들이 원숭이 놀이를 하고 있는데 화면은 마당에 의해 자연스럽게 담장 너머 6폭으로 이어진다. 6폭에서는 난간 곁에서 아이들이 매화 놀이를 하고 있다. 다른 백자도에는 이런 놀이 외에도 장군 놀이, 닭싸움, 잠자리 잡기, 파초 아래 잠자기와 새 놀이, 사슴 놀이, 학 놀이 등이 추가된다.

전체 그림에서 건물과 정원은 배경일 뿐 중심은 놀고 있는 아이들이다. 다양한 놀이 장면은 무대장치처럼 설치된 건물과 나무와 조경석에 의해 시선이 차단되어 독립된 화면으로 구성된다. 다양한 시점이 혼재되어 있는 것도 주목된다. 전체 장면은 위에서 내려다보는 부감시법俯瞰視法을 적용한 반면 건물 안은 반부감시법을 활용해 깊이 들여다보는 효과를 노렸다. 전각의 배치는 필요에 따라 오른쪽과 왼쪽에서 보듯 각도를 달리 배치함으로써 감상자의 시선을 집중하도록 배려했다. 특히 전각의 지붕 방향은 시선의 중첩성을 잘 보여준다. 병풍이 전개되는 과정에서 계절의 변화를 읽을 수 있는 것도 백자도의 특징이다. 연꽃이 그려진 1폭이 여름이라면 매화 놀이를 하는 6폭은 겨울이다. 물론 6폭에서 발견되는 모란꽃처럼 계절과 상관없이 의도적으로 그려 넣은 꽃도 있다. 모란은 계절을 의식해서 그린 것이 아니라 그 상징성 때문에 그렸다. 모란에 담긴 의미는 부귀와 풍요다.

색채와 필치는 공필工筆로 윤곽선을 그리고, 그 안에 색을 칠한 청록진채靑綠眞彩를 썼다. 궁중에서 쓰이는 그림인 만큼 정밀하고 화려하게 묘사했다. 각 건물은 자로 잰 듯 정확하게 그리는 계화법界畫法으로 지붕의 기왓골과 서까래와 부연까지 확인할 수 있을 정도로 세밀하다. 기둥과 대들보, 창방과 평방에는 단청 문양까지 섬세하게 그려 넣은 것도 잊지 않았다. 3, 4폭의 회랑에서 국화꽃을 가지고 노는 아이들 뒤편으로는 꽃무늬 벽지가 선명하고, 5폭의 건물 내부에는 탁자 위에 놓은 책과 향로까지 확인할 수 있다. 전각의 원기둥과 공포, 용마루와 내림마루 그리고 아이들의 옷에 새겨진 무늬에는 금니金泥를 써서 화려함과 장식성을 더했다. 이런 특징들은 궁중기록화와 불화佛畫에서 공통적으로 확인할 수 있다. 이 그림이 궁중에서 사용된 병풍임을 알 수 있다.

그림으로 기원한 자손 번창과 풍요

백자도의 배경이 대궐처럼 화려한 것은, 내 아이가 이런 환경에서 자랐으면 좋겠다는 주문자의 소망이 담겨 있기 때문이다. 백자도 병풍을 혼례식 때 사용하고 어린아이 방에 펼쳐 놓은 것도 같은 이유에서였다. 내 자식이 잘되기를 바라는 마음은 비단 그림의 외형적인 건물에만 있는 것이 아니다. 아이들이 놀고 있는 놀이의 내용과 풀과 나무와 구름 등 그림 곳곳에 들어 있다. 아이들은 단지 심심해서 노는 것이 아니다. 자손을 향한 길상적인 바람을 표현하기 위해 어린아이들을 등장시켰을 뿐이다. 아이들은 상서로움을 표현하는 분신이다. 그 표현의 주체인 아이들은 천진난만하게 진짜 노는 것이 아니라

철저히 계산된 '만들어진 놀이'를 연출하고 있다. 놀이뿐만 아니라 동물과 식물과 건물이 모두 연출된 무대장치이다.

1폭에 등장하는 사슴은 신령스러운 동물仙獸의 대명사다. 사슴鹿은 녹봉을 의미하는 녹祿과 같은 음이다. 첫 번째 그룹의 아이들이 버드나무 아래서 풀놀이를 하고 있다. 사슴 곁이다. 버드나무柳는 '머무르다留'는 뜻과 같은 음이다. 두 번째 그룹의 아이들은 연꽃이 핀 연못에서 놀고 있다. 물고기를 잡고 연꽃 뺴앗기를 하는 아이들은 물론, 팔작지붕의 누각에서 이야기를 하는 아이들조차 연꽃과 관련되어 있다. 맨 오른쪽 구석에서 동생에게 손을 내미는 형조차도 손에는 연꽃이 들렸다. 연꽃의 연蓮이 '계속 된다'는 뜻의 연連과 발음이 같기 때문이다. 연꽃 옆의 아이들은 자식들이 연이어서 계속 태어나기를 바라는 '연생귀자連生貴子'의 우의寓意를 담고 있다. 귀한 자식들이 시험에 합격해서 높은 벼슬을 하면 더욱 좋을 것이다. 그 바람은 연못에서 헤엄치는 오리에 담았다. 오리의 '압鴨'은 '갑甲'과 한쪽 부수가 같다. 갑은 과거 시험에서 장원급제함을 의미한다. 오리가 두 마리 그려졌으니 이갑二甲, 즉 향시鄕試와 전시殿試에서 모두 급제함을 상징한다. 2폭에서 3폭으로 넘어가는 경계에는 봉황이 깃든다는 벽오동 나무를 심었다.

3, 4폭은 아이들이 건물의 회랑 앞 넓은 공간에서 행차 놀이를 하는 장면이다. 장원급제한 사람의 행렬이나 평양감사 행렬을 상상한다면 행차 놀이의 의미를 쉽게 이해할 수 있을 것이다. 내 아이도 커서 남들이 부러워하는 행렬의 주인공이 되라는 뜻이다. 회랑 안에서는 한 아이가 국화꽃을 들고 친구들한테 달려간다. 국화는 군자君子에 비유될 때도 있으나 대개 장수를 대표하는 꽃長壽畵이다.

5폭에서는 책이 놓인 건물 앞에서 아이들이 원숭이 놀이를 하고 있다. 책을 읽고 입신출세하기를 바라는 마음은 제후에 봉해지는 것과 같은 마음이다. 원숭이猴는 제후侯와 동음이다. 6폭에 등장하는 매화는 새삼 설명이 필요 없을 것이다. 매화는 소나무, 대나무와 함께 한겨울의 추위를 견디는 세한삼우歲寒三友일 뿐만 아니라 이른 봄에 가장 먼저 꽃을 피워 계절의 시작을 알려주는 꽃이다. 인내와 지조, 절개와 기다림의 상징이다.

복록福祿과 장수長壽와 다자多子를 염원하는 사람들의 마음은 여기서 끝나지 않는다. 바위와 태호석太湖石과 상서로운 구름瑞雲이 모두 장수를 뜻한다. 쌍상투를 한 아이들의 얼굴과 옷은 마치 신선계에 사는 선동仙童 같다. 내가 사랑하는 아이가 태어나서 살 곳은 섬뜩한 사람들이 굶주린 동물처럼 아귀다툼하는 살벌한 세상이 아니라 그림 속 세상 같기를 바라는 마음이 담긴 그림이다. 물론 그 세상의 주인공은 모두 남자아이다. 여자아이는 없다. 지독한 남아 선호다. 제사를 받들어야 하고 노동력이 필요한 농경 사회에서 귀한 자식은 오직 남자였기 때문이다. 태교를 위해, 아이들의 미래를 축복하기 위해 그려진 백자도에도 부모의 이기적인 내면 풍광이 반영되어 있다. 화사한 꽃 밑에 드리운 어두운 그림자다.

내게 와준 것만으로도 고마운 인연

「백자도」에 담긴 소망은 왕공사대부王公士大夫들에게만 허락된 특권층의 전유물이 아니다. 자식을 귀하게 여기는 마음은 세상의 모든 부모가 똑같다. 그러나 소망이 같다 해서 똑같은 결과를 얻지는 못한다. 어떤 자식은 부모에게 과분할 정도로 뛰어난 반면 어떤 자식은 평생 속만 썩인다. 그렇다한들 부모에게 자식은 열 손가락처럼 평등하다. 자식은 나의 분신이 아니라 나를 사람되게 하는 스승이다. 자식이 과분하면 나를 선택해서 온 사연을 들여다보고,

1
도솔천에서 내려오다

자식이 속을 썩이면 선택을 기다리던 때의 내 마음자리를 되돌아봐야 한다. 어느 경우든 생명과 생명의 만남은 좋은 인연으로 만들어가야 할 책임이 있다. 먼저 태어나 준비를 끝낸 부모이기에 그 책임이 더 무거울 것이다. 전래 민요 중에 부모의 마음을 잘 나타낸 노래가 있다. 백자도 속의 화려한 장소가 아니어도 얼마든지 훌륭한 태교가 가능하다는 것을 확인할 수 있는 노래다. 아름다운 노래는 이렇다.

> 은을 준들 너를 살까 금을 준들 너를 살까
> 하늘 아래 보배동이 땅 위의 으뜸동이
> 마루 밑에 검둥개야 멍멍 짖지 마라
> 쌔근쌔근 우리 아기 그 소리에 잠깰라
> 쥐도 자고 새도 자고 해바라기도 잠든 대낮
> 싸리 울타리 넘어 하늬바람이 불어온다
> 할머니는 어디 갔나 고추 따러 밭에 갔지
> 할아버지는 어디 갔나 아기 꼬까 사러 갔지
> 은자동아 금자동아 얼싸동아 절싸동아
> 산같이 높거라 바다같이 깊거라
> ─「은자동아 금자동아」

그렇다. 어떤 인연으로 만났든 부모에게 자식은 하늘 아래 가장 귀한 존재다. 높은 벼슬을 하지 않아도, 남들보다 뛰어나 부러움을 받지 않아도 지금 그대로 예쁘고 더없이 소중하다. 부족하면 부족한 대로 실수하면 실수한 대로 자식이라는 이유만으로 귀하고 보배롭다. 큰아이도 예쁘고 작은아이도 예쁘다. 아롱이도 예쁘고 다롱이도 예쁘다. 은을 줘도 살 수 없고, 금을 줘도 살 수 없는 귀하디귀한 보배동이다. 쌔근쌔근 내 아기가 낮잠 잘 때 마루 밑의 검둥개 짖는 소리도 가슴 조였던 은자동이고 금자동이다. 그렇게 귀하게 태어난 내 아기니까 산같이 높고 바다같이 깊은 사람으로 키워야 한다. 곁에 있는 사람을 산처럼 존경하고 바다처럼 품어주는 사람으로 자라게 해야 한다. 큰아들 준우도 귀하고, 작은아들 민석이도 귀하다. 둘 다 나의 스승이다.

비람강생상   毘藍降生相

2
룸비니 동산에서 탄생하다

2
룸비니 동산에서
탄생하다

탄생

위대한
탄생

작자 미상 「왕세자 탄강진하도」

"삼짓날잉께 낮에사 훈훈했것지만 한밤중에는 을매나 썬득했것냐. 근디 느그 아부지가 딸이라는 것을 알고는 탯줄만 잘라놓고 윗목으로 밀쳐버리더라. 애기도 씻기고 산모한테 미역국도 끓여주고 그래야 헐 거 아니냐. 미역국은커녕 애가 죽든 말든 상관없다는 듯 팩 토라져서 등 돌리고 눕더니 꿈쩍도 안 하더란 말이다. 나는 딸 낳은 죄로 아무 소리도 못했제……. 그때는 전기도 안 들어오던 때였다. 호롱불이라 잘 뵈지도 않는디 차가운 윗목에서 핏덩어리가 울도 않고 꼬무락거리고 놀고 있드라. 느그 아부지 몰래 내 옷을 덮어주었다."

어머니는 종종 내가 태어나던 때를 얘기하셨다. 아들 형제를 낳은 후 아들 하나를 더 낳으려다 딸만 내리 다섯을 낳았는데 또 딸이었다. 산파도 없이 아버지 혼자 한밤중까지 기다리다 받은 딸이었다.

"근디 코까지 골며 깊이 잠든 느그 아부지가 갑자기 벌떡 일어나서 따뜻한 물에 너를 씻기더니만 미역국을 내오고 방바닥을 닦고 난리가 나부렀어. 무슨 일인가 했지."

여섯 번째 딸을 낳은 아버지는 홧김에 벽을 보고 누웠는데, 스르르 잠이 들었다. 아버지는 포박당한 채 창을 든 병사들에게 끌려갔다. 빨리 걸으라며 사정없이 발길질하는 병사들에게 이끌려 무시무시한 대문을 지났다. 한참 후 횃불이 이글거리는 건물 안에 당도했다. 무릎 꿇은 채 고개를 들어보니 옥좌에는 붉은 옷을 입은 왕이 앉아 있고, 그 앞으로 갑옷 입은 병사들이 두 줄로 도열해 있었다. 이제 죽었구나 싶었다. 그런데 왕의 얼굴이 낯익었다. 자세히 보니 돌아가신 할아버지였다. 반가움에 일어나 "아버지" 하고 부르려는 찰나 할아버지를 닮은 왕이 벽력같은 소리로 호통을 쳤다. 네 이노옴! 깜짝 놀라 눈을 떠보니 꿈이었다. 산골짜기 초가집에서 한밤중에 일어난 일이었다.

"낭중에 커서 크게 될 인물인 줄도 모르고 구박했다가 할아버지 선몽先夢으로 알아차린 거지. 그 덕분에 니가 대학교까지 다닐 수 있었어야."

크게 될 인물이라는 말에는 동의할 수 없었지만 딸 많은 집 딸 같지 않게 자란 것은 사실이었다. 아버지의 죄책감이 만들어낸 꿈이었는지 아니면 진짜로 할아버지 영가의 보호 때문이었는지 모르겠지만 그때의 이야기는 내가 어려움을 겪을 때마다 항상 나를 일으켜 세우는 힘이 되었다. 쉰 살에 뇌종양에 걸려 수술실에 들어갈 때까지도 할아버지 영가의 보호는 내가 기댈 수 있는 최고의 든든한 백이었다.

순종의 탄생을 축하하다

"위대한 하늘이 도탑게 도와 영원히 자손이 번성할 아름다움을 맞이하였고, 열 달의 기간을 상서롭게 채워 원자가 탄생하는 기쁨을 보게 되었다. 이에 팔도가 모두 기뻐 춤추고 있으므로 교서를 멀리까지 선포하는 바이다."

순종純宗이 태어난 지 이레째 되는 날, 고종高宗은 원자의 탄생을 알리는 교서를 내렸다. 1874년 2월 14일 오시午時, 11시~13시, 창덕궁 인정전에서였다. 인정전 앞마당에는 원자의 탄생을 축하하는 신하들이 엄숙하게 서서 교서를 받들었다.

교서 곳곳에는 원자의 탄생이 상서로운 기운 속에 예정돼 있었음을 현란하게 풀어놓았다. "강가에 뜬 무지개와 별의 기상은 상서의 빛을 빨갛게 발하며 드리워 있었고, 그림을 그려놓은 높다란 궁궐에는 아름다운 기운이 엉켜 복을 기르고 있다"라고 하면서 "하느님의 말없는 도움을 입어 순조롭게 왕세자가 탄생하게 되었다"라고 축하했다. 뿐만 아니라 "장대하고 숙성한 빼어난 자질은 하늘의 해와 용과 봉황 같으며, 빛나는 둥근 달같이 휘황하고 윤택하여 울려 퍼지는 칭송은 군왕의 가정에 적합"하다고 칭송했다.

겨우 이레밖에 되지 않은 아기를 '해, 용, 봉황, 달'까지 들추어가며 추켜세운 것은 지나친 과장이지 싶다. 그러나 고종과 명성황후는 3년 전에 첫아들을 잃었다. 태어난 지 닷새 만에 참척의 슬픔을 당한 뒤라 이번 원자의 탄생은 무엇보다 경사스런 일이었다. 오랫동안 기다렸던 원자의 탄생이니만큼 그 기쁨은 '해와 달이 뜨고 용과 봉황이 출현'하는 것만큼이나 감격스런 일이었

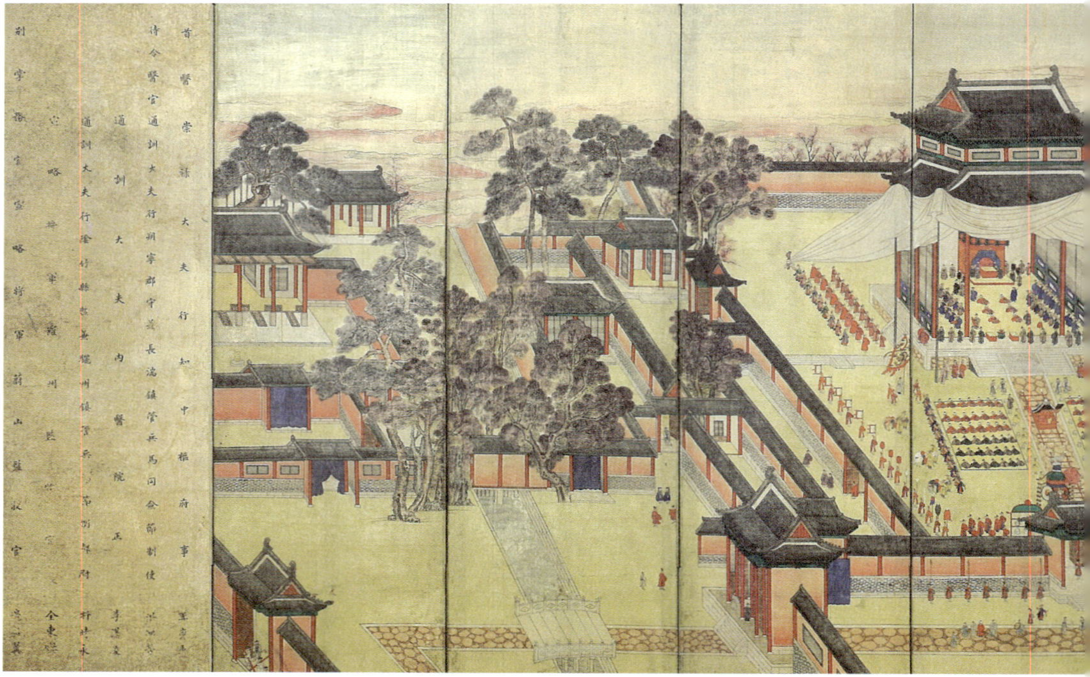

10폭 9폭 8폭 7폭 6폭

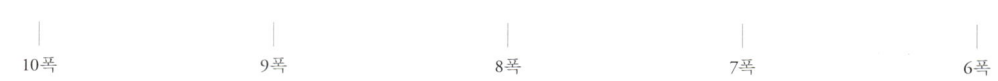

작자 미상, 「왕세자 탄강진하도」, 비단에 색,
각 131.5×39.4cm, 1874, 국립중앙박물관 소장

2
룸비니 동산에서
탄생하다

을 것이다. 나같이 이름 없는 촌부도 할아버지의 특별한 보호로 태어났다는 믿음이 있는데 하물며 한 나라를 책임질 '포스트 킹'의 탄생이 아닌가. 감격하고 또 감격했을 것이다. 왕세자 탄생을 기뻐하는 행사는 교서를 내리기 전부터 시작됐다. 여러 지역의 환곡을 탕척해주고 백성에게 부과한 요역을 탕감해주었다. 창덕궁 행사는 원자 탄생 축하의 하이라이트였다.

교서 선포를 마치자 종친과 문무백관이 왕을 향해 네 번씩 절을 했다. 예식을 맡은 찬의贊儀가 선창했다.

"산호山呼!"

종친과 문무백관이 손을 모아 이마에 댄 다음 큰 소리로 외쳤다.

"천세千歲!"

찬의가 거듭 소리쳤다.

"재산호再山呼!"

종친과 문무백관이 다시 외쳤다.

"천천세千千歲!"

창덕궁 대궐 안이 흔들릴 정도로 우렁찬 소리였다.

『승정원일기』에는 그날의 행사 내용이 세밀하게 기록되어 있는데, 다행스럽게 그 장면을 그린「왕세자 탄강진하도王世子誕降陳賀圖」도 남아 있다. 10폭으로 된 병풍은 진하례가 열리고 있는 인정전을 중심으로 건물과 나무, 산봉우리와 주변 경관 등이 세밀하게 묘사되어 있다. 전체 장면은 부감법으로 그렸기 때문에 마치 행사 장소를 위에서 내려다보듯 생생하게 확인할 수 있다. 시점은 앞쪽보다 뒤쪽이 더 넓어지는 역원근법逆遠近法이 적용되었다. 평행 사선형으로 배치된 지붕에서 역원근법이 잘 드러난다. 그 때문에 진선문과 숙장문 사이의 앞쪽이 좁아 보이고 인정전과 선정전청기와 지붕이 있는 뒤쪽이 더 넓어 보인다. 역원근법은 서양화와 다른 동양화만의 특징이다. 건물은 위치에 따라 정면에서 본 시각과 측면에서 본 시각이 혼재되어 있는데 이것 역시 건물의 계화界畵를 그릴 때 동양화에서 자주 쓰는 표현법이다. 계화는 건물을 그릴 때 자를 대고 정밀하게 그리는 기법이다. 정확하고 세밀하게 그리는 것은 기록화에서 가장 중요하다. 화가는 돈화문에서 진선문, 숙장문에 이르는 바닥의 박공까지도 꼼꼼하게 그렸다. 건물과 인물의 채색은 오방색을 기본으로 했으며 2폭과 3폭의 산에는 청록색을 칠했다. 청록색은 장식성과 화려함을 드러내기 위해 궁궐 회화에서 흔히 사용하는 색이다. 이런 장치를 통해 휘장이 쳐진 인정전은 더욱 웅장해 보이고 진하례에 참석한 인물들의 동작은 더욱 생생하다.

종친과 문무백관이 천세를 불러 축하하다.

붉은색 강사포絳紗袍를 입고 원유관遠遊冠을 쓴 고종이 가마輿를 타고 인정전에 도착했다. 어도御道 위에 고종이 타고 온 가마가 놓여 있는 것이 그 사실을 말해준다. 고종은 지금 인정전 안에 있는 일월오봉도日月五峯圖가 그려진 병풍 앞 어좌에 앉아 있고 도승지와 사관이 그 앞에 엎드려 있다. 인정전 앞마당에 있는 문무백관도 모두 엎드려 왕에게 사배를 올린다. 절이 끝나면 문무백관은 찬의의 구호에 따라 '천세'를 외칠 것이다. 「왕세자 탄강진하도」는 지금 이 순간을 영원 속에 기록했다.

그런데 인정전 안을 아무리 자세히 들여다봐도 왕의 모습은 보이지 않는다. 왕은 초상화인 어진御眞을 제외하고는 어떤 경우라도 실제로 그 모습을 그리지 않는다. 대신 일월오봉도나 용상, 방석 같은 사물로 임금의 존재를 상징한다. 왕비와 왕세자도 마찬가지다. 비록 가장 핵심적인 인물은 볼 수 없지만

佛 「왕세자 탄강진하도」 세부

2
룸비니 동산에서 탄생하다

「왕세자 탄강진하도」는 조선시대 기록 문화의 위대함을 확인할 수 있는 귀한 작품이다.

이날의 행사 과정을 기록한 『승정원일기』는 왕명의 출납을 관장하던 승정원에서 날마다 다룬 문서와 사건을 기록한 일기다. 당연히 보관에 심혈을 기울였을 것이다. 그런데 「왕세자 탄강진하도」는 다르다. 10폭으로 된 이 병풍은 국비로 제작한 것이 아니라 산실청産室廳에 근무한 관리들이 주문 제작한 것으로 추정된다. 그림의 좌우 1폭과 10폭에 도제조 이유원李裕元, 영의정, 제조 박제인朴齊寅, 예조판서, 부제조 이회정李會正, 승정원 도승지, 무공랑 신일영申一永, 승정원 주서, 계공랑 김영철金永哲, 예문관 검열, 수의 이경계李慶季, 지중추부사, 대령의관 홍현보洪顯普, 삭령군수, 이한경李漢慶, 내의원정, 박시영朴時永, 음죽현감, 전동혁全東爀, 나주감목관, 별장무관別掌務官 변응익邊應翼, 울산감목관 등 11명의 직책과 이름이 꼼꼼히 기록되어 있는 것으로 짐작할 수 있다.

이날 행사에는 이들 11명의 관원들 말고도 여러 명의 신하가 참석했다. 그러나 산실청 소속 관원들에게 이날은 다른 사람보다 더욱 특별하다. 산실청은 왕자나 왕손들이 태어날 때 왕비나 세자빈의 출산예정일로부터 3~4개월 전에 궁내에 설치한 임시 관청으로 영의정을 비롯한 삼정승과 의관, 무관 등 여러 관원들이 소속되어 출산 업무를 담당한다. 잠시 설치됐다 해체되는 임시 관청이지만 관원들이 맡은 임무는 막중하다. 다음 보위를 책임질 왕의 탄생을 돕는 일이기 때문이다. 이제 그 원자가 세상에 태어나 사흘을 넘기고 이레를 넘겼으니 어찌 감동이 없을 수 있겠는가. 원자의 탄생을 기념한 하례 장면을 그려 나눠 가진 11명의 관원들은 이 병풍을 보면서 자신이 참여한 역사의 한 장면을 기억하면서 두고두고 뿌듯함을 느낄 것이다.

원자의 탄생은 글과 그림으로 생생하게 기록되었다. 그러나 어디에서도 원자의 실제 모습은 드러나지 않는다. 그저 울림을 통해 짐작할 수 있을 뿐이다. 반면 부처님의 탄생은 경전과 시, 여러 나라의 그림과 조각을 통해 늘 현재형으로 재현되고 있다.

모든 것이 다 이루어지다

마야 부인의 산달이 가까워졌다. 왕비는 왕에게 아뢴 후 룸비니 동산으로 향했다. 룸비니 동산은 왕비의 친정 소유로 당시 여인들은 친정에 가서 아이를 낳는 관습이 있었던 것 같다. 룸비니에는 맑은 시냇물이 흐르고 수많은 꽃과 나무가 자라고 있었다. 왕비는 꽃향기를 맡으며 룸비니 동산을 걷다 산기를 느꼈다. 왕비가 무우수無憂樹 가지를 잡는 순간, 태 안에 있던 호명보살이 왕비의 오른쪽 옆구리에서 태어났다. 이것은 태자가 속한 계급이 크샤트리아라는 것을 의미하는 문학적 표현이다. 흔히 브라만은 머리에서, 크샤트리아는 겨드랑이나 옆구리에서 그리고 평민계급인 바이샤는 무릎에서 태어난다고 표현한다. 가장 신분이 낮은 하층민 수드라는 물론 발바닥에서 태어난다.

인드라와 브라흐만 등의 천신들은 부드러운 천의로 태자를 감싼 후 태 안에 있을 때 거처로 삼았던 보전을 들고 하늘로 올라갔다. 태자는 탄생하자마자 천안天眼으로 세상을 둘러본 후 동서남북과 상하의 여섯 방위를 향해 각각 일곱 걸음씩 내딛었다. 걸음마다 연꽃이 피어났다. 여섯 걸음이 아니라 일곱 걸음을 걸었다는 것은 윤회를 벗어나지 못한 여섯 종류의 세계六道, 지옥·악귀·축생·아수라·인간·천를 초월하여 해탈의 세계, 열반의 세계를 열어 보일 것을 의미한다. 그러면서 이렇게 선언했다.

"하늘 세계와 인간세계를 통틀어 내가 가장 존귀하다天上天下 唯我獨尊. 삼계가 모두 고통 속에 있으니 내가 마땅히 이를 편안케 하리라三界皆苦 吾當安之!"

삼계는 욕계欲界, 색계色界, 무색계無色界를 말한다. 욕계는 욕망에 사로 잡혀 윤회를 거듭하는 육도의 세계이고, 욕망은 초월했지만 물질적인 제약을 받는 세계가 색계色界, 그리고 욕망도 물질적 제약도 초월한 정신의 세계가 무색계無色界다. 그러니 무명無明에 가려 해탈하지 못하고 고통받는 세계의 모든 중생들을 구제하겠다는 뜻이다.

슈도다나 왕은 태자의 이름을 '싯다르타'라고 지었다. '모든 것이 다 이루어진다'는 뜻이다. 태자는 룸비니 동산에서 천신들이 연주하는 음악을 들으며 이레 낮과 이레 밤을 머물렀다. 이레째 되는 날 마야 부인이 세상을 떠나, 도리천에 태어났다. 마야 부인의 동생 마하프라자파티가 언니를 대신해 태자의 어머니가 되었다. 이레가 지난 후 태자를 모신 일행은 카필라 성으로 향했다. 태자가 성으로 가는 길에 많은 석가족 사람들이 태자를 그들의 궁전에 초대했다. 위대한 분의 탄생을 축하하고자 함이다. 태자가 카필라 성에 도착하기까지 넉 달이 걸렸다.

존귀한 분의 탄생은 천지를 흔들어놓았다. 점성가는 서른두 가지 상을 갖춘 태자를 보고 전륜성왕轉輪聖王이 되거나 부처가 될 것이라 예언했다. 서른두 가지 상은 위대한 분의 손, 발, 귀 등 온몸에서 볼 수 있는 특징이다. 왕위에 오르면 무력을 쓰지 않고도 전 세계를 지배하는 최고의 제왕이 될 수 있고, 출가를 하면 부처가 되어 무명에 빠진 세상 사람들을 구제할 것이라는 뜻이다.

태자 탄생 축하의 절정은 아시타 선인의 출현으로 확인할 수 있다. 히말라야 산속에서 수행하고 있던 아시타 선인은 어느 날 "부처님이 세상에 출현하셨다"라는 신들의 외침을 들었다. 그는 천안으로 두루 세상을 살펴보다 제자들을 데리고 카필라 성으로 향했다. 궁궐에 도착한 뒤 태양보다 빛나고 신들보다 뛰어난 태자의 얼굴을 보았다. 그는 기쁨에 겨워 고개 숙여 경배를 드렸다. 그러다 갑자기 통곡했다. 깜짝 놀란 슈도다나 왕이 걱정스런 마음으로 우는 이유를 물었다. 선인이 대답했다.

"대왕마마! 저는 이제 나이가 들어 죽을 날이 얼마 남지 않았습니다. 부처님의 출현은 우담바라가 피는 것만큼 드물고 희귀합니다. 그런 부처님이 출현하시어 번뇌에 빠진 중생을 진리로 이끌어주실 텐데, 제가 늙어 부처님의 바른 법을 들을 수 없으니 어찌 슬프지 않겠습니까?"

아시타 선인이 듣지 못해 통곡할 만큼 소중한 부처의 법. 우리는 그 법이 있어도 소중한 줄을 모르니 어찌 슬프지 않겠는가.

2
룸비니 동산에서
탄생하다

유년기

싯다르타
태자의
풍족한
어린 시절

작자 미상 「정묘조왕세자책례계병」

　　서왕모가 초대장을 보냈다. 곤륜산 요지에서 열리는 연회에 참석하라는 초대장이었다. 곤륜산이라니. 여기서 거기까지 거리가 얼마인가. 슬그머니 귀찮은 생각이 들었다. 다음에 가지 뭐. 초대장을 버리려는데 참석인 명단이 보였다. 석가모니 부처와 사천왕, 문수보살과 보현보살, 수성노인과 항아, 노자와 산신할아버지, 여동빈과 장지화, 조국구와 한상자…… 자리에서 벌떡 일어나 곧바로 여행 가방을 꾸렸다. 곤륜산에 도착하기까지 석 달 열흘이 걸렸다.

서왕모의 처소 옆에는 듣던 바대로 신선들이 사는 연못인 요지가 있었다. 소나무 밑으로 난 길을 걸어 옥으로 된 9층 누대에 올랐다. 출렁이는 연못 위로 오고 있는 수많은 신선이 보였다. 말로만 듣던 신선들이 실제로 있었다.

　벌써 연회가 시작된 듯 서왕모의 처소에서 풍악 소리가 흘러나왔다. 제비가 둥지에서 날아오르는 소리, 댓잎 사이로 이슬비가 스며드는 소리, 가을밤에 풀벌레가 속삭이는 소리, 장끼가 눈밭에서 푸드득거리는 소리 가운데 바람과 구름과 폭포와 파도가 어우러져 천지를 뒤흔드는 소리가 섞여 있었다. 이곳이 사람 사는 세상인가 신선이 사는 세상인가. 꽃향기, 여인의 향기, 음악의 향기에 취해 눈을 감고 있으려니 서왕모의 목소리가 울려 퍼졌다.

　"날씨는 따뜻하고 바람은 부드러워 봄날은 더욱 느린 태평성세. 우리는 봉래섬에서 용모 가다듬고 내려와 섬돌에서 축하드리옵니다. 다행히 관등절 만나니 참으로 좋은 연회, 제왕의 위엄에 접근하게 됨을 기뻐하옵거니와 신선의 수명은 한없이 긴 것이오니, 임금님께 천만 년의 장수를 바치나이다."

　아, 여기는 곤륜산이 아니라 창경궁 집복헌이었다. 정조 24년1800 경신년 2월 초 2일 을유乙酉일. 조선 23대 왕이 될 순조純祖, 1790~1834의 왕세자 책봉식 날이었다.

순조, 열한 살에 관례와 책봉례를 치르다

　순조는 정조의 둘째아들이다. 첫째아들 문효세자1782~1786는 두 살 때 왕세자로 책봉되었지만 다섯 살을 넘기지 못하고 세상을 떠났다. 문효세자가 죽고 나서 4년 후에 순조가 태어났다. 정조는 원자가 열한 살이 되기를 기다려 왕세자로 책봉했다. 책봉례冊封禮는 관례冠禮, 성인식와 가례嘉禮, 결혼식를 함께 거행하기로 했다. 『조선왕조실록』에는 그날의 상황이 생생하게 적혀 있다. 어렵게 얻은 세자에게 행여 또 무슨 일이 있을까 노심초사했던 정조는 왕세자가 건강하게 자라 책봉례를 마치자 축하교서를 통해 다음과 같이 감격을 토로했다.

"의젓한 천품에 총명과 효우孝友는 마음에서 우러났고, 날이 갈수록 온화하고 문아하여 용모와 태도가 법도에 맞았다. 봄에는 시를 익히고 겨울에는 예를 익히면서 스승의 가르침을 그대로 따랐고, 『논어』『맹자』를 배우면서 스승이 깜짝 놀라는 질문을 했었다."

이렇게 칭찬한 다음 관례와 책봉례를 행한 "경신庚申년이 공자가 탄생한 경년庚年"과 같아 매우 상서로운 날이라고 강조하고 "세자도 그 빛을 받아 빛을 낼 것"이라고 축원했다. 또한 "뭇 백성은 머리를 들어 우러렀고 예복 차림으로 계단에 오르니 일곱 가지 수놓은 옷이 눈부셨다"라고 흐뭇해하면서 "쟁그랑거리는 패옥 소리는 저절로 절도에 맞고 축하의 술잔들은 일렁이는 파도가 연상되었다"라고 흡족해했다. 그리고 "장구하기를 바라는 선왕의 가르침을 따라 성대한 의식을 하루에 다 거행"하였으니, "하늘의 두터운 사랑을 받아 미래는 만년을 두고 영원하리라"는 축복도 아끼지 않았다. 정조는 건강 때문인지 책봉례에 참석하지 못했다. 정조의 마음을 대신 읊은 이 글은 대제학 홍양호洪良浩가 지었다.

「정묘조왕세자책례계병正廟朝王世子册禮契屛」은 선전관청宣傳官廳 관원들이 왕세자 책봉식에 참석한 날을 기념하기 위해 제작한 병풍이다. 우의정 이시수李時秀는 "국가에 큰 경사가 있어 가까이 신하들이 그 일을 그리고 왼쪽에 이름을 쓰니, 후인들이 고사를 보게 하려는 것"이라고 병풍 제작의 의의를 적어놓았다. 1폭에는 이시수의 서문을, 2폭에서 7폭까지는 그림을, 8폭에는 병풍 제작에 참석한 사람들의 품계와 이름을 적었다. 똑같은 내용의 그림이 서울역사박물관에도 소장되어 있는데 세 폭이 비어 있다. 같은 그림이 여러 벌 전해지

佛

| 7폭 | 6폭 | 5폭 |

해상군선이 주제

작자 미상, 「정묘조왕세자책례계병」,
비단에 색, 112.6×237cm, 1800,
국립중앙박물관 소장

2
룸비니 동산에서
탄생하다

4폭　　　　　3폭　　　　　2폭
누대에서 펼쳐지는 연회가 주제

는 이유는 간단하다. 카메라가 없던 시절이라 행사에 참석한 사람 수만큼 그림이 필요했기 때문이다.

왕세자 책봉식을 서왕모가 축하하다

그런데 이상하다. 분명히 왕세자의 책례를 기념하기 위한 그림인데 행사장면 대신 서왕모가 곤륜산崑崙山에서 연회를 베푸는 요지연도瑤池宴圖가 그려졌다. 왜 그랬을까.

먼저 그림을 살펴보자. 서문과 좌목을 뺀 그림 여섯 폭은 크게 두 개의 주제로 나눌 수 있다. 첫 번째 주제는 2폭에서 4폭까지 전개되는데 연회가 열리는 누대가 중심이다. 두 번째 주제는 5폭에서 7폭까지 펼쳐지는데 바다(혹은 요지)를 건너는 신선들이 중심이다.

첫 번째 주제의 연회 장소에는 남녀 주인공이 시종들에 둘러싸여 앉아 있다. 여주인공은 곤륜산의 주인이자 여선女仙의 우두머리인 서왕모. 서왕모 주변에 특히 여선들이 많은 것이 그 사실을 말해준다. 곤륜산은 중국 전설에 나오는 신성한 산이다. 그림의 내용이 현실이 아니라는 뜻이다. 남주인공은 주나라 목왕穆王이다. 그는 여덟 마리의 말을 타고 서쪽을 순행하던 중 서왕모의 처소를 방문했다고 한다. 2폭 하단에 그가 타고 온 말과 수행원 들이 보인다. 역시 신화 속의 이야기다. 서왕모와 목왕 앞에 놓인 그릇에는 장수를 상징하는 복숭아와 불로초 등의 과일과 음식이 가득하다.

그들 앞에서 두 명의 무희가 춤추고 있고 봉황도 함께 춤춘다. 여선과 동자들이 비파와 생황, 딱따기, 피리, 장고, 편종을 치면서 흥을 돋운다. 조선의 요지연도에는 춤과 음악이 빠지지 않는다. 궁중에서 책례나 가례 등의 행사 때 '헌선도獻仙桃' '오양선五羊仙' '포구락拋毬樂' '수연장壽延長' 등이 춤과 함께 공연

되었다. 그중 서왕모가 하강하여 선도복숭아를 바친다는 '헌선도獻仙桃'는 궁중의 연회를 마치 서왕모의 연회 같은 경지로 끌어올리려는 의도가 담겨 있다. 이를 증명이라도 하듯 그들 앞에는 3,000년 만에 한 번 꽃이 피고 3,000년 만에 열린다는 선도복숭아가 열려 있다. 동방삭이 서왕모의 정원에서 선도복숭아를 훔쳐 먹어 삼천갑자를 살았다는 전설은 아주 유명하다. 이 밖에도 연회장은 상서로운 나무와 기물이 가득하다. 소나무와 오동나무, 학과 사슴, 태호석과 구름 등은 「백동자도」에서 살펴봤던 상징물이다. 상서로움을 상징하는 이런 기물들은 「십장생도」 「일월오봉도」 「해학반도도」 등의 궁궐 회화에서도 흔히 발견할 수 있다.

   연회 장면을 그린 첫 번째 주제는, 누각에 서서 바다(요지)를 바라보고 있는 네 명의 여선들 시선을 따라 두 번째 주제로 연결된다. 이들 해상군선海上群仙은 18세기 이후 요지연을 그린 「신선도」에서 자주 그려졌다. 해상군선은 흔히 세 부류로 구분되어 그려졌다. 하늘에서 구름을 타고 내려오는 불보살과 사천왕, 파도를 타고 바다를 건너는 신선들 그리고 육로를 이용해서 오는 신들이다. 이 밖에도 하늘에는 학을 타거나 사슴을 동반한 선인들과 산화공양散華供養하는 선녀들의 모습도 보인다. 조금 더 자세히 들여다보면, 하늘에는 석가여래가 사천왕의 호위를 받으며 하강하고 그 아래에는 사자를 탄 문수보살과 코끼리를 탄 보현보살의 행렬이 구름 속에 그려져 있다. 민간신앙으로 변질된 불보살의 모습이다. 더구나 문수보살은 손에 선도복숭아까지 들고 있어 서왕모가 아닐까 의심이 들 정도다. 바다에는 딱따기를 든 조국구, 피리를 든 한상자, 나무뿌리를 타고 앉은 장지화, 물고기를 탄 금고 등 여러 신선이 제각기 개성적인 모습으로 서 있다. 육로에는 도깨비를 잡은 신선 여동빈이 앞장선 가운데 도교의 시조 태상노군으로 추앙받는 노자老子가 소가 끄는 수레를 타고 오는 중이고, 호랑이를 탄 산신할아버지가 뒤를 따른다.

「정묘조왕세자책례계병」을 살펴보면 특정한 종교나 철학에 얽매이지 않았음을 알 수 있다. 유교적인 예식 속에 불교적 요소와 도교적 요소를 가미했다. 왕세자가 책봉되는 상서로운 날을 서왕모의 연회에 비교해서 만든 이 작품은 왕세자의 앞길이 태평성대가 될 것임을 예고한다. 많은 신선들이 찾아와 축수를 해주는 만큼 왕세자가 장수하기를 기원하는 그림이다.

그런 축복을 받고 왕세자가 된 순조는 행복했을까. 원래 왕세자는 책봉식과 더불어 삼례를 함께 치르기로 예정되어 있었다. 그러나 책봉식 후, 넉 달 만에 아버지 정조가 승하하는 바람에 가례는 그다음 해로 연기됐다. 대신 순조는 열한 살의 나이로 왕위에 올랐다. 왕이 어린 관계로 영조의 계비繼妃인 대왕대비 정순왕후貞純王后가 수렴청정을 했다. 또 순조는 열두 살에 김조순金祖淳의 딸 순원왕후純元王后와 혼례를 올리고, 1804년부터 친정을 시작했으나 권력의 핵심은 장인 김조순을 비롯한 안동 김씨 일문이 장악했다. 안동 김씨의 세도정치로 과거제도가 문란해지고 부정부패가 만연했으며 탐관오리의 수탈이 극에 달했다. 삼정이 문란해지자 전국 각지에서 농민들의 반란이 끊이지 않았다. 순조는 외척 세력을 견제하기 위해 풍양豊壤 조씨 집안에서 세자빈을 들였다. 그러나 1830년 효명세자孝明世子가 젊은 나이에 죽으면서 안동 김씨에 대한 견제는 실패로 끝났다. 결국 세자가 죽은 지 4년 뒤인 1834년에 순조도 세상을 떠났다. 왕의 나이 마흔다섯 살이었다. 임금님께 천만년의 장수를 바친다는 서왕모의 장담에도 불구하고 순조는 오래 살지 못했다. 그다지 행복하지도 않았을 것이다.

2 룸비니 동산에서 탄생하다

싯다르타 태자의 풍족한 어린 시절

싯다르타 태자는 일곱 살 무렵 학교에 입학했다. 당시 인도의 관습에 의하면 브라만 계급의 아이들은 여덟 살 때부터, 크샤트리아 계급은 열한 살 때부터, 바이샤 계급은 열두 살 때부터 입학해 12년 동안 수업을 받았다. 싯다르타 태자는 크샤트리아 계급이었지만 워낙 총명해서 이른 나이에 입학한 것이다. 그는 학교에서 인도 고전인 『베다』를 비롯하여 언어학, 고전 문학 등의 인문학과 활쏘기를 배웠다. 말 타기, 코끼리 타기, 전차 몰기, 군대 배치법 등 귀족 계급이 배워야 하는 네 가지 기예도 배웠다.

태자는 젊은 시절을 유복하고 풍요롭게 보냈다. 싯다르타가 만년에 과거의 자신을 회상하며 들려준 이야기가 『중아함경』에 남아 있는데, 그 내용을 보면 그가 물질적으로 얼마나 호화롭게 생활했는지 짐작할 수 있다.

"내가 부왕 슈도다나 집에 있을 때는 나를 위해 여러 궁전, 곧 봄 궁전과 여름 궁전 및 겨울 궁전을 지었으니, 나를 잘 노닐게 하기 위해서였다. 궁전에서 멀지 않은 곳에 다시 푸른 연꽃 연못, 붉은 연꽃 연못, 빨간 연꽃 연못, 흰 연꽃 연못 등 여러 가지 연꽃 연못을 만들고, 그 연꽃 가운데는 온갖 물꽃을 심어서 언제나 물이 있고 언제나 꽃이 있었으며, 사람을 시켜 수호하여 일체 다른 이의 통행을 금지하였으니, 이 또한 나를 잘 노닐게 하기 위해서였다. 그리고 네 사람을 시켜 나를 목욕시키고는 붉은 전단향을 내 몸에 바르고 새 비단옷을 입혔으니, 위아래 안팎 겉과 속이 다 새것이었다. 밤낮으로 언제나 일산日傘을 내게 씌웠으니, 밤에는 내가 이슬에 젖지 않고 낮에는 볕에 그을리지 않게 하기 위해서였다. 여름 4개월 동안은 정전 위에 올라가 있었는데, 남자는 없고 오직 기생만 있어서 스스로 즐기면서 애당초 내려오지 않았다. 내가 동산으로 나가려고 할 때는 삼 십 명의 제일 훌륭한 기병을 뽑아 의장이 앞뒤에서 시종하고 인도하게 하였으니, 그 나머지는 말할 것도 없었다."

싯다르타 태자는 조선의 왕세자도 누려보지 못한 호사를 다 누렸다. 싯다르타 태자만큼은 아니었지만 관례와 책례를 통해 왕세자로 책봉된 순조는 매 순간 존귀한 사람임을 확인하며 살았다. 반면 대부분의 보통 사람들은 평범한 어린 시절을 보낸다. 성인식이 뭔지도 모르고 외식은커녕 세끼 밥조차 버거운 살림에 학교에 다니는 것만으로도 감지덕지인 사람들도 부지기수다. 돌이켜보면 어려운 집안 형편이 오히려 스스로를 일으켜 세우는 힘이 되는 경우가 많다. 그런 인생이 한둘이 아닐 것이다. 문제는 누가 더 귀하게 자랐느냐 하는 것이 아니다.

나는 나를 포기할 수 없었다. 집안 형편이 어렵다고 불평불만은 할 수 있지만 그것으로 문제가 해결되지는 않는다는 것을 일찍 깨달았다. 아무도 나를 챙겨주지 않으니 나 스스로가 나를 챙겨야겠다는 생각이 들었다. 나는 나를 가난하게 키우고 싶지 않았다. 어떻게든 나를 부잣집 친구들처럼 귀하고 부족함이 없는 사람으로 자라게 하고 싶었다. 나를 잘 키워야 한다는 생각이 거의 강박관념처럼 어린 나를 조급하게 했다. 나를 귀하게 키우려면 무엇이 필요한지 목록을 적었다. 그래서 나온 항목이 두 가지였다. 내가 좋아하는 것과 나를 귀하게 만들어줄 수 있는 것이었다.

우선 책을 읽기로 했다. 책은 내가 좋아하는 것이면서 나를 귀하게 만들어 줄 항목이었다. 맛있는 음식은 나중에 돈 벌면 먹어도 되고, 멋진 옷은 커서 입어도 되지만 열 살 때 읽어야 할 책을 열 살 때 읽지 않으면 왠지 열 살 때

2
룸비니 동산에서 탄생하다

의 인생의 마디가 부실해질 것 같았다. 책 살 돈이 없으니 시립도서관에 가서 살다시피 했다. 중학교에 올라가서는 책을 찾아 멀리 갈 필요도 없었다. 학교 내에 도서관이 있었기 때문이다. 도서관 책이 전부 내 책 같았다. 초등학교 5학년 때부터 다니던 도서관을 40년이 지난 지금도 다니고 있다.

책 다음으로는 클래식 음악을 듣기로 했다. 클래식 음악을 좋아한 것은 아니지만 꼭 들어야 내가 귀해질 것 같았다. 음악은 들어야 하는데 집에는 전축이 없었다. 대신 라디오가 있었다. 월요일에서 금요일까지 진행하는 클래식 프로그램을 필사적으로 들었다. 처음에는 받아쓰기조차 어렵던 작곡가들의 이름이 1년쯤 지나자 전주곡만 들어도 누구의 작품인지 아는 체할 수준이 되었다. 중학교 때 라디오에서 듣던 클래식을 지금은 오케스트라 공연장에 가서 듣는다. 연극 공연에도 열심히 좇아다녔다. 비록 시골 동네의 작은 시민회관에 올려진 초라한 연극이었지만 그때 받은 감동은 지금까지도 생생하다. 뜻도 모르면서 〈햄릿〉과 〈고도를 기다리며〉를 감상했다. 이렇게 적고 보니 비록 왕세자가 나보다 조금 더 귀여움을 받고 자랐을 테지만 나 또한 왕세자 못지않게 귀하게 자란 것 같다.

왕세자나 싯다르타나 모두 나보다 복이 많은 사람들임에는 틀림없다. 그러니 풍족한 집안에서 태어났을 것이다. 권력과 부를 모두 가졌으니 어찌 나 같은 사람과 비교할 수 있겠는가. 그런데 근본을 따지고 보면 그들과 나의 조건에는 별 차이가 없다. 단지 나보다 조금 더 풍요로운 환경에서 살았을 뿐이다. 양은 냄비에 밥을 비벼 먹든 은수저로 타락죽을 떠 먹든 왕세자나 나나 생로병사를 겪어야 하는 인간으로서의 조건은 마찬가지이기 때문이다. 홍역을 앓고 주름살이 생기고 땅에 묻혀야 하는 인간 조건에는 한 치도 차이가 없다. 이런 고뇌 속에 싯다르타 태자의 출가 일이 임박했다.

소년기

살기 위해
살육하는
참혹한 세상

심사정 「호취박토도」 전 유숙 「호취간작도」

순식간이었다. 촤악. 소리가 남과 동시에 매의 발톱이 토끼 몸을 낚아챈 것은. 위험을 감지한 토끼가 도망치기 위해 다리를 뻗었을 때는 이미 매의 발톱이 몸속 깊이 박힌 뒤였다. 놀란 토끼는 제대로 저항 한 번 못하고 속수무책 생명줄을 놓았다. 매는 결코 먹잇감을 놓치는 법이 없다. 하늘을 날다 먹잇감을 발견하면 맹렬한 속도로 하강하여 덮친다. 사로잡힌 토끼는 충격을 이기지 못하고 헐떡거린다. 토끼 숨이 끊어지기를 기다리는 매의 눈초리가 매섭다. 토끼는 심장을 파고드는 매의 발톱이 아니라 눈빛 때문에 몸이 굳어버렸다. 먹잇감의 버둥거림이 서서히 잦아든다. 간헐적으로 떨리던 미세한 움직임마저 완전히 정지하고 나서야 매는 비로소 발톱의 힘을 풀었다.

살육의 현장에서 가장 놀란 것은 까치다. 소나무 위에서 놀다가 바닥에 보이는 열매를 주우러 날아가려던 찰나 하늘에서 뭔가 쿵 하고 떨어졌다. 이크, 죽는구나, 싶었는데 토끼가 당했다. 내가 아니라서 다행이다. 까치는 잽싸게 날아올라 자리를 피한다. 피하면서도 호기심을 억누르지 못해 매의 곁을 빙빙 돈다. 그 모습을 본 암놈이 빨리 도망치라고 심하게 짖어댄다. 곁에 가서 숫놈을 데려오고 싶지만 조심성 많은 암놈은 쉽게 나뭇가지를 떠나지 못한다.

그러거나 말거나 풀숲에서 먹이를 주워 먹고 있던 장끼와 까투리는 하던 동작을 계속한다. 장끼보다 조금 예민한 까투리가 무심하게 고개를 돌려 매가 사냥하는 모습을 힐끗거렸을 뿐이다. 계곡물 흐르는 소리에 비명 소리가 묻혀버릴 수도 있다. 침묵 속에 저질러진 치밀함 때문에 눈치 채지 못할 수도 있다. 토끼가 사투를 벌이는 현장 바로 곁에서 꿩은 한가롭게 먹이를 주워 먹는다. 매는 한 번으로 사냥을 끝내지 않는다. 다음은 꿩의 차례다. 죽음이 임박했는데 꿩은 배를 채우기에 급급하다. 지금 당장 자신에게 생긴 일이 아니라면 상관없다. 먹고사는 것의 처절함이 이와 같다. 시시각각 죽음이 다가오는 것도 모르고 사는 어리석음이 꼭 우리 사는 모습 같다.

같은 내용, 다른 그림

'사나운 매가 토끼를 잡다'라는 뜻의 「호취박토도豪鷲搏兔圖」는 심사정沈師正, 1707~69이 예순두 살 때 그린 작품이다. 계곡 위에 "무자년 여름에 임량을 방하여 그린다戊子夏倣寫林良"라는 제발題跋을 통해 알 수 있다. 무자년은 1768년으

심사정, 「호취박토도」, 종이에 연한 색, 115.1×53.6cm, 국립중앙박물관 소장

임량, 「추응도」, 비단에 연한 색, 136.8×74.8cm, 명대, 대북고궁박물원 소장

로 심사정이 죽기 1년 전이다. 임량林良, 약 1416~80은 명明대 전반기에 활동한 화원畵院 화가다. 호방하고 사의적寫意的인 수묵화조화水墨花鳥畵를 남겼다. 임량은 독수리와 매를 잘 그렸다. 심사정의 「호취박토도」가 참고한 그림이 무엇이었는지 확인할 수는 없지만 임량의 「추응도秋鷹圖」를 통해 짐작해볼 수는 있을 것 같다. 「호취박토도」에 보이는 부벽준斧劈皴, 도끼로 나무를 찍어낸 자국과 같은 바위 표면의 질감을 나타내는 필선의 바위 처리나 거친 필치의 경물 묘사가 임량의 화풍을 연상시킨다.

두 작가 모두 매가 먹이를 쫓는 모습을 그렸지만 분위기는 사뭇 다르다. 임량은 진한 먹을 선호했다. 몰골법으로 그린 것도 특징이다. 색이 강렬한 만큼 긴장감도 강하다. 반면 심사정의 그림은 건조하다. 적절하게 농담을 조절해서 그린 소나무, 흙인지 풀인지 분간하기 힘든 국화, 잡풀까지도 잊지 않고 배경으로 그려 넣은 섬세함이 임량과 구분되는 심사정의 장점이다. 하지만 색이 약한 만큼 강렬함도 약하다. 심사정이 펼쳐놓은 세상에는 아무 일도 일어나지 않을 것처럼 한가롭다.

그래서 더 잔인하다. 마치 이웃집 아저씨라고 믿었던 사람이 갑자기 살인마로 돌변하는 것처럼 예상치 못한 반전을 보는 기분이다. 심사정이 완성한 평이한 붓질 속의 평화로움이 꼭 그렇다. 짐작하지 못한 죽음은, 지속된 평온이 평범하면 평범할수록 더욱 잔인하다. 참살慘殺은 언제나 평화 바로 곁에서 발

생한다. 참살 곁에서 평화는 눈 뜬 장님처럼 판단력을 잃는다.

　복선이 없는 것은 아니다. 맹감나무 열매와 꿩의 눈 주위에 붉은색을 칠했다. 채색이 들어가자 단색조의 화면에 생기가 돈다. 물론 그 생기는 생명을 살리는 생기가 아니라 피를 부르는 기운이다. 매의 날카로운 부리 밑에 그려 넣은 붉은 열매도 불길하다. 마치 매의 입에서 떨어진 핏방울 같다. 매의 뒤에 열린 열매도 마찬가지이다. 토끼 몸이 매의 날카로운 부리에 찢기고 떨어지면 사방으로 피가 튈 것이다. 잠시 후에 벌어질 살육의 현장을 예시한다. 하나의 그림에 죽음과 호기심과 무신경이 공존한다. 꼭 우리가 사는 세상 같다.

살생 본능이 뼈에까지 사무쳐

　심사정의 「호취박토도」에 죽음의 순간이 담겨 있다면, 유숙劉淑, 1827~73의 「호취간작도豪鷲看雀圖」에는 미래의 죽음의 암시되어 있다. 「호취박토도」가 읽을 거리가 풍부한 데 반해, '사나운 매가 참새를 보다'라는 뜻의 「호취간작도」는 구도가 간단하다. 화면을 가로지르는 나뭇가지에 앉은 매가 참새를 내려다보는 모습이 구도의 전부다.

　간단한 구도에 노리는 자와 도망가는 자의 긴박감이 절묘하게 배합되어 있다. 삶과 죽음만큼 절실한 문제가 있을까. 장소도 시간도 죽음 앞에서는 무의미하다. 전부 생략했다. 오직 응시와 탈출만이 있을 뿐이다. 유숙은 나뭇가지를 휘감은 덩굴을 참새 꽁지까지 뻗치게 그림으로써 참새가 바람을 가르며 날아가는 것 같은 효과를 노렸다. 동시에 덩굴에 의해 참새가 묶인 듯한 인상을 줌으로써 아무리 급하게 날아가봤자 결국 매의 밥이 될 것임을 암시한다.

　현장에서 직접 보는 죽음보다 상상에서 오는 죽음의 공포가 더 큰 법이다. 지금 참새는 살아 있지만 머지않아 죽을 것이다. 어떻게 죽을까. 참새는 그림을 감상하는 사람의 상상력 여하에 따라 다양한 모습으로 죽을 것이다. 일순간 고통 없이 죽을 수도 있고 몸이 조각조각 찢겨질 때까지 퍼덕거리다 최후를 맞이할 수도 있다. 작가가 차마 그리지 못한 뒷이야기는 감상자의 상상 속에서 완성된다. 유숙의 화면이 직접적인 죽음이 없다 해서 덜 잔인한 것이 아니다. 유숙의 작화作畵 태도는 자기 손에 피 묻히지 않고 살인하는 킬러의 노련함과 닮았다.

「호취간작도」는 몇 가지 측면에서 김홍도의 화조화를 보는 듯하다. 참새를 노려보는 매의 생생한 표정과 먹의 농담을 능숙하게 풀어내는 솜씨가 김홍도의 특징이다. 대각선으로 배치된 나무 위에서 매가 먹잇감을 내려다보는 구도는 후배인 장승업張承業, 1843~97의 개성이 느껴진다. 이런 이유 때문에 「호취간작도」는 유숙의 작품이라 단정 짓지 않고 그 앞에 전傳을 붙였다. '유숙의 작품으로 전해진다'는 뜻이다. 제시題詩 아래 혜산蕙山이라는 유숙의 호가 적혀 있지만 확신할 수는 없다. 유숙은 도화서 화원 출신으로 정확하고 사실적인 필력을 인정받아 철종 어진御眞과 고종 어진 제작에 참여했다.

매의 눈빛이 참새를 향하는 그림 중앙에는 다음과 같은 제시가 적혀 있다.

> 하늘도 차가운 세모에(天寒歲暮)
> 뛰어난 재주 보여줘(孰爲俊才)
> 생각과 표정으로 털이 치솟는데(神彩揚毛)
> 영특한 생각은 뼈에까지 사무친 듯(英思入骨)

세모에 그린 그림이라고 적혀 있는 것을 보면 세화歲畵로 제작되었음을 알 수 있다. 세화는 새해를 기념하기 위한 선물로 주고받은 그림이다. 새롭게 시

佛

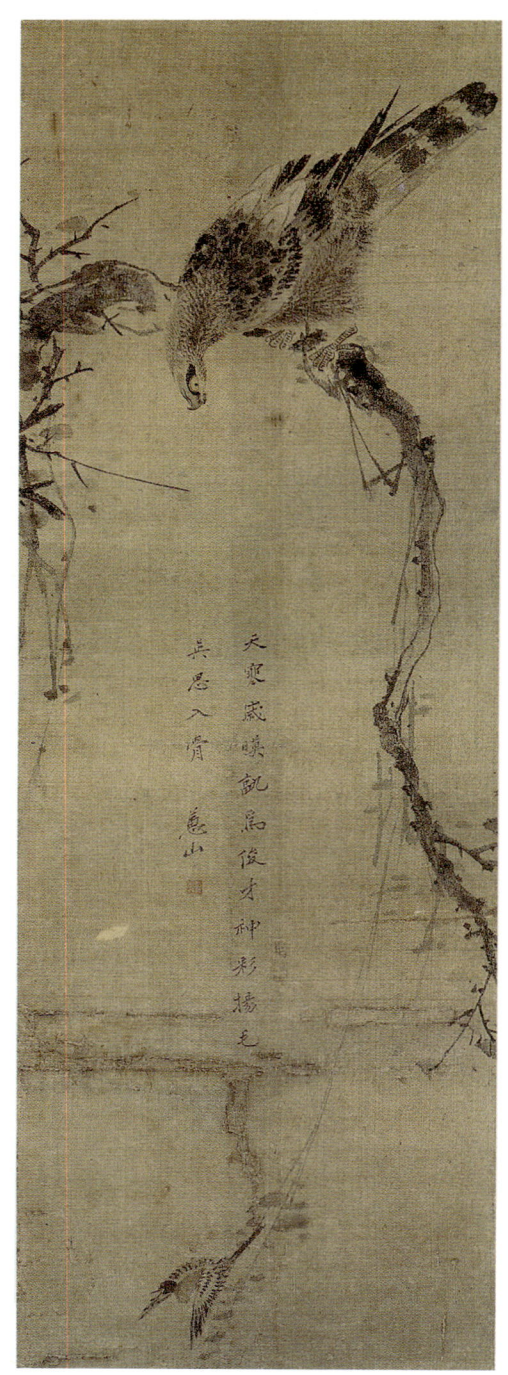

전 유숙, 「호취간작도」, 비단에 연한 색, 87.4×20.7cm, 국립중앙박물관 소장

작하는 것을 기념하기 위해 그린 만큼 길상吉祥적이고 감계鑑戒적인 내용과 더불어 악귀나 재앙을 쫓아내는 벽사辟邪적인 내용도 많은 부분을 차지했다.

매는 벽사적인 의미의 세화로 가장 인기 있는 새였다. 특히 삼재三災가 든 사람이 있는 집에서는 설날에 매 그림을 문설주에 붙여놓았다. 삼재는 수재水災, 화재火災, 풍재風災를 합한 단어로 세상을 살아가면서 만나게 되는 여러 가지 재난을 상징한다. 매가 그만큼 용맹스럽고 공격적인 맹금류이기 때문에 삼재의 해결사로 발탁되었을 것이다. 주전론자主戰論者를 '매파'라 하는 것만 봐도 매의 이미지에 깃들인 강한 의미를 짐작할 수 있다.

매는 먹잇감의 숨통이 끊어진 후에야 고기를 뜯는 습성이 있다. 이 습성을 이용해 사람들은 매가 사냥한 꿩이나 토끼를 빼앗는다. 닭고기 등을 준비해 매를 유인한 뒤 매가 고기를 먹을 때 꿩과 바꿔치기 하는 것이다. 아예 처음부터 매를 길들여 꿩이나 토끼를 잡는 매사냥을 하기도 했다. 고려시대와 조선시대 때 응방鷹坊이라는 부서가 있었다. 사냥에 쓸 매를 기르던 곳이다. 사람이 기껏 고생해봤자 꿩 한 마리 잡기 힘든 반면 매는 한나절 사냥으로 예닐곱 마리의 꿩을 잡았다. 재주는 곰이 부리고 돈은 왕서방이 번다는 속담은 매에게도 해당된다. 아니, 사람에게도 해당된다.

싯다르타가 본 살육의 참상

싯다르타가 소년이었을 때의 일이다. 어느 해 봄날, 슈도다나 왕은 신하들과 함께 농경제에 참석했다. 석가족이 세운 카빌라바스투는 지금의 네팔 남부 타라이에 위치했는데 예나 지금이나 벼농사가 주업이다. 농사는 농경민족에게 매우 중요한 생활 기반이다. 왕이 농경제에 참석해 경작을 시작하면 한 해 농사가 시작된다. 농경제에는 나중에 왕이 될 태자 싯다르타도 동행했다.

드디어 의식이 시작됐다. 농경제의 시작을 알리는 나팔 소리가 울려 퍼지자 농부들이 가래로 땅을 파헤쳤다. 한낮의 뙤약볕을 받으며 땅을 파는 농부들이 이내 흙과 땀으로 뒤범벅이 됐다. 싯다르타는 비지땀을 흘리는 농부들이 측은했다. 사람으로 태어나 목숨을 연명한다는 것이 얼마나 고된 노동을 필요로 하는 일인지 절감했다.
　'백성들이 힘들게 사는구나…….'
　그렇게 생각하며 가래질한 땅을 보고 있던 태자는 깜짝 놀랐다. 사방에서 날아온 새들이 파헤쳐진 흙 속에서 꿈틀거리는 벌레를 쪼아 먹고 있었기 때문이다. 새들은 가래에 찍힐 위험을 감수하면서도 목숨을 걸고 다른 목숨을 잡아먹었다. 싯다르타는 심하게 충격을 받았다. 자신이 살기 위해 다른 산 목숨을 잡아먹어야 하는 역설.
　싯다르타 태자는 괴로움으로 직조된 삶의 조건을 목격하고 숲속으로 들어갔다. 태자는 오랫동안 나무 그늘 아래 앉아 약육강식으로 이루어진 세상을 관조했다. 해 그림자가 서쪽에서 동쪽으로 자리를 옮겼다. 사람들이 찾으러 올 때까지 태자는 꿈쩍도 하지 않고 깊은 명상에 빠졌다. 태자 위의 나무도 꿈쩍하지 않고 서서 햇볕을 가려주었다. 그 거룩한 모습을 보고 슈도다나 왕과 신하들이 저절로 고개를 숙였다.

희생양이 필요한 사회

　토끼와 참새는 희생양이다. 희생양이 짐승의 세계에서만 필요한 것은 아니다. 사람 사는 세상에서도 오랜 세월 동안 희생양을 필요로 했다. 한 사회에 분쟁이 있을 때 그 분쟁을 해소하는 방법으로 희생양을 바치는 희생제의가 행해졌다. 이런 현상을 두고 현대 철학자 르네 지라르Rene Girard, 1923~는 『폭력과 성스러움』에서 이렇게 정의한다.

> 전체 집단에 의해 행해지는 희생제의는 공동체 전체를 그들의 폭력으로부터 보호하는 것이며, 폭력의 방향을 공동체 전체로부터 돌려서 외부의 희생물에게로 향하게 한다는 말이다. 희생제의는 도처에 퍼져 있는 분쟁의 씨앗들을 희생물에게로 집중시키고, 분쟁의 씨앗에다 부분적인 만족감을 주어서 방향을 딴 데로 돌려버린다.

르네 지라르의 이론에 따르면, 토끼와 참새는 한 집단에 내재되어 있는 불안과 분쟁을 해결하기 위한 희생양이다. 토끼와 참새가 죽어야 할 정도로 큰 죄를 지었는가 하는 문제는 중요하지 않다. 죄가 없다면 날조해서라도 덮어씌우면 된다. 건강한 사회를 유지하기 위해서는 불순한 자를 색출해야 한다. 희생제의를 통해 공동체 전체가 안도감을 느낄 수 있다면 희생양은 희생양으로서 희생될 가치가 충분하다. 공동체가 우선이기 때문이다. 건강하지 못한 사회일수록, 독재자가 집권하는 국가일수록 더욱 많은 희생양이 필요하다.

희생양을 필요로 한 역사는 의외로 많다. 멀리는 중세 유럽의 마녀사냥에서 가깝게는 일본의 간토 대지진까지 모두 내부의 불평불만을 잠재우기 위해 희생양을 제물로 바쳤다. 마녀사냥에서 죽은 여자들 대부분은 마녀가 어떻게 생긴지도 모르는 평범한 이웃이었다. 14세기 유럽에서 페스트가 창궐하자 유대인이 우물에 독을 탔다는 소문을 퍼뜨려 유대인을 학살했다. 우물에 독을 탄 이야기는 간토 대지진 때도 똑같이 적용되어 수많은 조선인이 학살됐다. 임진왜란을 일으킨 도요토미 히데요시는 전국을 무력으로 통일한 후 각 지역의 다이묘와 무사 들의 불만을 무마하기 위해 조선을 침공했다. 조선을 희생양으로 삼으려 한 것이다. 모두 사회불안을 잠재우기 위해 희생양을 만든 사례다. 희생양을 찾기 위해 멀리 갈 필요도 없다. 바로 지금 우리 앞에서도 찾을 수 있다. 북한이다. 핵실험을 강행하면서까지 연일 한반도를 초긴장 상태로 몰아넣고 있는 북한의 김정은 정권은 인민들의 시선을 외부로 돌려야 체제가 유지될 수 있을 만큼 절박한 상황이라는 것을 역설적으로 말해준다. 싯다르타가 생존했을 당시부터 2,500여 년이 지난 지금까지 사람이 사는 조건은 전혀 변한 것이 없다.

심사정이나 유숙이 매를 그린 목적은 매의 용맹성과 탁월한 사냥 능력을 드러내기 위함이다. 토끼나 참새 같은 희생양을 동정하는 마음은 추호도 없다. 매의 발톱에 찍힌 토끼가 어떻게든지 살아나려고 발버둥 치면 칠수록 매의 위용은 더 높아진다. 사람들은 희생당한 토끼나 참새를 측은해 하기보다는 매의 능력에 감탄한다. 흔히 가진 자의 입장에 서면 반대편의 입장에 있는 사람의 입장을 간과하기 쉽다. 그런데 싯다르타는 달랐다. 농부의 쟁기질에서 세상에 만연한 살육과 폭력을 읽었다. 가진 자가 없는 자를, 힘센 자가 약한 자를 죽이고 빼앗는 비정함을 보았다. 어떻게 해야 하는가. 어떻게 해야 이 처참한 상황에서 벗어날 수 있는가. 싯다르타의 고민이 깊어졌다. 그 고민은 출가 후 깨달음을 얻을 때까지 지속되었다. 싯다르타가 출가하게 된 계기를 찾아보면 이렇게 뿌리가 깊다.

사문유관상

3
사문에 나가
세상을 관찰하다

四門遊觀相

결혼

> 한 생애가
> 또 다른
> 생애로
> 흘러들어
>
> 작자 미상 「동가반차도」

부처에 관한 많은 경전에는 태자 싯다르타가 열일곱 살 때 결혼했다고 전한다. 싯다르타에게는 세 명의 태자비가 있었다. 첫째 왕비는 야소다라, 둘째 왕비는 마노다라(혹은 마노라타), 셋째 왕비는 고타미(혹은 고파, 고피)였다. 태자와 가장 먼저 결혼한 여인은 고타미였다. 고타미는 석가족 부호의 딸이었는데 매우 아름다웠다. 싯다르타와 결혼했지만 두 사람 사이에는 아이가 없었다. 두 번째 왕비 야소다라 역시 석가족 출신으로 자존심이 강한 여인이었다.

그녀의 아버지는 선각왕이었고, 싯다르타와의 사이에 라훌라를 낳았다. 그 때문인지 비록 혼인은 고타미보다 늦게 했지만 첫째 왕비가 되었다. 셋째 왕비 마노다라 역시 석가족 출신이었다. 그녀에 대해서는 자세한 기록이 전하지 않는다.

세 왕비는 때로 한 사람인 것처럼 묘사될 때가 많다. 고대에 한 나라의 왕이 여러 명의 왕비를 받아들이는 것은 관례였다. 싯다르타가 결혼한 후 세 궁전에서 머물렀다는 이야기도 세 명의 왕비의 처소를 상징한다고 볼 수 있다. 세 개의 궁전은 태자의 안전을 위해 처소를 옮기기 위한 용도였다는 해석도 전한다.

물론 『중아함경』에 전하는 부처의 육성처럼 세 채의 궁전이 아버지 슈도다나가 지어준 궁전일 수도 있다. 슈도다나는 과거에 아시타 선인이 예언한 것처럼 태자가 출가할 마음을 낼까 두려워 세속적인 쾌락에 젖어 살도록 했다. 슈도다나는 태자가 장차 전륜성왕이 되기를 원했다. 슈도다나의 의도는 싯다르타의 결혼과 손자 라훌라의 탄생으로 잘 실현되는 듯 보였다. 슈도다나의 예상대로 진행됐더라면 오늘날 우리는 부처의 가르침을 받을 수 없었으리라. 그 이야기는 뒤로 미루고 우선 싯다르타의 혼례식을 상상해볼 수 있는 반차도를 감상해보자.

왕과 왕비의 혼례식을 그린 가례반차도

농사는 '천하지대본農者天下之大本'이다. 세상 사람들이 사는 데 가장 근본이 되는 일이라는 뜻이다. 혼례는 '인륜지대사人倫之大事'이다. 사람이 지켜야 할 도리 중에서 가장 중요한 일이라는 뜻이다. 이렇게 중요한 '대사'를 치르는데 형식과 의례가 빠질 수 없다. 왕실에서 치르는 혼례식이라면 더욱 그러하다.

3
사문에 나가 세상을 관찰하다

조선시대 국가 의례는 다섯 가지로 분류된다. 이를 '오례五禮'라 한다. 영조 1744 때 수정증보된 『국조속오례의國朝續五禮儀』에 따르면 오례는 다음과 같다. 길례吉禮, 대사·중사·소사 등의 각종 제사, 가례嘉禮, 즉위·책봉·관례·국혼·진연 등의 경축, 빈례賓禮, 외국 사신 접대, 군례軍禮, 군사 훈련, 활쏘기 등의 군사, 흉례凶禮, 국상·국장 같은 상장례 등이다. 혼례는 가례에 속한다. 경사스럽고 아름다운 예식이다. 축하할 만한 기쁜 예식인 만큼 선택도 신중하고 과정도 복잡하다.

왕실에서 왕비나 왕세자빈을 맞이하기 위해서는 '간택揀擇'과 '육례六禮'를 거쳤다. 간택은 왕비가 될 규수를 선택하는 절차다. 왕자의 혼례식이 결정되면 전국에 금혼령을 내려 모든 처녀들의 혼인을 금한 후 처녀 단자를 올리게 했다. 이때 종친의 딸, 이씨의 딸, 과부의 딸, 첩의 딸 등은 처녀 단자를 올리지 않아도 됐다. 종친과 이씨 딸을 열외로 하는 것은 집안 친척이니까 그렇다 쳐도 과부와 첩의 딸을 제외했다는 것은 조선 사회에서 신분이 매우 중요했음을 말해준다.

네 가지 조건에서 벗어난 처녀라면 누구나 왕비 후보자로 간택될 수 있었을까. 표면적으로 보면 가난한 서민의 여식도 누구나 왕비가 될 수 있었다. 그러나 현실은 달랐다. 간택을 받을 수 있는 후보는 '어느 집 가문의 여식'이라고 내정된 경우가 대부분이었다. 근본 없는 집안의 천덕꾸러기가 백마 탄 왕자님의 선택을 받는 '신데렐라의 꿈'은 조선에서는 한 번도 실현된 적이 없었다. 답답하고 강고한 사회였다.

간택은 3차에 걸쳐 이루어졌다. 1차에서는 열 명 내외가, 2차에서는 세 명이, 마지막으로 3차에서 선택된 한 명이 왕비로 뽑혔다. '삼간택'에서 뽑힌 처녀는 자신이 살던 집을 떠나 별궁으로 모셔졌다. 이때부터 규수는 비빈妃嬪이나 입는 대례복大禮服을 입었다. 혼례식만 올리지 않았을 뿐 이미 왕비나 다름

佛

작자 미상, 「동가반차도」(부분), 비단에 색, 31×996cm,
19세기 후반, 삼성미술관 리움 소장

3
사문에 나가
세상을 관찰하다

「동가반차도」(부분). 왼쪽에 말탄 무사가 태극기를 들고 있다.

없었다. 예비 왕비는 별궁에서 대략 석 달 정도 머물렀다. 별궁으로 옮기게 한 이유는 본격적으로 '왕비 수업'을 받게 하기 위한 목적과 '사돈'이 짊어져야 할 부담을 덜어주려는 배려에서였다. 왕실과 사돈 맺은 집안이 아무리 부자라 한들 왕실 눈높이에 맞춰 예단을 준비하려면 얼마나 등골이 휘겠는가. 그 부담을 전부 없애줌으로써 훌륭한 딸을 길러준 것에 대한 보답을 한 셈이다. 때로 간택된 규수의 본가를 별궁 근처로 옮겨주기도 했다. 낯선 궁궐에 홀로 떨어져 있을 딸에게 친정 엄마만큼 든든한 사람이 누가 있겠는가. 사돈과 새아기에 대한 왕실의 배려가 꼼꼼했음을 알 수 있다. 서로 죽고 못살 정도로 사랑하는 자식들을 결혼시키면서 예단 때문에 인생 초반부터 싸움 붙이는 우리 시대 '어른들'은 조선 왕실의 '노블레스 오블리주'를 본받아야 할 것이다. 조선시대가 결코 꽉 막힌 고루한 사회만은 아니었다.

간택이 끝나면 본격적인 결혼식 모드로 전환된다. 그것이 '육례'다. 육례 중반차도는 왕의 행차 장면을 상세하게 그려 당시 상황을 눈앞에서 펼치듯 재현했다.

첫 번째는 납채례納采禮이다. 왕비로 간택된 규수 집에 혼인의 징표로 교명문과 기러기를 보내는 의식이다. 두 번째는 납징례納徵禮로, 교명문과 함께 예물을 보내는 의식이다. 세 번째는 고기례告期禮이다. 혼인 날짜를 알리는 의식이다. 네 번째는 책비례冊妃禮, 즉 왕비로 책봉하는 의식이다. 삼간택된 규수는 별궁에서 왕비 수업을 받고 있기 때문에 책비례도 별궁에서 행한다. 책봉식에는 교명문과 도장, 옷을 보냈다.

이렇게 책봉식도 끝났으니 왕이 왕비를 모셔오는 일만 남았다. 진짜 혼례식을 치르는 의식이다. 그것이 다섯 번째 친영례親迎禮이다. 왕은 왕비가 있는 별궁으로 직접 모시러 간다. 간택과 육례는 모두 다 중요하지만 삼간택과 친영례는 특히 중요해서 아주 길하고 좋은 날을 선택한다. 이제 왕비를 모셔왔으니 마지막 순서가 남았다. 침전에서 첫날밤을 치르는 동뢰연同牢宴이다. 동뢰연은 왕비의 처소에서 치른다.

왕비의 침전인 경복궁의 교태전交泰殿, 창덕궁의 대조전大造殿, 창경궁의 통명전通明殿에는 용마루가 없다. 왕이 곧 '용龍'이기 때문에 용 위에 용을 둘 수 없음이다. 왕의 얼굴은 용안龍顔, 왕의 옷은 용포龍袍, 왕의 의좌는 용상龍床이라 한다. 교태전은 『주역』의 64괘 중 태泰 괘에서 따왔다. '천지교태天地交泰'처럼 하늘과 땅이 서로 화합하듯 자손을 많이 낳으라는 뜻이다. 대조전은 큰 물건을 만드는 장소라는 뜻이다. 다음 보위를 물려받을 세자가 큰 물건이라는 뜻일 게다. 통명전은 '통달하여 밝다'는 뜻으로 대명궁大明宮이라 칭하기도 한다. '옥황상제의 궁전'이란 의미와 '신선의 전각'이란 뜻도 담겨 있다. 모두 좋은 의미이다. 왕과 왕비는 옥황상제의 궁전 같은 신성한 장소에서 하늘과 땅이 화합하듯 첫날밤을 보낸다. 왕비가 비로소 제자리를 찾았다.

「동가반차도動駕班次圖」는 왕이 궁궐 밖으로 나간 행차를 그린 그림이다. 가례 장면은 아니지만 왕이 별궁에 있는 왕비를 모셔오는 행차 장면을 짐작할 수 있는 자료다. 가례반차도는 흔히 친영례를 그린다. 육례 중 납채례부터 책비례가 혼례식의 준비 과정이라면 진짜 혼례식은 친영례다. 육례의 규모면에서 친영례가 최고였다. 「동가반차도」가 구체적으로 어떤 목적으로 그려졌는지는 아직까지 명확하게 밝혀져 있지 않다. 시위하는 인원과 가마, 군병 등의 어가 행렬이 무려 996센티미터에 이르는데, 인물과 대상을 그리는 필치와 색채가 정교하고 예술성이 높다.

현재 전하는 가례도감의궤는 1627년 『소현세자가례도감의궤』부터 1906년에 기록된 『순종비가례도감의궤』까지 약 280년 동안 20건의 기록[29]책이 전한다. 그런데도 굳이 다른 모든 가례도감의궤를 제치고 「동가반차도」를 선택한 것은 그만큼 작품성이 뛰어나기 때문이다. 「동가반차도」의 제작 시기는 신식 군복을 입은 별기군과 태극기가 등장한 것, 명성황후의 가마가 그려진 점을 들어 1883년 이후 95년 이전으로 추정한다. 나라가 걷잡을 수 없는 혼란으로 치닫는 상황에서도 왕실의 행사 장면을 그린 화원의 필치는 반듯하게 살아 있다. 그나마 다행이다.

순조와 순원왕후 김씨의 파란만장한 혼례담

그렇다면 실제로 가례는 어떻게 진행되었는지 「정묘조왕세자책례계병」으로 친근한 순조의 예를 들어 살펴보자. 순조는 1800년에 열한 살의 나이로 왕세자로 책봉된 후 그해에 가례를 올릴 예정이었다. 예정에 따라 1800년 1월 1일에 열세 살부터 열한 살 된 처녀들의 금혼령이 내렸다. 2월 2일 왕세자책봉식이 끝난 후 2월 26일에 세자빈의 첫 번째 간택이 행해졌다. 첫 번째 간택에서는 후보 다섯 명이 낙점됐다. 정조는 "김조순의 딸, 서기수의 딸, 박종만의 딸, 신집의 딸, 윤수만의 딸만 두 번째 간택에 들게 하고 그 나머지는 모두 허혼許婚"하도록 명했다.

후보자는 다섯 명이었지만 정조는 이미 김조순의 딸을 내정한 상태였다. 『조선왕조실록』 정조 24년에는 곳곳에 정조의 유시諭示가 적혀 있다. 정조는 "두 번째 세 번째 간택을 한다지만, 그것은 겉으로 갖추는 형식일 뿐"이라면서 "첫 번째 간택이 옛날로 치면 바로 두 번째 간택"이라고 했다. 정조는 대비와 중전이 간택된 김조순의 딸을 보고 "특별히 그를 가리키면서 저게 어느 집 규수냐고 물으시고 이어 앞으로 오게 하여 한번 보시고는 상하 모두가 진심으로 좋아하면서, 그런 처자는 처음 보았다고들 하였다"라고 흡족해했다.

정조는 대신들에게 "어제 간택 장소에 그 집 규수가 들어왔을 때 얼굴 단장 몸단장 등 각종 범절을 수수하게 꾸몄는데도 얼굴에 복이 가득해 보이고 여러 사람 속에서 매우 뛰어나 그야말로 닭 무리 속에 서 있는 한 마리의 학

鶴"이었다고 전하면서 "궁중 사람들도 그가 처음 왔을 때 그가 누구인지 전혀 모르면서도 너도나도 관심을 기울였다"라고 했다. 덧붙여 이런 참한 규수가 간택된 것은 "황천과 조종이 주신 것으로 종묘사직을 위해 막대한 경사가 아닐 수 없다"라고 했다.

두 번째 간택은 윤 4월 9일에 이루어졌다. 이번에는 '김조순의 딸, 박종만의 딸, 신집의 딸'로 구색을 맞추었다. 간택된 집에는 대궐에서 육인교六人轎를 만들어 본가로 보내주고 수행원과 경호원을 보냈다. 정조는 김조순에게 친서를 보내 김조순의 딸이 "별궁과 다름이 없으니 지친간이라 하더라도 함부로 들어가 보아서는 안 되며 관직을 가진 자가 어떤 사정이 있어 집에 찾아올 때는 공복을 갖추고 대문 밖에서 말을 내리도록 하라"라고 명했다. 이 정도로 정조의 마음이 확고했으니 김조순의 딸이 세 번째 간택을 받는 것은 정해진 사실이었다. 정조는 세 번째 간택은 가을이나 겨울에 잡게 하고 가례를 12월에 거행하라 명했다.

그런데 뜻하지 않은 일이 발생했다. 6월 28일에 정조가 승하하신 것이다. 7월 4일에 순조가 열한 살의 나이로 창덕궁 인정전에서 즉위했다. 왕이 나이가 어려 영조의 계비인 대왕대비 정순왕후가 수렴청정을 했다. 정순왕후와 정조는 평소에도 사이가 좋지 않았다. 정순왕후는 어떻게든지 정조의 선택을 번복시키려 했다. 세 번째 간택에 대한 결정은 기약 없이 미루어졌다.

세 번째 간택에 대한 논의가 이루어진 것은 순조 2년 임술년 8월 10일이었다. 김조순을 중심으로 한 노론老論 시파時派가 정순왕후를 중심으로 한 벽파僻派와의 싸움에서 승리한 것이다. 두 번째 간택이 결정된 지 2년[1802] 4개월만이었다. 그동안 어린 소녀가 겪어야 했을 마음의 고통이 어떠했으리라는 것은 짐작하고도 남는다.

세 번째 간택에 대한 논의가 급물살을 탔다. 삼간택의 길일이 9월 6일로 잡혔다. 최종 간택된 김조순의 딸은 '어의궁 별궁'으로 거처를 옮겼다. 9월 18일에 인정전에 나아가 납채례를 행하였고, 9월 20일에 인정전에서 납징례를 행하였다. 10월 3일에 인정전에서 고기례를 행하였으며 10월 13일에 인정전에서 책비례를, 10월 13일에 어의동 별궁에서 친영례를 행하였다. 10월 16일에 대조전에서 동뢰연을 행하였다. 대혼大婚이 이루어졌다. 말도 많고 탈도 많은 긴 여정이 마침내 끝이 났다. 서울대학교 규장각에는 순조와 순원왕후의 혼례 장면을 그린 「가례도감의궤」가 소장되어 있다.

작은 혼례식

　　24년 전 10월, 햇살이 탐스럽게 익어가던 날에 연지 찍고 곤지 찍은 신부가 초례청 앞에 섰다. 한 생애가 또 다른 생애로 흘러들어가는 순간이었다. 시부모님은 조선 왕실의 혼례 절차를 공부한 분들이 아니셨지만 가난한 집 여식을 받아들이면서 어떤 예단도 요구하지 않았다. 충청도 양반다운 성품이었다. 인품은 가방끈에서 나온 것이 아니라 타인에 대한 배려에서 나온다는 것을 시부모님께 배웠다. 그 너그러움이 감사해 나는 지금까지 쪼들리는 살림도 아랑곳하지 않고 시부모님께 과하다 할 만큼 용돈을 드린다. 훌륭한 가르침이 훌륭한 전통을 만든다. 나 또한 두 아들을 장가보낼 때 우리 시부모님처럼 할 것이다.

　　시부무님의 가르침이 훌륭하다는 사실을 알게 된 것은 많은 시간이 지나서였다. '너 없이는 못 살아' 하던 고백이 '너 때문에 못 살아'로 바뀐 것은 신혼여행에서 돌아온 직후부터였다. 남편과 나는 인생의 굽이굽이에서 사사건건 다퉜다. 아이 때문에 다투고, 돈 때문에 다투고, 서로 다른 습관 때문에 다퉜다. 같은 길을 걸어가면서 다른 방향으로 고개를 돌렸다. 외면한 채 걷는 동안 '헤어져야지, 헤어져야지'를 습관처럼 읊조렸다. 순원왕후 정도는 아닐지라도 나도 참 파란만장하게 살았다.

그로부터 24년이 지난 지금, 우리는 다시 '너 없이는 못 살아'로 되돌아왔다. 원점이다. 그래서 다시 신혼이다. 신혼은 신혼이되 어설픈 자존심 내세워 상대를 피곤하게 하던 젊은 날의 신혼과는 차원이 다르다. 너의 아픔이 나의 아픔보다 더 크고, 너를 아프게 한 것이 내가 아픈 것보다 더 아프다. 그래서 내가 아픈 것조차 함께 사는 사람에게 미안하다. 한 생애가 또 다른 생애와 만나 큰 강을 이룬 셈이다.

혼인婚姻의 사전적인 의미는 '남자와 여자가 예를 갖추어 부부가 됨'과 '부부의 연을 맺는 것'이란 두 가지 뜻이 담겨 있다. 부부의 연을 맺기 위해서는 예를 갖추어야 한다. 예禮란 '인仁'한 것이라고 공자孔子는 말한다. '인仁'은 사람人과 둘二이 결합해서 만들어진 한자다. 서로가 서로를 인자한 마음으로 대하는 것, 그것이 혼인이다. 혼인의 진정한 의미를 알기까지는 시간이 필요하다. 나도 20여 년 걸렸다. 그 진리를 세월이 가르쳐주었다. '육례'를 거치지 않아도, 정화수 한 그릇 떠놓고 맞절하는 것으로 새 인생을 시작해도 세월이 지나면 깨닫게 된다. '예'는 두 사람이 '인'한 마음으로 배려하는 과정이라는 것을. 결혼하기를 참 잘했다.

3
사문에 나가
세상을 관찰하다

생로병사

거부할
수
없는
운명의 무게

신윤복 「미인도」
강세황 「복천오부인초상」

"환자분. 이제부터 간단하게 몸을 씻겨 드리고 새옷으로 갈아입혀 드릴게요."
 중환자실에서였다. 아침이 되자 간호사 네 명이 오더니 상큼한 목소리로 나를 불렀다. 전날 수술을 마친 나는 온몸에 호스를 단 채 겨우 숨만 몰아쉬고 있었다. 스물대여섯쯤 되었을까. 누운 채 올려다본 그녀들은 봄볕에 터진 목련처럼 눈부셨다. 나도 저런 때가 있었던가. 피부를 만지면 뽀얀 가루가 묻어날 것처럼 고왔다. 손놀림도 재빨랐다. 내 침대를 가운데 두고 양쪽에 두

명씩 선 그녀들은 한 몸처럼 호흡이 척척 맞았다. 내게 오기 전에 하던 이야기가 있었던지 익숙하게 환자복을 갈아입히면서 그들끼리 대화를 재개했다. 그녀들은 마치 이승에 남은 사람들이 저승으로 떠난 시신 앞에서 그들만의 세상 이야기를 거리낌 없이 하듯 나 같은 환자는 안중에도 없었다. 그녀들에게 나는 오뉴월 송장도 아닌 이승을 떠난 시신이나 다름없었다. 이승에 살고 있는 젊은 그녀들의 목소리에서 싱싱함이 뚝뚝 떨어졌다.
"내가 어제 전화해봤는데 이달 말까지 예약하면 간호사들한테는 특별히 삼십 프로 할인해준대."
"정말?"
"알고 봤더니 내 친구도 거기서 했더라고. 괜찮냐고 물어봤더니 만족한대. 보톡스는 진짜 잘하는 데서 해야지 잘못하면 나중에 더 쭈글쭈글해진다고 하잖아. 여기는 진짜 믿을 만하대."
"어머, 잘됐다. 그렇지 않아도 요즘 눈 옆에 주름이 생겨서 고민하고 있었는데 마땅한 곳을 못 찾았거든. 빨리 해야겠다. 전화번호 좀 알려줘."
"그럼 우리 단체로 할까? 여러 명이 함께 가면 더 많이 깎아줄 거 아니야."
"그러자. 그럼 이따 점심때 예약하자."
"환자분, 다 됐습니다. 이쪽 침대로 옮기겠습니다."
처음에는 다른 사람 얘기를 하는 줄 알았다. 아찔하게 젊은 그녀들이 자신들의 얼굴에 대해 고민하는 것은 아니겠지 싶었다. 그런데 그녀들 얘기였다. 뇌종양 수술을 마치고 머리에 붕대를 친친 감은 나보다 자신들의 얼굴 주름이 더 큰 문제였던 것이다. 그녀들에게 젊음을 유지하는 것은, 죽음 앞에서 방금 돌아선 중환자의 건강 회복만큼이나 절실한 문제였다. 늙음에 대한 공포가 밀도 높게 젊은 영혼들을 지배하고 있었다.

생로병사는 불가항력적인 삶의 조건

아름다운 여인은 우리를 행복하게 한다. 같은 여자일지라도 행복하다. 하물며 이성의 눈에는 오죽하랴. 신윤복申潤福, 1758~?이 그린 「미인도」는 아련한 여인의 대명사다. 얹은머리를 한 여인이 입을 꼭 다문 채 삼작노리개를 만지작거린다. 곱게 빗어 말아 올린 머리는 정갈한 눈빛만큼이나 단정하다. 저고리는 몸에 꼭 맞도록 소매가 좁고 길이가 짧은데 반대로 치마는 풍성해 여성성이 강조되었다. 절제된 묘태란 그녀를 두고 한 말일까. 속내를 감춘 그녀에게서는 자존심 강한 여인의 향기가 느껴진다. 보톡스를 맞지 않아도, 화장을 짙게 하지 않아도 그녀는 젊다는 이유 하나만으로도 충분히 미수하다.

신윤복은 조선의 여인과 관련된 풍속을 생생하게 그린 작가다. 그가 그린 풍속화에는 조선시대 양반들의 근엄함 뒤에 감춰진 흐트러진 욕망이 담겨 있다. 그는 도덕군자인 척하는 양반들의 허위와 가식을 세련된 색과 섬세한 붓질로 교묘하게 풍자했다. 그의 풍속화에는 예외 없이 양반과 여인이 등장한다. 「미인도」는 양반이 빠진 여인의 단독 초상화이지만 신윤복의 정성스런 붓질을 확인할 수 있는 그의 대표작이다. 한 50여 년 지난 후에 그녀는 어떻게 변해 있을까.

그에 대한 해답을 18세기의 문인화가 강세황姜世晃, 1713~91이 그린 「복천오부인초상」에서 찾을 수 있다. 그림 상단에 "복천오부인86세진福川吳夫人八十六歲眞"이라 적혀 있어 주인공의 나이를 알 수 있다. 여든여섯 살의 할머니는 휘장이 좌우로 걷힌 공간 속에서 한쪽 무릎을 세우고 앉아 있다. 그녀의 자세와 반대 방향으로 놓은 화문석 돗자리 위에는 베개와 지팡이가 놓여 있다.

할머니의 신체는 큰 머리에 비해 몸이 유난히 작고 왜소해서 80대 노인의 특징이 가감 없이 드러난다. 특히 넓은 이마와 함께 가르마가 훤히 들여다보

신윤복, 「미인도」, 비단에 색, 114.2×45.7cm, 간송미술관 소장

일 정도로 머리카락이 많이 빠진 모습은 사실적이다 못해 충격적이다. 눈꺼풀이 처져 반쯤 감긴 듯한 눈도 여간 흘미죽죽한 게 아니다. 눈꺼풀을 들어올리기도 힘겨운 표정이 영혼 위에 낡삭은 살가죽을 걸쳐 놓은 듯 위태로워 보인다. 젊음이 빠져 나간 인생의 끄트머리에는 퍼석퍼석한 껍질만이 남았다. '복천오부인'이 아니더라도 늙으면 누구에게나 삶은 무겁다.

얼굴과 저고리에는 곰팡이가 피고 색이 변질되어 처음 제작했을 당시의 본모습을 많이 잃었다. 「복천오부인초상」은 강세황이 마흔아홉에 그렸는데 여성 초상화가 극히 드문 조선시대의 상황을 고려해볼 때 매우 귀한 작품이라 할 수 있다. 복천오부인은 왕실의 종친과 결혼한 종실 여성으로, 예조판서였던 그녀 아들의 적극적인 주도로 초상화가 제작되었다. 물론 친척이었던 강세황이 있었기에 가능한 일이기도 했다. 강세황은 대상을 미화시키지 않고 초상화의 기본 정신인 전신傳神에 충실했다. 조선 후기를 대표하는 유일한 여성 초상화에는 절제된 선묘를 통해 사대부집 노부인의 인품을 표현하고자 했던 작가의 의도가 생생하게 살아 있다.

물론 신윤복의 '미인'과 강세황의 '복천오부인'은 동일 인물이 아니다. 그러나 신윤복의 '미인'도 여든여섯 살이 되면 '복천오부인'과 비슷해질 것이다. 복사꽃처럼 고운 미인이 핏기 없는 노부인으로 변할 것이라는 사실을 믿기는 쉽지 않다. 그런 잔인한 붕괴는 도저히 일어날 것 같지 않다. 믿고 싶지 않지만 인정해야만 하는 진실이 시간의 파괴력이다. 시간의 파괴력에 속수무책 당해야 하는 것이 사람의 인생이다.

노쇠현상이 그러할 진대, 그 과정에서 겪어야 하는 사연들은 얼마나 많은가. 사랑하는 사람과 헤어져야 하는 괴로움. 싫어하는 사람을 만나야 하는 괴로움. 갖고 싶지만 가질 수 없는 괴로움. 오욕칠정五慾七情에 시달리며 방황하는

佛

강세황, 「복천오부인초상」, 비단에 색, 78.3×60.1cm, 1761, 개인 소장

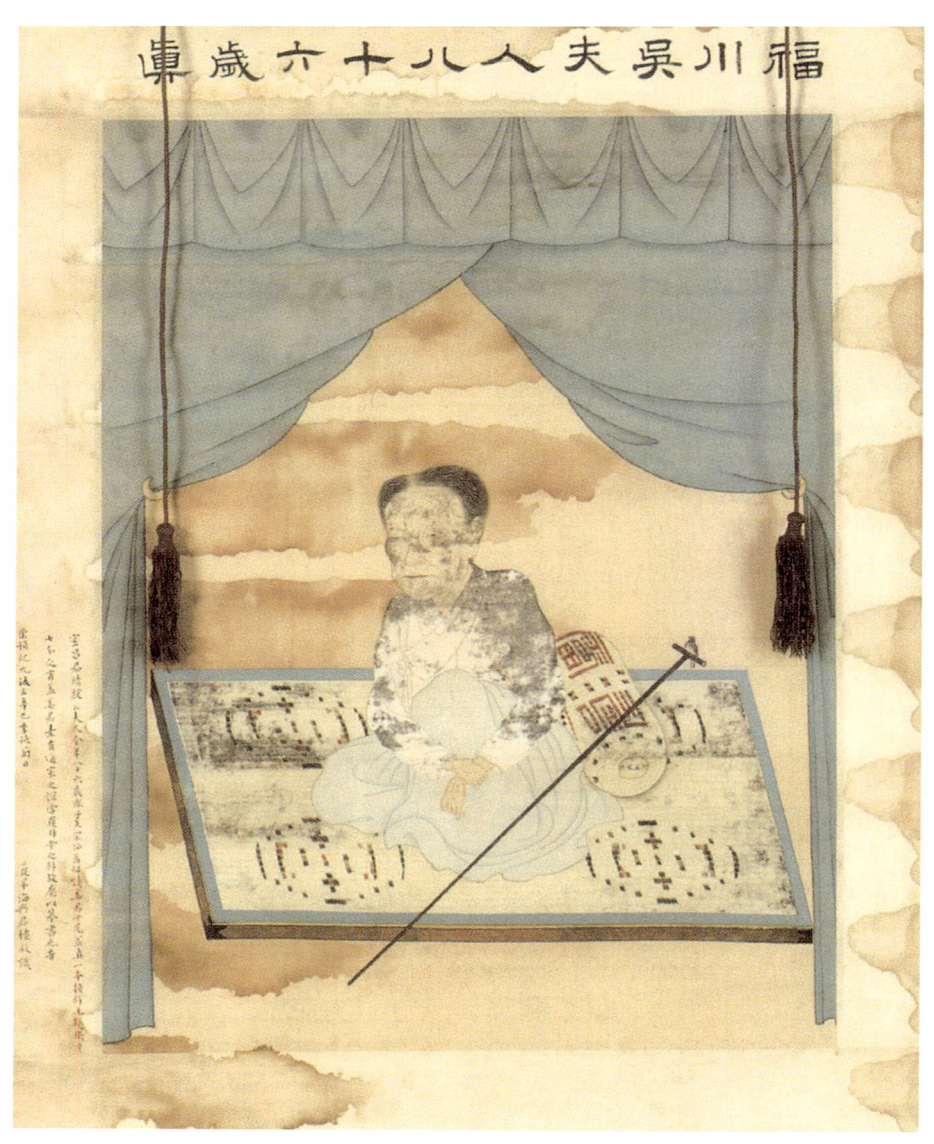

괴로움 등은 가는 젊음을 붙잡는 것만큼이나 힘든 통과의례다.

나이듦에 대처하는 자세

늙는다는 것은 사람의 힘으로는 도저히 어쩌지 못하는 무거운 운명이다. 받는 사람이 결코 수락한 적 없지만 기필코 받아야 하는 표독스러운 법칙이다. 어떤 논리적인 분노나 이성적인 핑계로도 거부할 수 없는 필연이고 숙명이다. 그런데 세월이 얼마나 빠른가. 다음의 시는 용납할 수 없는 세월의 속도를 절절하게 느끼게 한다.

> 한 손에 막대를 쥐고 또 한 손에는 가시를 쥐고
> 늙는 길을 가시로 막고 오는 백발을 막대로 치려했더니
> 백발이 제가 먼저 알고서 지름길로 오는구나

늙음을 한탄한 「탄로가歎老歌」는 고려시대 문신 우탁禹倬, 1263~1342이 지은 시조다. 늙음이란 그런 것이다. 아무리 날카로운 가시로 막고 단단한 막대로 치려해도 날렵하게 지름길로 먼저 와 있는 불가항력이다.

노쇠 현상은 인류가 탄생한 이후 생명 가진 존재라면 누구나 감수해야 할 삶의 조건이다. 어떤 권력이나 물질로도 대체불가능하다. 유사 이래 수많은 황제와 도사들이 불로장생을 꿈꾸었지만 성공하지 못했다. 결국 저항을 포기했다. 대신 살아 있는 시간만이라도 잘 살자는 쪽으로 결론을 내렸다.

잘 사는 법을 실천하는 사람은 두 부류로 나뉜다. 첫 번째는 짧은 인생이니 늙기 전에 놀며 즐기자는 '노세족'이다. '노세족'은 늙어지면 못 놀기 때문에 '젊어서 놀자'고 부추긴다. 노는 방법은 여러 가지다. 춤을 추거나 산천 경

계로 구경을 가거나 이백李白, 701~762처럼 "한 잔 한 잔 또 한 잔一盃一盃復一盃" 하며 술에 취해 살 수도 있다. 노세족의 겉모습은 행복해 보인다. 그러나 행복의 이면에는 시한부 인생을 살아야 하는 자의 식은땀이 배어 있다. 물론 송강 정철鄭澈, 1536~93처럼 "꽃 꺾어 세어가며 무진무진" 먹어보자며 유한한 인생을 풍류 넘치게 사는 시인도 있지만 말이다.

두 번째 부류는 '근면족'이다. '근면족'은 인생이 짧으니만큼 주어진 시간을 값없이 살지 말고 부지런히 공부하라고 다그친다. 수많은 근면족들이 '권학문勸學文'을 지어 후배들을 일깨웠다. 대표적인 학자가 남송南宋 대 유학자 주희朱熹, 1130~1200다. 주희는 "소년은 쉽게 늙고 학문은 성취하기가 어려우니 짧은 시간이라도 가벼이 여겨서는 안 된다"라고 가르침을 주는 것도 모자라 "오늘 배우지 않고 내일이 있다고 말하지 마라"라고 단호하게 경고했다. 주희 외에도 『고문진보』에는 당唐 대 백거이白居易, 송宋 대 진종眞宗, 인종仁宗, 사마광司馬光, 유영柳永, 왕안석王安石, 한유韓愈 등 여러 사람의 권학문이 실려 있다. '세월은 나를 기다리지 않는다'는 진리를 뼈저리게 느낀 선각자들의 호소다. 근면족의 성토는 노세족보다는 바람직하지만 역시 유한한 생명을 가진 자의 안타까움이 갈마치듯 응축돼 있다.

싯다르타 태자의 네 가지 소원

싯다르타의 결혼 생활은 순탄했다. 아버지 슈도다나 왕이 바랐던 것처럼 태자비 야소다라와의 사이에 아들 라훌라를 낳았다. 특별한 일이 없는 한 슈도다나 왕의 왕위는 싯다르타에게 계승될 것이다. 아시타 성인의 예언은 출가 쪽이 아니라 전륜성왕 쪽이 더 유력해 보였다. 슈도다나 왕은 흡족했다. 안심해도 될 것 같았다.

3
사문에 나가 세상을 관찰하다

그러나 모든 운명이 그런 것처럼 태자의 출가 동기는 의외로 평범한 사건이 계기가 되었다. 어느 날 태자는 성의 동쪽 문으로 나가다 허름한 노인을 만났다. 초라한 행색의 노인은 힘든 몸을 지팡이에 의지해 겨우겨우 걸어가고 있었다. 왕궁에서 그런 비참한 행색의 노인을 본 적이 없던 태자는 시종에게 물었다. 시종이 대답했다.

"사람은 누구나 늙으면 저 노인처럼 됩니다."

태자는 우울했다. 다시 성의 남쪽 문으로 나가다 병든 사람을 만났다. 곧 숨이 넘어갈 듯 신음하는 병자는 잔뜩 얼굴을 찌푸린 채 고통스러워했다. 왕궁에서 그런 병자를 본 적이 없던 태자는 시종에게 물었다. 시종이 대답했다.

"사람은 누구나 태어나면 저 병자처럼 아픕니다."

태자의 가슴속에 비탄의 감정이 계시처럼 찾아왔다. 태자는 다시 성의 서쪽 문으로 나가다 죽은 사람의 장례 행렬을 보았다. 사랑하는 사람을 저세상으로 보낸 사람들은 슬픔에 젖어 울부짖고 있었다. 왕궁에서 죽은 자를 본 적이 없던 태자는 시종에게 물었다. 시종이 대답했다.

"사람은 누구나 태어나면 한 번은 죽습니다."

시종의 말을 들은 태자는 충격에서 쉽게 벗어나지 못했다. 죽음은 죽지도 않고 태연자약하게 삶 속에 살아 있었다. 태자는 다시 성의 북쪽 문으로 나가다 출가 수행자를 만났다. 그는 비록 남루한 옷을 걸치고 있었지만 온몸에서 빛이 났고 얼굴에는 평화로움이 가득했다. 왕궁에서 출가 수행자를 본 적이 없던 태자는 시종에게 물었다. 시종이 대답했다.

"저 사람은 해탈을 구해 수행하는 사람입니다."

태자는 그들의 모습에서 자신의 미래를 보았다. 호화스런 궁전에 사는 자신이 늙고 병들고 죽는 성문 밖 사람들과 다를 것이 없었다. 그 순간 태자의 운명이 결정됐다. 아니, 태자가 운명을 결정했다.

싯다르타가 동서남북에 뚫려 있는 네 개의 성문을 나가서 노인과 병자와 죽은 자와 출가자를 만났다는 사문유관四門遊觀은 전기 작가들이 부처의 출가 동기를 극적으로 보여주기 위해 구성한 상징적인 이야기이다. 태자가 그 나이가 되도록 늙고 병들고 죽는 것에 대해 알지 못했을 리 만무하다. 다만 그때까지 막연하게 생각했던 생로병사에 대한 고민이 때가 무르익어 구체적인 자신의 이야기가 되었음을 말해준다. 모든 상황은 보는 사람의 마음 상태에 따라 달리 보이는 법이다. 그런 의미에서 태자 앞에 나타난 노인과 병자와 죽은 자와 수행자는 태자에게 가르침을 주기 위한 선지식善知識이라 할 수 있다. 선지식은 이전에도 여러 차례 태자 곁을 지나갔을 것이다. 그때는 태자가 선지식을 선지식으로 알아볼 수준이 아니라서 지나쳤을 뿐이다. 천인天人과 선지식도 인연이 도래하기 전까지는 그저 평범한 동네 아저씨일 뿐이다. 그런데 평범한 얼굴을 한 선지식이 어찌 싯다르타 태자만 찾아갔겠는가. 우리한테도 날마다 찾아오고 있는 것을.

궁으로 돌아온 싯다르타는 슈도다나에게 자신의 결심을 이야기했다. 평소 신중하고 사려 깊은 아들의 성격을 잘 알고 있던 아버지가 간절한 목소리로 말했다.

"태자야, 너는 장차 이 나라와 백성들을 책임져야 할 사람이다. 어떻게 하면 출가를 단념할 수 있겠느냐? 네가 원하는 것이라면 무엇이든 다 들어주겠다."

싯다르타 태자가 진지하게 대답했다.

"저에게는 네 가지 소원이 있습니다. 첫째는 늙지 않는 일입니다. 둘째는 병들지 않고, 셋째는 죽지 않으며, 넷째는 서로 이별하지 않는 것입니다. 이 네 가지 소원만 들어주신다면 출가하지 않겠습니다."

3
사문에 나가 세상을 관찰하다

　　슈도다나 왕은 말문이 막혔다. 싯다르타 태자의 결심이 확고한 것을 안 슈도다나는 더 이상 아들을 설득하지 못했다. 인간존재에 대한 근원적인 질문 앞에서 무력한 중언부언은 그저 횡설이고 수설일 뿐이었다. 그날 밤 싯다르타는 마부 찬다카가 이끈 애마 칸타카를 타고 조용히 성문을 빠져 나왔다. 양어머니 마하프라자파티와 태자비 야소다라는 물론 아들 라훌라에게도 작별 인사는 하지 않았다. 싯다르타 태자의 인생이 출가 수행자로 바뀌는 순간이었다.

출가

태자
싯다르타,
출가
사문이 되다

정선 「파교설후」
조희룡 「홍백매 8곡병」

앙코르와트에 갔을 때였다. 해외여행은 항상 단체로 가는 답사 팀에 합류해서 다녀봤지 혼자 나간 것은 처음이었다. 감히 엄두를 내지 못할 정도로 겁 많은 사람이 홀로 해외여행을 감행한 것은 그만큼 앙코르와트가 궁금했기 때문이었다. 이글거리는 열대우림의 돌 속에 인간의 상상을 초월한 종교의 세계가 펼쳐져 있다는 소문이 이명처럼 머릿속에서 윙윙거렸다. 마음은 굴뚝같은데 기회는 쉽게 오지 않았다. 여행사에 전화해서 단체 관광으로 가자니 강제 쇼핑에 끌려 다닐 일이 끔찍했다. 한 장소에 눌러앉아 진득하게 감상할 수 없는 것도 선뜻 따라나서지 못한 이유였다.

그러던 참에 남편이 업무 때문에 앙코르와트에 가게 되었다. 휴가를 내면 업무가 끝난 후 며칠 눌러앉아 구경할 수도 있는 일정이었다. 문제는 남편이 회사의 일행과 떠나기 때문에 나와 함께 출국할 수 없다는 것이었다. 나는 영어 회화가 거의 불가능하다. 혼자 해외여행을 갈 수 없는 이유이다. 나는 고민에 고민을 거듭했다. 말도 통하지 않는 나라에서 국제 미아가 되면 어쩌나 겁이 났다. 한 가지 믿는 구석이라면, 비행기에서 내리기만 하면 남편이 나를 기다리고 있다는 사실이었다. 별거 아니라고, 초등학생도 할 수 있는 일이라고 남편은 거듭거듭 나를 안심시켰다. 이전에도 몇 차례 앙코르와트에 다녀온 적이 있었던 남편은 씨엠립 공항 구조까지 그려가며 내리는 방법을 친절하게 알려줬다. 결국 나는 혼자 뒤따라가기로 결정했다. 도착하고 보니 정말 별것 아니었다. 그냥 다른 사람이 하는 대로 따라 하니 남편이 입구에 서 있었다.

마흔 하고도 여덟 해나 산 사람의 고민으로는 너무 유치하다고 생각할지 모른다. 한심하지만 웃을 일이 아니다. 새로운 시도를 감행하기란 누구나 두려운 일이다. 어린아이도 어른도, 남자도 여자도 마찬가지 감정일 것이다. 비록 두려움의 두께에는 차이가 있겠지만 겁나기는 마찬가지이다. 대범하고 국제 감각이 발달된 그런 사람들 말고 나같이 소심하고 겁 많은 보통 사람들이 그렇다는 얘기다.

한겨울에 매화꽃을 찾아 길을 나선 선비

삼라만상이 눈에 푹 절었다. 쌓인 눈 위로 또 눈이 쌓이니 흰 눈은 켜를 이루며 굳어진다. 아무래도 겨울이 쉽게 끝날 것 같지 않다. 눈이 쌓였다 해도

佛

정선, 「파교설후」, 종이에 먹, 52.2×35.9cm, 국립중앙박물관 소장

꽃이 피지 않으면 설중매雪中梅가 아니다. 동지섣달 엄동설한이라지만 겨울의 끝자락이 아닌가. 분명히 찬란한 개화를 시작했을 것이다. 가봐야겠다.

 방을 나서자 찬 기운이 훅 끼쳐온다. 생각보다 추위가 매섭다. 다시 들어갈까. 괜히 헛수고만 하는 것은 아닌지 모르겠다. 이런 추위에 매화는 무슨. 관둘까 보다. 투레질을 하는 나귀를 타고 파교灞橋를 건널 때까지 망설임은 계속된다. 아니다. 분명히 피었을 것이다. 설중매가 피는 것은 겨울 뒤에 봄이 오는 것만큼이나 확실한 자연의 순리가 아닌가. 선비는 주저하면서도 계속 앞으로 나간다. 설령 꽃을 발견하지 못하더라도 일단 가봐야 한다. 시작이 없으면 결론도 없다. 피었건 안 피었건 직접 확인해보는 것이 중요하다. 진리는 추측으로 알 수 있는 것이 아니다. 몸으로 계절을 배우지 않는 자는 자연의 순환을 말할 자격이 없다. 설령 날강목을 치더라도 행동에 옮겨야 한다. 이제 편안한 일상과 결별이다.

 나중에야 알았다. 남편이 나와 함께 같은 비행기로 떠날 수 있었는데도 굳이 나 혼자 따로 오라고 한 이유를. 공포나 두려움은 그 실체와 직면하지 않으면 결코 벗어날 수 없다는 것을 내게 알려주고 싶었으리라. 남편 예상은 적중했다. 나는 비행기 타기를 혼자 해냈다. 영어 실력이 조금 부족하더라도 혼자 출국하고 입국하는 것이 불가능할 정도로 어려운 일이 아님을 실천해보고서야 알았다. 마음만 먹으면 얼마든지 가능한 일이었다.

 정선이 그린 「파교설후灞橋雪後」는 매화를 찾아 파교를 건너는 선비를 그린 작품이다. 만상이 눈 속에 자취를 감춘 겨울에 나귀 탄 선비가 파교를 건넜다. 그림은 전혀 채색을 쓰지 않고 오직 먹으로만 마무리했다. 흰 눈을 드러내야 하니 먹을 많이 묻혀 낭비할 이유가 없다. 먹을 금처럼 아끼는 '석묵여금惜墨如金'이 제대로 발현되었다. 굵은 붓을 몇 번 긋자 빈 여백이 설산雪山이 되었다. 설산 뒤 하늘은 연한 먹빛으로 물들였다. 흰옷 입은 선비는 붓질 몇 번으로 간략하게 끝냈다. 검은빛 나귀는 먹의 농담이 드러나도록 세심하게 그렸다. 선비가 흰색이라면 나귀는 검은색이다. 선비가 선이 강조된 백묘白描라면 나귀는 면이 강조된 몰골沒骨이다. 선과 면, 흰색과 검은색이 조화롭다. 안정감은 영원할 수 없는가. 그를 향해 고개를 쑥 내민 언덕이 금세라도 쏟아져 내릴 듯 위태롭다. 기우뚱한 언덕은 보는 사람마저 불안하게 만든다. 탐매행探梅行에서 선비가 만나게 될 어려움의 복선일 수도 있겠다.

　정선이 그린 나귀 탄 인물은 당나라 시인 맹호연孟浩然, 689~740이다. 맹호연은 평생 벼슬하지 않고 은거하며 살았는데 매화를 무척 좋아했다. 그가 매화를 찾아 나설 때면 장안 동쪽에 있는 파교라는 다리를 건너 산으로 향했다. 설중매는 따뜻한 봄볕이 아니라 겨울 눈 속에서 피어나는 꽃이다. 여린 꽃잎으로 죽음 같은 추위를 뚫고 피어나는 강인함은 경이로움 그 자체였다. 문인사대부들은 설중매에 매료됐다. 여기에 고고한 품성을 지닌 은둔 처사의 사연이 가미되자 너도 나도 할 것 없이 맹호연을 칭송했다. 맹호연의 행동을 흉내 내 '맹호연 따라잡기' 프로젝트에 돌입한 문인들도 속출했다.

　직접 행동으로 옮기지 못한 화가들은 그림을 그려 풍류를 감상했다. 맹호연이 나귀를 타고 설중매를 찾아가는 장면은 '파교심매도灞橋尋梅圖' '탐매도探梅圖' '기려도騎驢圖'라는 화제畵題로 수없이 그려졌다. 신잠申潛, 1491~1554, 김명국金命國: 1600~?, 정선, 심사정 같은 화가들이 맹호연의 이야기에 붓을 들었다. 특히 심사정의 「파교심매도」는 산뜻한 색채로 완연한 봄빛을 녹여낸 수작이다. 이들이 그린 「파교심매도」는 붓질은 달라도 구도는 한결같다. 나귀 탄 맹호연, 추위에 떨고 있는 시동, 눈 속에 핀 매화가 기본 구성 요소다. 나귀 탄 맹호연 대신 매화 앞에 선 인물을 그릴 때도 있다. 간략한 필치로 선미禪味가 느껴지는 작품을 남긴 김명국이 대표적이다. 어느 경우든 맹호연, 시동, 매화는 '파교심매도'를 구성하는 중요한 3대 요소다.

그런데 정선이 그린 「파교설후」는 '파교심매도' 계열화의 규격화된 내부 지침을 따르지 않았다. 이색적인 작품이다. 일단 시동이 보이지 않는다. 나귀 탄 시인은 찬바람에도 아랑곳하지 않고 느긋하게 탐매의 설렘을 즐기는 반면 시동은 눈에 젖은 신발을 신고 추위에 떨며 나귀를 뒤따라간다. 그 전형이 사라졌다. 자칫 신분 때문에 품위가 생긴다고 착각할 수 있는 요소가 제거된 것이다. 점잖은 시인과 동동거리는 시동이 등장할 때 감상자는 무심하게 시인의 참을성을 칭찬한다. 반대로 시동은 자발없어 보인다. 가끔씩 불쌍한 시동을 동정한 감상자도 없지 않아 있다. 붓을 든 사람이 강조하고 싶은 것은 시인의 여유였다는 뜻이다.

품위는 결코 신분에서 나오지 않는다. 환경과 조건에서 나온다. 선비가 추위에 품위를 잃지 않는 비결은 선비의 발이 젖지 않기 때문이다. 선비는 나귀를 타고 있다. 시동처럼 눈을 밟으며 동상과 싸워야 하는 직접적인 어려움이 없다. 정선은 등장인물을 시인 한 사람으로 제한함으로써 시동과의 비교에서 오는 감상자의 불편함을 해소해주었다. 참 착한 작가다. 정선은 시동과 더불어 매화도 배제시켜버렸다. '파교설후'라는 제목이 아니었다면 주인공이 어디로 향하는지 알 수 없었을 것이다. 똑같이 나귀 타고 가는 사람이지만 누군가는 단순히 여행 중이고 누군가는 매화를 찾아갈 수도 있다. 겉으로 드러난 것만으로는 속내가 가늠되지 않는 것이 '기려도'다. 그런 의미에서 제목은 용의 눈에 점을 찍는 '화룡점정畵龍點睛'과 같다. 용을 그린 후 눈동자를 그려 넣자 구름을 타고 하늘로 올라갔다는 전설처럼 뜻이 분명해지기 때문이다.

佛

「석가 출가」 간다라 불전도

3
사문에 나가 세상을 관찰하다

태자 싯다르타에서 출가 사문 고타마로

싯다르타 태자가 성문을 나설 때도 그의 모습은 여느 때와 다르지 않았다. 평상시의 모습 그대로였다. 태자가 출가한 날 밤 성문은 부왕 슈도다나의 명령으로 굳게 닫혀 있었다. 무장한 병사들은 긴장한 표정으로 궁성을 지켰다. 그러나 태자는 천신天神과 지신地神의 도움으로 마부 찬다카가 이끈 말을 타고 무사히 성문을 빠져나올 수 있었다. 인도 간다라에서 제작된 「석가 출가」는 지신이 말발굽 소리가 들리지 않도록 말의 발을 받쳐 든 모습을 새긴 것이다. 천신들은 도솔천에서 호명보살로 있던 석가모니 부처가 지상에 내려올 때부터 열반할 때까지 한시도 곁을 떠나지 않고 지켰다. 이런 사실을 믿지 못한다 해도 한 사람이 간절한 바람으로 노력한다면 온 우주가 그를 도와준다는 진리는 믿을 수 있을 것이다.

싯다르타는 성문을 나선 후 굳게 맹세했다. '더없이 큰 진리를 깨달아 부처가 되기 전에는 돌아오지 않으리라.' 싯다르타는 동쪽을 향해 계속 걸어 새벽녘에는 마이네야라는 곳에 도착했다. 옛날 선인이 살았다는 장소였다. 찬다카와 헤어질 시간이 되었다. 싯다르타는 몸에 지니고 있던 보석을 벗어 찬다카에게 주었다. 그런 다음에 칼을 뽑아서 자신의 머리카락을 모두 잘랐다. 비단옷은 벗어 지나가던 사냥꾼에게 주었다. 대신 사냥꾼이 걸친 남루한 가사를 입었다. 태자는 찬다카에게 마지막 인사를 한 다음 그를 궁으로 돌려보냈다. 비로소 혼자가 되었다. 그는 이제 태자 싯다르타가 아니라 출가 사문 고타마였다.

옷을 걸쳤다 해서 앞길이 저절로 열리는 것은 아니다. 출가 사문이 되었다 해서 깨달음이 순순히 찾아와주는 것도 아니다. 그럼 이제 무엇을 해야 하나. 어디서부터 어떻게 시작해야 하나. 누구에게나 시작은 막막하다. 당당하게 확신을 갖고 시작한 사람이라도 홀로 첫발을 내딛는 순간은 두렵고 아득하다. 단참에 좋은 결과를 얻을 수는 없다.

동쪽 하늘 위로 아침 해가 밝아오는데 출가 사문 고타마의 마음은 결코 밝아지지 않았다. 생로병사를 해결하겠다는 거대한 꿈을 품고 나왔는데 두려움은 그보다 더 크게 사문 고타마를 압도했다. 사문 고타마는 일단 자리에 앉았다. 다시 한 번 계획을 점검하기 위해서였다. 출가하기 전 수백 번도 넘게 세웠던 계획이지만 지금은 머릿속이 아니라 행동으로 옮겨야 할 때다. 두려움이 잦아들고 묵적해질 때까지 기다리기로 했다. 있는 그대로의 자신을 들여다보고 인정해주는 것, 그것이 긍정의 시작이다. 사문 고타마의 망설임은 그리 오래 가지 않았다. 해가 머리 위로 옮기기 전에 남상거리던 마음이 정리됐다. 사문 고타마는 너볏한 얼굴로 일어나 바이샬리로 향했다.

정말 그곳에 꽃이 있었다

조희룡의 「홍백매 8곡병」은 8폭 병풍 전체 화면에 붉은 매화와 흰 매화 두 그루만을 그린 대작이다. 매화도의 대가 조희룡의 재주가 충분히 드러난 작품이다. 고목의 늠름함이 눈부시다. 세월의 장대함이 응축되어 있다. 붉은 매화와 흰 매화는 넓은 화면 위에서 서로가 마치 한 몸인 듯 의지해 서 있다. 붉은 매화와 흰 매화는 오랜 세월 함께 살면서 그들이 수놓아야 할 시간과 공간을 고민했다. 그들의 고민은 개별성과 조화로움이었다. 각자의 줄기가 뻗어 나갈 허공에서 자신의 색을 잃지 않으면서 곁에 있는 꽃과 어울리는 것이다. 흰 꽃은 붉은 꽃의 화사함을 살려주고 붉은 꽃은 흰 꽃의 그윽함을 돋보이게 한다. 내가 있어 너를 살린다. 네가 있어 내가 행복하다. 구속하지 않기 때문에 따로, 또 같이 어울려 매혹당한다. 붉은 꽃이 동쪽을 물들이면 흰 꽃은 서쪽을 수놓았다. 흰 꽃이 하늘을 향해 힘차게 팔을 뻗으면 붉은 꽃은 땅을 향해 다소곳이 손을 내렸다. 남녀가 결혼하여 검은 머리가 파뿌리 될 때까지 살다 보면 나중에는 한 몸처럼 자연스러워진다. 고목도 그러하다. 함께 있음으로 해서 더욱 아름다운 노목老木이다.

조희룡의 「홍백매 8곡병」은 노목에 대한 예찬이다. 늙을수록 더욱 깊은 향을 피워낼 줄 아는 탁월함에 대한 경의이다. 오랜 세월을 견뎌낸 노목의 껍질은 농투성이의 손바닥처럼 거칠거칠하다. 조희룡은 용비늘처럼 거친 노목의 질감을 드러내기 위해 나무속을 비웠다. 대신 거친 껍질 쪽에 농담이 다른 선을 여러 차례 반복적으로 칠함으로써 세월을 표현했다. 그 위에 진한 먹으로 찍은 점은 세월에서 얻은 상처다. 사람이 상처 속에서 성숙해지듯 고목은 분방한 농묵으로 생명력을 얻는다. 한 몸에서 핀 꽃이지만 성격은 제각각이다. 활짝 핀 꽃, 반쯤 핀 꽃, 오므린 채 토라져 있는 꽃들이 늙은 몸에 악착같이 붙어 있다. 아름다운 집착이다. 조희룡은 집착의 흔적마다 붓을 들고 걸어가 농묵을 찍으며 간섭한다. 붉은 꽃이든 흰 꽃이든 농묵으로 찍은 꽃받침과 꽃술이 있어 생기가 돈다. 그의 간섭으로 홍백매는 '은하수에서 쏟아져 내린 별무늬'처럼 찬란하고 '오색 빛깔 나부산의 나비를 풀어놓은 것'처럼 격렬하다. 문자향文字香과 서권기書卷氣를 강조한 김정희金正喜, 1786~1856의 제자였으면서도 손재주를 중요시했던 조희룡의 예술 의지를 확인하는 것 같다.

그나저나 확신을 갖고 조금만 더 가면 나비가 훨훨 날아다니는 것 같은 매화를 만날 수 있는데 나귀 탄 선비는 산속까지 무사히 도달했을까. 행여 중간에 눈사태를 만나 되돌아가지는 않았을까. 설령 산사태가 나서 눈 속에 빠지는 한이 있더라도 선비는 탐매행을 멈추지 않았을 것이다. 그곳에 가면 분명히 경이로운 매화가 피어 있다는 것을 알기 때문이다. 이번에 가다 실패하

조희룡, 「홍백매 8곡병」, 종이에 색, 124.8×46.4cm, 국립중앙박물관 소장

3
사문에 나가 세상을 관찰하다

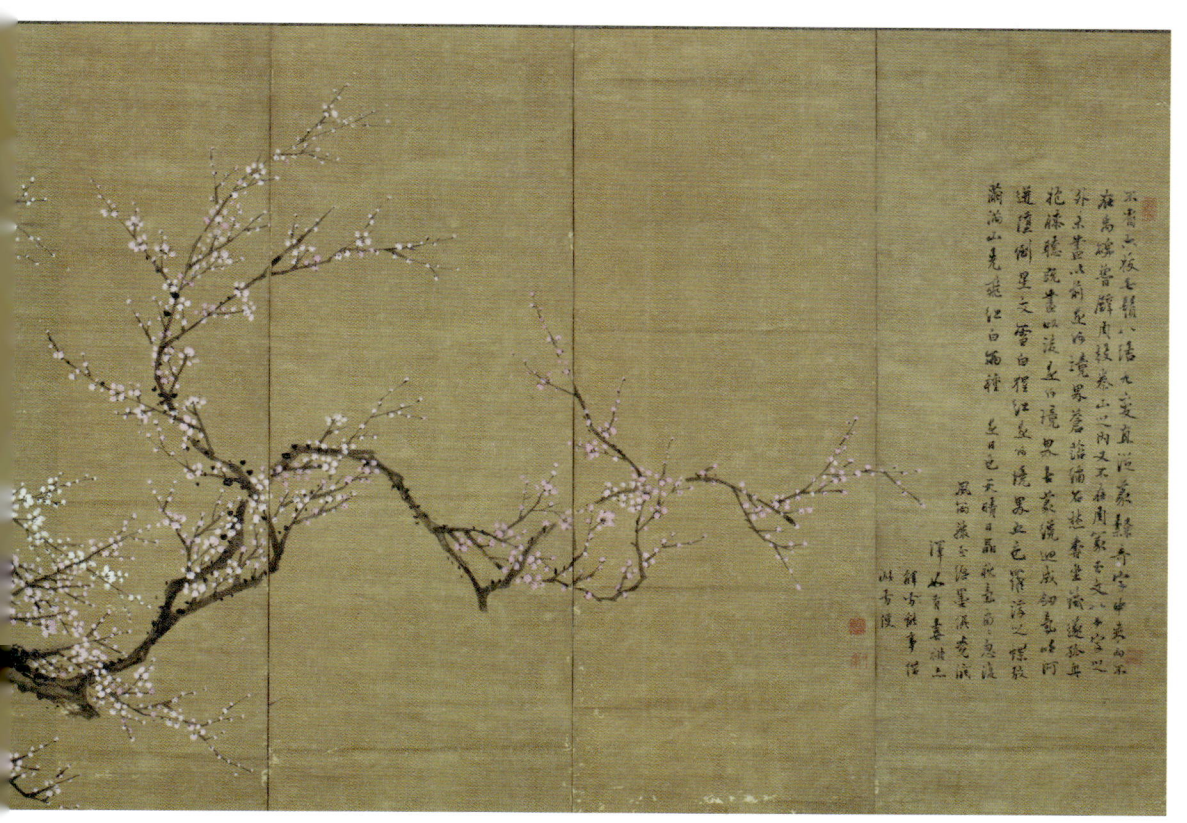

면 내일 다시 나서리라. 죽음을 열고 생명을 꽃피운 매화는 그만큼 고생을 해서라도 찾아봐야 할 가치가 있는 꽃이기 때문이다.

유성출가상   踰城出家相

4
성을 빠져나와
출가하다

4
성을 빠져나와
출가하다

스승

따르되
머무르지
않은
위대한 여정

심사정 「산승보납도」
전 이인문 「격단조주」 전기 「매화서옥도」

    그리스어 '미메시스^{mimesis}'는 예술 창작의 기본 원리로서의 모방이나 재현을 의미한다. 예술은 자연이나 위대한 작품 같은 훌륭한 대상을 모방함으로써 시작된다는 뜻이다. 서양의 미메시스에 해당되는 행위를 동양화에서는 '방작倣作'이라 부른다. 옛 대가의 그림을 본떠 그리는 것이 방작이다. 비슷한 단어로 '임모臨摹'가 있다. '임臨'은 원작을 옆에 놓고 보고 그리는 것이고, '모摹'는 투명한 종이를 사용해 윤곽을 본뜨는 것이다. 임모의 목적은 앞 시대 사람들

佛

심사정, 「산승보납도」, 36×27.2cm, 비단에 색, 부산박물관 소장

강은, 「산수인물도」, 「고씨화보」

이 그림 그릴 때의 경험을 배우는 것이다. 하지만 본뜨는 사람의 창작성은 제한된다. 본뜬다는 점에서는 방작이나 임모나 오십보백보이지만, 방작은 겉모습만 비슷하게 그리는 것이 아니라 그림 속에 담긴 정신이나 뜻을 살리는 점이 임모보다 창작에 더 가깝다. 조선시대 화가들은 처음 그림을 배울 때 뿐 임모와 방작을 거듭했다. 대가가 된 후에도 마찬가지였다. 타인의 예술 세계를 이해하고 배울 수 있기 때문이다.

심사정이 『고씨화보』를 방작한 스님

조선시대에는 중국에서 여러 종류의 화보畵譜가 전래되었다. 화보는 옛 명화들을 토대로 화가가 밑그림을 그리고 판화로 제작한 것이다. 『십죽재화보十竹齋畵譜』처럼 채색 목판 화보도 있으나 대부분 흑백이다. 흑백에 진짜 작품도 아니었지만 책 한 권으로 여러 화가의 명작을 흔적이나마 감상할 수 있어 지금의 '세계미술전집'만큼이나 인기 있는 그림책이었다. 특히 중국의 명, 청淸대에는 출판 기술이 눈부시게 발달해 다양한 화보가 제작됐다. 우리나라에는 『고씨화보顧氏畵譜』 『개자원화보芥子園畵譜』 『당시화보唐詩畵譜』 『시여화보詩餘畵譜』 등 중국에서 출판된 화보가 거의 시차를 느끼지 못할 정도로 빠르게 전래됐다. 전문적인 화가가 아니더라도 화보 덕분에 누구든 독학으로 그림을 보고 배울 수 있었다. 미술학원이 없어도 선비 스스로 화보를 보며 그림을 익혔다. 심사정, 이인문, 김홍도, 전기田琦, 1825~54 등 많은 조선시대 화가들이 화보를 교본 삼아 구도 잡는 법을 배우고 자신의 상상력이 가미된 색을 올렸다. 화보는 그림을 시작하는 초보자나 아이디어가 고갈된 중견작가 모두에게 최고의 교재였다.

현재玄齋 심사정이 그린 「산승보납도山僧補衲圖」도 화보를 방작한 사례다. 스님이 가사를 꿰매는 모습을 그린 「산승보납도」는 『고씨화보』에 수록된 명나라 화가 강은姜隱의 「산수인물도山水人物圖」를 방작했다. 『고씨화보』는 명나라의 고병顧炳이란 화가가 1603년에 간행한 화보다. 1권 4책으로 구성되었는데 육조六朝시대 진晉의 고개지顧愷之부터 명 말의 왕정책王廷策의 작품까지 총 106명의 작품을 고병이 그리고 목판화로 제작했다. 그림 옆에는 화가의 작품과 인적 사항과 사승 관계 등 그림에 대한 간략한 설명이 첨부되어 있다.

심사정의 「산승보납도」와 강은의 「산수인물도」를 비교해 보면 스님이 개울가 옆에 자란 소나무 등걸에 앉아서 가사를 꿰매는 모습이 비슷하다. 스님 앞에서 원숭이 한 마리가 실을 가지고 장난치는 모습까지 참고했다.

전체적인 구도나 소재는 화보를 참고했지만 두 그림에서 받는 느낌은 전혀 다르다. 가장 큰 차이는 그림의 틀이다. 원형 안에 그린 강은의 「산수인물도」를 심사정은 사각으로 바꿨다. 그 결과 스님의 행동을 강조한 그림이 스님과 산수가 함께 조화를 이루는 산수인물화가 됐다. 여기에 부드러운 갈색을 칠하고 크고 작은 태점을 찍자 우리가 길을 나서면 어디서라도 금세 찾을 수 있을 것처럼 편안한 공간으로 변했다. 스님이 걸터앉은 나무도 바뀌었다. 넝쿨이 휘감은 화보 속의 나무는 다소 삭막하다. 형태만을 표현하는 판화의 한계 때문이다. 심사정은 족보를 확인할 수 없는 애매한 나무 대신 우리에게 친숙한 소나무로 대체했다. 그림의 주인공이 스님이 아니라 소나무 같다. 진한 먹으로 노송의 테두리를 그린 다음 세밀한 필치로 솔잎의 농담濃淡을 달리했다.

색과 필치에 의해 박제된 나무에 물기가 흐른다. 화보 속에 낮게 표현된 언덕은 위압적일 만큼 육중한 뒷산으로 변신했다. 산이 많은 조선의 장소성이 두드러진다. 다른 그림을 있는 그대로 본뜨는 임모에서 발견할 수 없는 방작의 힘이다. 방작은 대상을 보고 본뜨되 원화의 뜻을 살리는 것이 중요하다.

그림 오른쪽 위에는 조선시대 후기 최고의 미술평론가인 강세황의 평이 다음과 같이 적혀 있다.

"산승보납도는 『고씨화보』 가운데 강은이 그린 것인데, 현재가 그 뜻을 대략 모방하여 이렇게 그렸으니 매우 기이하다고 표옹豹翁은 평한다."

그림을 그린 심사정이나 감상하고 평한 강세황이나 『고씨화보』를 잘 알고 있었다는 뜻이다. 안내자로서 화보가 얼마나 중요했는지 실감할 수 있다.

이인문이 『당시화보』를 방작한 어부

이인문이 그린 것으로 전하는 「격단조주激湍操舟, 격랑 속에서 물길을 잡는 뱃사공」는 『고송유수첩古松流水帖』 중 스무 번째 작품이다. 이인문은 호가 '고송유수관도인古松流水館道人'으로 김홍도와 함께 화원畵員을 지냈다. 「격단조주」는 『당시화보』에 실린 진우陳羽의 시 「복익서동송인伏翼西洞送人, 복익의 서쪽 골짜기에서 사람을 전송하며」를 참고했다. 『당시화보』는 명나라의 황봉지黃鳳池가 당시唐詩를 주제로 해서 그린 그림만을 모아 엮은 화보다. 당시 중 그림으로 그려질 만한 명시 100편을 선별한 후 이름 있는 화가에게 부탁하여 그림을 제작했다. 화보는 오언시五言詩, 칠언시七言詩, 육언시六言詩 순서로 세 권이 출간됐다. 시의 이해를 돕기 위해 출간된 화보인 만큼 『고씨화보』와 체제가 조금 다르다. 한쪽 면에 시를 적고, 한쪽 면에는 그 시를 도해한 그림을 첨부했다. 시를 통해 그림을, 그림을 보며 시를 이해하는 형식이다.

佛

전 이인문, 「격단조주」(『고송유수첩』 제20폭),
종이에 연한 색, 38.1×59.1cm,
국립중앙박물관 소장

「당시화보」, 진우, 「복익서동송인」

진우가 쓴 「복익서동송인」은 이렇다.

골짜기에 봄날은 개고 꽃이 한창인데
(洞裏春晴花正開)
꽃을 보며 골짜기 나가니 언제나 돌아오나
(看花出洞幾時回)
은근히 무릉객을 기꺼이 떠나보내니
(慇懃好去武陵客)
세상 사람들 끌어들여 따라오게 하지 마라
(莫引世人相逐來)

　이 시를 읽고 보니 도연명陶淵明, 365~427의 「도화원기桃花源記」가 떠오른다. 무릉武陵에 산 어부가 배를 타고 가다 복숭아꽃이 흘러오는 곳을 따라 올라가니 산속에 깊은 동굴이 있었다. 동굴 속에 발을 들여놓는 순간 그곳에 도원桃源, 이상향이 있었다. 도원에서 여러 날을 보낸 어부는 집 생각이 났다. 다시 속세로 돌아가려고 하자 그곳에 사는 사람이 당부한 이야기가 바로 진우의 시인 것 같다. 낙원은 낙원으로 그냥 내버려두라는 이야기다. 『당시화보』 속의 어부는 배를 저어 동굴에서 빠져나온다. 물에 발을 담근 채 노를 젓는 어부는 뒤를 돌아본다. 복숭아꽃 줄기가 떠나가는 그에게 손을 흔들 듯 동굴 속에서 삐져나왔다. 도원과 속세의 접점은 고요만이 감돈다. 구름은 멈춰 있고 파도는 잠잠하다.
　반면 이인문의 「격단조주」는 출렁이는 파도의 포효가 들릴 듯 동적이다. 격랑 속에서 물길을 잡기 위한 뱃사공의 안간힘이 실감난다. 화면은 바위와 어

佛

전기, 「매화서옥도」, 종이에 연한 색, 32.4×36.1cm,
19세기 중엽, 국립중앙박물관 소장

『개자원화보』, 이영구, 「매화서옥도」

부와 배가 왼쪽에 치우쳐 있는 편파 구도다. 오른쪽은 시원하게 트여 있다. 사공은 경물이 치우친 왼쪽에서 시원하게 트인 오른쪽을 향해 노를 젓고 있어 잠시 후면 배가 오른쪽 하단으로 나와 좌우의 무게가 균형을 이룰 것 같다. 사공은 곳곳에 삐쭉삐쭉 솟아 있는 바위너설을 피해 무사히 넓은 바다로 나아갈 것이다. 이인문이 거친 물길과 싸우는 사공에 초점을 맞춘 데 반해 『당시화보』는 동굴을 빠져나온 어부가 뒤를 돌아보게 함으로써 도원에 대한 미련이 남아 있음을 보여준다. 화보 속 어부나 이인문의 어부는 둘 다 고개를 뒤로 돌리고 있다. 동작은 같지만 의도는 다르다. 화보 속 어부는 두고 온 곳에 대한 미련 때문에 고개를 돌렸다. 이인문의 어부는 앞으로 나가려고 주변을 살피기 위해 고개를 돌렸다. 몸을 한껏 뒤로 젖히고 삿대를 미는 이인문의 어부는 뜨거운 물이 들끓듯 출렁이는 거친 파도에도 결코 포기하지 않고 앞으로 나갈 것이다. 이인문은 『당시화보』에서 영감을 얻었지만 그림 속 내용은 완전히 자기 식으로 바꿨다. 유유자적 노를 젓는 어부와 온몸을 이용해 필사적으로 배를 미는 어부의 차이점을 보라. 이인문의 어부는 도원하고 전혀 상관없는 사람이다. 오로지 바다로 나가기 위해 거친 물살과 싸우는 생계형 어부다. 청출어람이다. 방작의 모범적인 사례라 하겠다.

전기가 『개자원화보』를 방작한 '매화서옥'

심사정이 『고씨화보』를 좋아하고, 이인문이 『당시화보』를 편애했다면, 전기는 『개자원화보』를 품고 다녔다. 전기가 제작한 「매화서옥도梅花書屋圖」는 『개자원화보』에 실린 이영구李營丘의 「매화서옥도」를 참고했다. 이영구는 북송北宋대의 화가 이성李成, 919~967?이다. 『개자원화보』는 청 초에 왕개王概, 왕시王蓍, 왕얼王臬 삼형제가 합작으로 편찬한 종합적인 화보집이다. 처음에는 3집으로 구성됐으나 의외로 많은 호응을 얻은 데 힘입어 4집까지 증보 편찬됐다. 각 책에는 화론畵論과 그림 기법, 명인들의 작품을 모사한 그림을 게재한 형식을 갖췄다. 중국의 여러 화보 중에서 가장 많이 사랑을 받은 책으로 조선시대 18세기 이후의 회화에도 큰 영향을 미쳤다.

이성은 호가 '영구營丘'로 송대의 학자이자 화가였다. 그는 험준한 산을 웅장하게 묘사한 북방산수와 엷은 안개를 담묵으로 풀어낸 남방산수를 결합해 새로운 산수화풍을 창시했다. 그의 작품을 조선 말기의 재능 있는 화가 전기가 방작했다. 전기는 박제된 화보에 따뜻한 바람을 불어 넣어 원작에서는 찾아볼 수 없는 전혀 다른 창작품을 완성했다. 화보에서는 매화가 핀 자연이 중심이다. 선비가 앉아 있는 서옥은 자연의 작은 일부분이다. 선비는 서재에서 오로지 책 읽는 데만 몰두해 있다. 밖에 핀 매화는 관심조차 없다.

반면 전기의 그림은 설렘으로 가득 차 있다. 서재에 앉아 있어도 거문고 들고 올 친구 생각에 들떠 있다. 그림에 어떤 색을 올리느냐에 따라 이렇게 전혀 다른 분위기로 바뀐다. 그림 오른쪽에 "역매亦梅가 초옥에서 피리를 부는 중"이라고 적었다. '역매'는 수장가이자 감식가인 오경석吳慶錫, 1831~79이다. 전기는 안타깝게 서른의 나이에 요절했다. 그의 죽음을 누구보다 슬퍼한 사람이 초옥에서 친구를 기다리고 있던 역매였으리라.

그러나 방작은 방작일 뿐이다. 「산승보납도」가 아무리 잘 그린 그림이라 해도 심사정의 예술적 기량이 충분히 드러난 창작품은 아니다. 이인문의 「격단조주」와 전기의 「매화서옥도」가 아무리 뛰어난 득의작得意作이라 한들 그들의 대표작이 될 수 없다. 과정일 뿐이다. 전기의 경우는 요절한 탓에 「매화서옥도」가 대표작이 됐을 뿐이다.

스승에게 가르침을 청한 사문 고타마

사문 고타마가 바이살리로 향한 것은 스승을 만나기 위해서였다. 바이살리에서는 여러 사문들이 종교 활동을 펼치고 있었다. 사문 고타마는 나중에 스스로의 힘으로 깨달음을 얻지만 처음부터 자기 식만을 고집하는 막무가내는 아니었다. 그는 여러 스승들을 찾아다니며 진리에 도달할 수 있는 수승한 법을 배우고자 했다. 스승들이 도달한 경지가 어떤 것인지 확인할 필요가 있었다.

바이살리에 근접한 사문 고타마는 가장 먼저 바가바 선인을 찾아갔다. 선인이 있는 숲속에 다가가자 여러 사문이 바가바 선인을 중심으로 수행하고 있었다. 그들은 한결같이 심한 고행에 몰두하고 있었다. 벌거벗은 채 가시 위에 누워 피를 흘리는 사람, 가축의 오물을 먹는 사람, 뜨거운 불에 몸을 태우는 사람 등등 상상할 수 없을 정도로 끔찍한 고행을 서슴없이 실행했다. 도대체 무엇을 위해 이런 고행이 필요한가. 사문 고타마는 바가바 선인에게 고행의 목적을 물었다. "천상에 태어나기 위해서"라는 대답이 돌아왔다. 사문 고타마는 실망했다. 편안한 다음 생을 위해 현재의 육체를 괴롭힌다는 대답은 그가 기대한 답이 아니었다.

사문 고타마는 스승을 찾아 마가다국으로 다시 길을 떠났다. 마가다국의 수도 라자그리하는 당시 가장 강성한 나라 중 하나로 문물과 교통의 요지였다. 마가다국에 도착한 사문 고타마는 탁발을 하다 중요한 사람과 만났다. 마가다국의 왕 빔비사라였다. 빔비사라 왕은 탁발하는 사문 고타마의 모습을 보고 그가 범상치 않은 인물임을 알아봤다. 저런 인재가 곁에 있다면 이 나라에 큰 보탬이 되리라. 왕은 사문 고타마를 만나 자신의 곁에서 세속의 행복을 누릴 것을 제안했다. 사문 고타마는 자신의 수행이 단순한 욕망의 실현이 아니라 생로병사를 초월한 인간 최고의 이상임을 이야기한다. 위엄 있으면서 우아한 사문의 태도에 감동한 빔비사라 왕은 깨달음을 얻으면 반드시 자기에게 와서 가르침을 내려달라고 부탁한다. 후에 사문 고타마는 빔비사라 왕과 한 약속을 지켰고, 그는 불교 교단의 든든한 후원자가 됐다. 최초의 불교 사원 죽림정사도 빔비사라 왕이 지어 교단에 기증한 것이다.

사문 고타마는 다시 길을 떠나 알라라 칼라마의 수행처로 향했다. 알라라 칼라마는 열여섯에 출가한 뒤 104년 동안이나 수행했다는 위대한 선인이었다. 300여 명의 제자들이 그를 따라 수행중이었다. 선인은 무소유처정無所有處定에 도달하는 것을 수행의 목표로 삼았다. 무소유처정은 어떤 것에도 집착하지 않는 무념무상의 평온한 상태가 되는 선정이다. 깊은 삼매에 들지 않고서는 도달할 수 없는 경지였다. 사문 고타마는 선인이 가르쳐준 대로 홀로 수행했다. 곧 무소유처정에 도달했다. 알라라 칼라마는 감탄했다. 자신을 제외하고는 지금까지 누구도 따라오지 못한 경지였다. 후계자가 필요했던 알라라 칼라마는 사문 고타마에게 자기와 함께 대중을 거느리자고 제안했다. 생로병사를 떠난 최고의 깨달음이 목적이었던 사문 고타마는 정중하게 거절했다.

사문 고타마는 다시 길을 떠나 웃다카 라마풋타 선인을 찾아갔다. 700여 명의 제자를 거느린 그는 비상비비상처정非想非想處定에 올랐다고 알려진 선인이었다. 이곳은 정신작용이 있는 것도 아니고 없는 것도 아닌 순수한 정신만 남는 선정삼매의 최고 단계였다. 사문 고타마는 선인이 가르쳐준 대로 홀로 수행했다. 곧 비상비비상처정에 도달했다. 웃다카 라마풋타는 감탄했다. 그렇게 빠른 시간 내에 자신과 같은 경지에 도달한 사람은 아무도 없었기 때문이다. 웃다카 라마풋타도 사문 고타마에게 알랄라 칼라마와 똑같이 함께 교단을 지키자고 제안했다. 이번에도 정중하게 거절했다. 사문 고타마는 수행 중에 만난 가장 뛰어난 스승한테 작별 인사를 하고 나왔다.

  누군가를 본받아 깨달음을 얻는 데는 한계가 있었다. 아무리 위대한 작품이라도 임모나 방작이 자신만의 독창적인 작품이 아니듯 수행도 마찬가지이다. 스스로의 힘으로 깨우쳐야 한다. 최고 지도자를 다 만나고 왔으니 더 이상 찾아갈 스승도 없다. 이제 길은 하나뿐이다. 자신이 생각한 방법대로 수행하는 것이다. 사문 고타마는 라자그리하를 떠나 서남쪽으로 향했다.

고행

고행으로는
다다를
수 없는
세계

작자 미상 「석가고행상」
양해 「석가출산도」

라자그리하를 떠나 서남쪽으로 향한 사문 고타마는 고행림苦行林으로 들어갔다. 고행림은 우루벨라의 가야산에 있었다. 고행을 수행법으로 선택한 수행자들이 찾는 장소였다. 고행은 명상과 함께 당시 수행자들에게 가장 인기 있는 수행법이었다. 사문 고타마도 고행을 택했다. 명상이라면 이미 최고의 선인이었던 알라라 칼라마와 웃다카 라마풋타를 통해 그들의 경지까지 가봤기 때문이다.

4
성을 빠져나와 출가하다

　고행림에 들어온 사문 고타마는 지금까지 어느 누구도 시도해본 적이 없는 모진 고행을 시작했다. 가시덤불 위에 눕거나 쇠못을 박은 판자 위에 눕기도 했다. 거꾸로 매달리기도 하고 양다리를 엇갈리게 한 후 무릎을 세우고 앉기도 했다. 한여름 지글거리는 뙤약볕에 몸을 태우기도 하고 한겨울 추위 속에 맨몸으로 지내기도 했다. 호흡을 멈춘 채 온몸이 터져버릴 것 같은 고통도 느껴봤다.
　사문 고타마는 음식을 점점 줄여나가는 감식減食을 수행했다. 쇠똥을 먹기도 하고 참깨 한 알과 쌀 한 톨만으로 견뎠다. 때론 음식을 전혀 먹지 않는 단식斷食도 결행했다. 감식과 단식이 거듭될수록 사문 고타마의 몸은 나날이 쇠약해졌다. 피골이 상접했고 정수리에 종기가 생겨 가죽과 살이 떨어져 나갔다. 머리는 금이 간 호리병 같았고, 눈에는 별이 어른거렸다. 몸은 부서진 수레처럼 허물어졌고 엉덩이뼈는 낙타의 다리처럼 수척해졌다. 손으로 배를 만지면 등뼈가 잡혔고 등을 만지면 뱃가죽이 잡혔다. 피부는 거칠어져 잿빛과 검은빛으로 변했다. 살아 있으되 살아 있는 사람이 아니었다. 지나가던 아이들이 콧구멍과 귓구멍을 찔러보며 장난을 할 때도 있었다. 마을 사람들이 와서 보고는 침을 뱉고 오줌을 누기도 했다. 사문 고타마는 아무런 마음의 동요 없이 꿈쩍하지 않고 고행을 계속했다. 그렇게 6년의 시간이 흘렀다. 그러나 사문 고타마는 아무것도 얻지 못했다. 위없는 깨달음은 더더욱 얻지 못했다.

호환마마보다 무서운 단식 체험

　몇 년 전에 단식을 했었다. 열흘 동안 오로지 물만 마시면서 굶는 것이었다. 처음에는 하루 세끼를 준비하지 않아도 되니 편하고 좋았다. 아침 먹고 점심, 점심 먹고 저녁, 하던 일과가 사라지자 하루가 온통 나의 것이었다. 이

佛

작자 미상, 「석가고행상」, 편암, 높이 83cm, 2~4세기, 인도 라호르박물관 소장

번 기회에 차분하게 책이나 봐야지 생각했다. 책을 펼쳤다. 정신은 맑은 물에 씻어낸 듯 개운했다. 세상에 대한 욕심이 사라지면서 전에 없던 너그러움까지 생겼다. 단식하기를 참 잘했다. 나도 이제부터 스콧 니어링처럼 1년에 한 번씩 단식을 해야지. 마지막에 떠날 때는 스스로 곡기를 끊고 자주적으로 생을 마무리해야지. 이런 품위 있는 생각들이 줄을 이었다.

그러나 딱 하루였다. 품위 있는 생각은 하루 굶는 것으로 끝났다. 아침을 굶고 점심을 굶고 저녁까지 굶었을 때였다. 책을 보고 있는데 비빔밥이 번개처럼 스쳐갔다. 다시 책을 보고 있는데 짜장면 냄새가 홀리듯 흘러나왔다. 잠시 후에는 된장찌개가, 또 잠시 후에는 칼국수가, 북엇국이, 콩나물, 시금치, 감자 볶음, 미역 무침이 연속적으로 눈앞에 나타났다 사라졌다. 된장찌개를 생각하면 구수한 된장 냄새가 진동했다. 칼국수를 생각하면 김이 모락모락 나는 칼국수가 눈앞에 나타났다. 홀로그램 같았다. 집에서는 음식을 차린 적이 없는데 모두 생각이 만들어낸 맛과 냄새였다. 삼매에 들기 위해서는 화두를 간절하게 들어야 한다는 의미에서 나는 완전히 삼매에 들었다. 그렇게도 생생하게 살아 있는 간절함이라니. 먹고 싶다는 생각이 나를 먹어 치운 것 같았다. 겁도 났다. 당장 밥을 먹지 않으면 곧 어떻게 될 것 같았다. 이러다 죽는 것이 아닐까. 불안하고 초조했다. 단식에 대한 회의가 밀려왔다. 내가 왜 이러고 있지? 뭘 얻으려고 이러는 거야. 나중에는 처음 단식을 시작했을 때의 목적도 생각나지 않았다. 오로지 먹고 싶은 생각뿐이었다. 그래도 포기하지 않았던 것은 열흘이 지나면 끝난다는 사실 때문이었다. 열흘만 지나면 건강한 몸으로 변해 있을 것이란 희미한 믿음 때문이었다. 건강을 위해 건강을 희생하는 위태로운 건강법이었다.

열흘 동안 인터넷에 올라온 음식 관련 블로그는 전부 검색해서 저장했다.

신문과 함께 배달된 맛집 소개 전단지는 귀한 보물처럼 모았다. 이 세상에 맛없는 음식이 있었던가. 내가 언제 입맛이 없다고 했던가. 고민 때문에 식욕이 없다고 했던 것은 순 엄살이었다. 진짜 밥을 굶어본 적 없이 입버릇으로 한 소리였다. 내게 밥 한 끼는 그토록 절실하고 강렬한 욕구였다. 밥만 먹을 수 있다면 어떤 것이라도 포기할 수 있을 것 같았다. 사흘 굶어 도둑질 안 하는 사람 없다는 속담을 몸으로 배웠다. '밥그릇 싸움'이라는 표현이 단순한 비유가 아니라 진짜 밥그릇을 놓고 서로 먹기 위해 끌어당기는 싸움에서 비롯되었을 거란 생각이 들었다. 그 순간 깨달았다. 내가 얼마나 먹을 것에 집착하고 살았는지. 기본적인 욕구에는 휘둘리지 않는 자유의지를 가진 당당한 인간인 줄 알았는데 사실은 지독하게 식욕의 지배를 받으며 살아왔다는 것을. 절절히 깨달았다. 물론 알았다고 해서 먹고 싶은 욕구가 사라진 것은 아니었다. 단지 그 사실을 안 것만으로도 나 자신과 마주한 것 같았다. 쪽팔리고 실망스러웠지만 그 순간에도 눈이 감기고 기운이 없는 것보다 더 견디기 힘든 것은 먹고 싶다는 생각이었다. 겨우 열흘의 시간이 내게는 10년만큼이나 아득했다.

  그런 고행을 사문 고타마는 6년이나 계속했다. 목숨에 연연했다면 결코 지속할 수 없는 싸움이었다. 「석가고행상」은 보는 사람의 마음을 불편하게 하지만 진정성을 가르쳐준다는 점에서 아름다운 작품이다. 움푹 들어간 눈과 불거진 광대뼈, 머리를 받쳐주는 목뼈와 방패 같은 갈비뼈는 살갗이 덮여 있어 사람일 뿐 살아 있는 사람의 모습이 아니다. 해부학 책에서나 볼 수 있는 뼈의 구조가 그대로 노출돼 있다. 그런데도 사문 고타마는 육체 따위는 내 알 바 아니라는 듯 한 치의 흐트러짐도 없이 결가부좌한 자세로 두 손을 모은 채 깊은 선정에 잠겨 있다. 「석가고행상」이 보는 사람을 숙연하게 만든 것은 바로 이 지독한 구도열이다. 사문 고타마는 굶주림을 체험하기 위해 굶는 것이 아니라 수행의 방편으로 굶는 중이다. 그러니 굶주림은 빨리 벗어나야 할 장애가 아니라 더 큰 목적을 위한 수단이다. 꼿꼿하게 앉아 있는 자세가 수행자의 단호함을 반영한다.

사문 고타마의 구도열이 경이롭다면 「석가고행상」은 감동적이다. 한 번도 만난 적 없는 수행자의 모습을 경전에 언급된 몇 줄의 묘사만으로 실제보다 더 실제 같은 작품으로 승화시켰다. 작가가 곧 수행자 같다. 갈비뼈 앞에 새겨진 핏줄을 보라. 작가의 사실 정신에 전율을 느끼게 된다. 이런 위대한 작품은, 작가의 예술적인 상상력이 뛰어나서 만들 수 있었다고 간단히 평가해서는 안된다. 그런 평가는 너무 인색하다. 「석가고행상」은 재주로 빚은 작품이 아니다. 「석가고행상」을 만든 조각가는 분명히 고행 당시의 사문 고타마를 영적靈的으로 만났을 것이다. 어쩌면 그도 사문 고타마와 같은 굶주림과 피로와 고통을 느꼈을지 모른다. 수행자와 예술가는 같은 산을 오르는 사람들이다. 다만 산을 오르는 길이 다를 뿐이다. 「석가고행상」은 이름을 남기지 않은 무명씨의 혼이 만든 작품이다. 예술작품에 영성靈性이 깃들인다는 표현은 이런 작품을 두고 한 말일 것이다. 인도 간다라 불상의 백미다.

<u>위대한 영혼을 담은 불상의 아름다움</u>

부처가 세상을 떠나신 후 500여 년쯤 지났을 때였다. 인도의 간다라Gandhara 지역과 마투라Mathura 지역에서 동시 다발적으로 불상이 출현했다. 그 이전에는 불상이 만들어지지 않았다. 불교는 부처를 숭배하는 종교가 아니라 진리를 깨달아 가르침을 펼친 위대한 스승의 가르침을 실천하는 종교이기 때문이다. 부처를 상징하는 대좌금강좌, 무우수탄생, 보리수깨달음, 사라수열반, 수레바퀴

작자 미상, 「불입상」, 백색 사암, 높이 125cm, 마투라 시대, 5세기 후반, 인도 캘커타인도박물관 소장

작자 미상, 「불입상」, 청흑색 편암, 높이 120cm, 간다라 시대, 3세기 전기, 인도 라호르 박물관 소장

작자 미상, 「불입상」, 적색사암, 높이 217cm,
굽타 시대, 5세기, 인도 뉴델리 대통령관저 소장

법륜, 불족적輪寶紋가 새겨진 부처님 발자국 등이 부처를 대신했다. 이들 상징들은 부처 생애의 여러 장면을 부조로 새길 때 스투파塔파의 문과 난간에 부처 대신 새겨졌다. 불상은 서기 1세기경에 여러 그리스 신을 다양하게 조각한 헬레니즘 문화의 영향을 받아 간다라와 마투라에서 비슷한 시기에 출현했다.

간다라와 마투라에서 조성된 불상은 양식적으로 전혀 관련이 없음에도 기본적인 특징은 매우 비슷하다. 『장아함경』이나 『중아함경』등의 경전에 언급된 부처의 특징에 의거해 불상을 제작했기 때문이다. 부처는 보통 사람과 다른 32길상吉相과 80종호種好를 지닌다. 부처의 특징은 소라 같은 머리칼, 평평한 이마, 손발가락에 갈퀴 등 외형적으로 드러난 특징에서부터 대범천왕의 음성, 이니사슴왕 같은 창자, 사자왕 같은 앞가슴 등 문학적으로 표현된 관념적인 특징까지 스펙트럼이 다양하다. 간다라 불상과 마투라 불상은 기본적으로 이런 특징을 구체화한 작품이다.

佛

양해, 「석가출산도」, 비단에 색, 117.6×51.9cm, 중국 송, 13세기, 일본 도쿄 국립박물관 소장

4
성을 빠져나와 출가하다

　간다라 불상과 마투라 불상은 표현하고자 한 부처의 내용은 같지만 표현 방법은 전혀 다르다. 간다라 불상은 그리스인처럼 이목구비가 뚜렷하다. 머리카락은 물결치듯 곱슬거리고 옷은 두꺼워 신체적인 특징이 거의 드러나지 않는다. 마투라 불상은 전형적인 인도인을 모델로 했다. 머리카락은 다슬기처럼 둥글둥글하고 옷은 매우 얇아 나신裸身이 그대로 느껴진다. 각기 다른 지역에서 다른 개성을 지닌 채 지속되던 간다라와 마투라 양식은 오랜 과도기를 거친 다음 굽타 시대4~5세기에 만나 가장 이상적인 불상 양식으로 거듭난다. 이질적인 특징이 만나 하나를 이룬다는 점에서 굽타 양식은 실개천이 모인 강과 같다. 굽타 불상은 두 양식의 장점만을 취했다. 이목구비耳目口鼻는 마투라 양식이지만 옷은 간다라 양식이다. 마투라식 얼굴이지만 이전보다 훨씬 뚜렷하고, 전신을 덮은 옷이지만 두껍지도 얇지도 않게 자연스럽다. 이것이 한국, 중국의 불상에 가장 많은 영향을 끼쳤다.

　「석가고행상」은 간다라 불상이다. 머리카락은 물결치듯 파상형波狀形으로 표현됐다. 우뚝한 콧날과 분명한 얼굴 표현 역시 서구적이다. 양팔을 거쳐 허리 부근에 늘어뜨린 옷자락도 매우 두껍다. 전형적인 간다라 불상의 특징이다. 그런데 「석가고행상」을 본 사람들은 어느 누구도 이 작품의 족보를 따지지 않는다. 간다라 불상의 한계를 뛰어 넘어 고행하는 수행자를 볼 뿐이다. 작가가 불상에 담고자 했던 진정성이 통했다. 위대한 영혼을 담은 위대한 작품이다.

　사문 고타마는 결국 고행림을 나왔다. 6년 동안 고행을 극한까지 밀고 나갔지만 고행으로는 해탈의 세계에 도달할 수 없다는 결론을 내렸기 때문이다. 양해梁楷, 13세기 전반가 그린 「석가출산도釋迦出山圖」는 사문 고타마가 막 고행림을 나서는 모습에 주목했다. 겨울인가. 아니면 해탈에 이르지 못한 출가 사문의 마음 세계를 표현한 걸까. 빠른 필치로 그린 나뭇가지가 거칠고 황량하다.

사문 고타마가 걸어 나온 고행림은 추상화처럼 애매하게 처리했다. 거대한 암벽을 세워놓은 것 같다. 화면의 대부분을 차지한 암벽은 6년 동안 온갖 고행을 다해봤지만 결코 열리지 않은 깨달음의 세계처럼 완강하다. 왼쪽 바위는 고목의 배경이고, 오른쪽 바위는 수행자의 배경이다. 수행자의 배경이 된 바위는 힘없이 뒤로 물러나 있고, 고목의 배경이 된 바위는 수행자를 덮칠 듯 기우뚱하다. 한겨울 침묵에 잠긴 고목에서는 도통 새싹이 돋아날 것 같지 않다. 사문 고타마에게도 봄은 오늘 걸까. 맨발 차림의 수행자는 표정이 어둡다. 오랜 수행으로 쇠약해져 겨우겨우 내딛는 걸음걸이가 맛문하다. 심하게 주름진 가사만이 야윈 몸을 감싸줄 뿐이다. 그러나 아무리 무거운 바위라도 수행자의 고귀한 영혼을 짓누르지는 못할 것이다. 결연한 눈빛이, 꼭 다문 입술이 사문 고타마의 의지가 확고함을 말해준다. 비록 고행림을 나왔지만 그곳에서 보낸 6년 세월이 전혀 의미 없는 것은 아니었다. 해볼 만큼 해봤기 때문이다. 해보지 않았더라면 미련과 아쉬움이 남았을지도 모른다. 할 만큼 했으니 이젠 됐다. 고행으로는 안 된다는 것을 충분히 검토했으니 다음 단계로 넘어갈 수 있다.

세밀한 필치로 그린 고행승의 초상

중국 남송 때는 선종화禪宗畫가 특히 발달했다. 남송 화원의 대가였던 양해는 감필법減筆法을 사용한 선종화와 인물화에 탁월한 능력을 발휘했다. 감필법은 최소한의 필선으로 대상의 정수를 간략하게 묘사하는 기법이다. 선승화가禪僧畫家들이 즐겨 그린 기법으로 절제된 필묵이 장점이다. 양해의 대표작 「이백행음도李白行吟圖」는 시선詩仙이라 불리는 이백이 시상詩想에 잠긴 모습을 그린 감필화다. 시인의 자유로운 영혼의 세계를 대담한 필치로 형상화한 걸작이다.

4
성을 빠져나와
출가하다

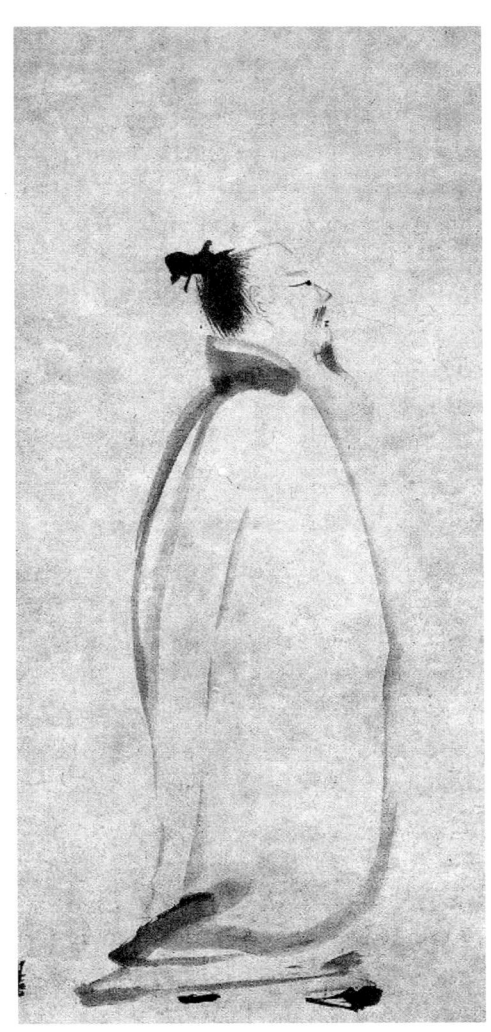

양해, 「이백행음도」, 종이에 수묵, 80.8×30.4cm,
일본 도쿄 국립박물관 소장

걸림 없이 살았던 이백의 풍류를 생각할 때 저절로 감탄사가 나오는 작품이다.

　수척한 고행승의 모습을 세밀한 필치로 그린 「석가출산도」는 감필법으로 그린 「이백행음도」와는 전혀 다르다. 한 작가의 손에서 이렇게도 다양한 표현이 가능할 수 있을까. 놀라울 정도로 두 작품 세계의 표현법은 다르다. 후대의 많은 화가들은 양해의 인물화법을 추종했다. 「석가출산도」만으로도 후배 화가들의 찬사를 받아 마땅하다. 이런 절묘한 작품을 만들어내기까지 숱한 날들을 고민하며 절망했을 화가의 노력에 대한 위로다. 사문 고타마도 그런 절정에 도달할 수 있을까. 아직은 아니다. 조금 더 기다려야 한다. 그러나 그 시간은 머지않았다.

중도

중도의
길을
찾다

강희언 「사인사예도」
김홍도 「활쏘기」 「빨래터」

　세 명의 선비가 활을 쏘기 위해 냇가에 나왔다. 시원한 소나무 그늘에서 자리를 잡고 시합을 시작한다. 숨을 멈추고 막 시위를 당기려는 선비는 온몸이 팽팽하게 긴장돼 있다. 등을 보인 선비는 허리춤에서 새로 활을 빼고 있고, 앉아 있는 선비는 활에 활시위를 걸고 있다. 저 멀리 계곡 상류에서 방망이로 빨래를 두드리는 여인들의 모습이 보인다. 일과 놀이가 한 공간에서 진행되지만 같은 공간에 있어도 서로가 무관심하다. 활 쏘는 선비는 선비대로, 빨래하

佛

강희언, 「사인사예도」(『사인삼경도』 중에서), 종이에 담채, 26×21cm, 개인 소장

는 여인들은 여인네대로 따로 논다. 선비와 여인은 그저 한 공간에 있다는 것 뿐 그들 사이에 어떤 유기적인 연관성도 발견할 수 없다. 담졸澹拙 강희언姜熙彦, 1738~84은 두 그룹을 한 화면에 배치해야 하는 필연성에 대해서는 관심이 없었던 것 같다. 어쩌면 심각한 고민 없이 자신이 직접 눈으로 본 풍경을 솔직하게 그리고자 했을지도 모른다. 그래서 「사인사예도士人射藝圖」는 강희언이 살았던 시대의 풍경을 짐작하기에 적합한 작품이다.

강희언의 「사인사예도」는 선비들이 활쏘기를 하는 장면을 생생하게 보여준 풍속화다. 사예射藝는 선비가 갖춰야 할 육예六藝, 예禮·악樂·사射·어御·서書·수數의 하나로 활쏘기를 의미한다. 강희언이 여러 운동 중에서 굳이 활쏘기를 선택한 것은 자신들이 비록 신분상으로는 중인中人이지만 그들 역시 공맹孔孟의 학문을 따르는 유자儒者임을 강조하기 위함이다. 「사인사예도」는 3폭짜리 「사인삼경도士人三景圖」 중의 한 작품이다. 다른 두 작품은, 선비들이 글씨 쓰고 그림 그리는 「사인휘호도士人揮毫圖」와 선비들이 시를 읊는 「사인시음도士人詩吟圖」인데 역시 중인들의 문무예文武藝를 보여주기 위한 의도로 제작됐다.

사인선비들의 풍속 장면은 고려시대 때 모임 장면을 그린 '계회도契會圖'의 유행과 함께 제작되어 조선시대로 이어졌다. 양반을 중심으로 제작되던 사인풍속화는 18세기 후반에 새로운 문화 담당자로 부각되기 시작한 중인들에 의해서도 제작됐다. 강희언의 「사인삼경도」가 대표적이다. 강희언은 당시 중인으로 고화고동古畵古董의 대수장가였던 석농石農 김광국金光國, 1727~97과 교유가 있었다. 김광국은 의과醫科 출신 기술직 중인으로 중국에도 다녀올 정도로 재능을 인정받아 공사公私적인 의료 활동과 약재 무역을 통해 막대한 부를 축적했다. 김광국은 넉넉한 부와 뛰어난 감식안으로 많은 작품을 소장했다. 그의 소장품은 국내와 중국 작품을 비롯해 네덜란드 판화와 18세기 일본 '미인도'

까지 관심의 폭이 넓었다. 당시 중인들의 문화 활동의 폭이 이러하다.

김홍도, 강희언의 작품에서 영감을 얻다

그런데 재미있는 것은 강희언의 「사인사예도」를 보고 영감을 얻은 김홍도가 한 작품을 두 개의 주제로 분리해 그렸다는 점이다. 김홍도보다 일곱 살 많은 강희언의 「사인사예도」는 누가 봐도 무릎을 칠 정도로 충분히 재미있는 작품이다. 재미있지만 김홍도는 조금 아쉬움을 느꼈다. 왠지 주제가 분산된 듯한 느낌이었다. 강희언의 「사인사예도」가 실제 현실을 더 정확하게 묘사했을지 모르지만 계곡 상류에서 빨래하는 여인들은 활쏘기와 전혀 상관없는 풍경이다. 그저 주변 환경을 보충해주는 부가적인 요소일 뿐이다. 그림은 있는 그대로의 풍경을 사실적으로 그리는 것이 제일은 아니다. 종이 한 장에 세상의 모든 풍경을 한꺼번에 다 담을 수는 없다. 그림 속 세상은, 세상의 연장선이 아니다. 화가는 사각의(혹은 원형의) 화폭 안에 자신이 설정한 세상을 압축시켜 넣어야 한다. 그림에서 완결성이 중요한 것은 그림 틀 안에 담겨 있는 부분만큼만 세상의 전부이기 때문이다.

구구절절이 설명하는 것은 김홍도의 방식이 아니다. 간략하면서도 주제를 부각시킬 수 있는 방법이 없을까. 오랜 고민 끝에 김홍도는 강희언의 「사인사예도」를 두 개의 주제로 나눴다. 주제가 다른 만큼 독립된 작품으로 만들 생각이었다. 그렇게 탄생한 작품이 「활쏘기」와 「빨래터」이다. 김홍도에게는 실제 풍경보다 자신이 창조한 화면 속 세상이 더 중요했다. 강희언의 「사인사예도」가 단순한 풍속화라면, 김홍도의 「활쏘기」와 「빨래터」는 풍속화이면서 단일한 주제가 돋보이는 수작이다. 「활쏘기」와 「빨래터」는 현실을 그렸으면서도 매우 추상적이다. 김홍도는 배경에는 그다지 관심이 없는 듯하다. 움직이는

김홍도, 「빨래터」(『단원풍속도첩』 중에서),
종이에 연한 색, 27×22.7cm, 보물 제527호,
국립중앙박물관 소장

佛

김홍도, 「활쏘기」(『단원풍속도첩』 중에서),
종이에 연한 색, 27×22.7cm, 보물 제527호,
국립중앙박물관 소장

사람만이 중요하다. 배경은 오직 주제에 필요할 때만 그려 넣었다. 불필요한 부분은 과감하게 생략했다.「빨래터」에 냇가를 그려 넣은 것은 빨래하는 여인들이 행동하는 근거지로 배경이 필요했기 때문이다. 여인들을 훔쳐보고 있는 부채 든 남자 뒤쪽은 빈 공간으로 남겼다.「활쏘기」에는 배경마저 없다. 장소에 대한 최소한의 안내도 없이 오직 인물만 그렸다. 덕분에 감상자는 아무런 방해 없이 인물에 집중할 수 있다. 전혀 다른 곳에 신경 쓰지 않으면서 "이봐, 활은 어깨로 쏘는 게 아니야. 허리 힘으로 쏴야 해"하면서 초심자의 어깨를 툭툭 치는 교관의 목소리가 들리는 듯하다.

김홍도의 작품은 강희언의 작품에서 힌트를 얻었지만 오로지 자신만의 방식으로 재해석해 전혀 새로운 작품을 창조해냈다. 다른 작가의 작품을 일방적으로 모방하면 아류다. 다른 작가의 작품에 자신의 사상과 의지를 담아내면 비슷해도 독창적이다.「활쏘기」와「빨래터」는 청출어람이다. 반대로 생각할 수도 있다.「활쏘기」와「빨래터」를 보고「사인사예도」로 꿰맞춰 그린 경우다. 조금 아득해진다. 강희언의 스타일은 살아 있으되 청출어람이라고까지는 말할 수 없다.

그런데 과연 김홍도는 강희언의「사인사예도」를 직접 봤을까? 두 사람의 관계를 확인할 수 있는 기록이 남아 있다. 대수장가 김광국과 함께 서화 감상으로 소일하면서 운치 있는 생활을 한 마성린馬聖麟, 1727~98 이후은 그의 책에 다음과 같이 기록했다.

> 별제 김홍도, 만호 신한평, 주부 김응환, 주부 이인문, 주부 한종일, 주부 이종현 등 유명한 화사들이 중부동 감목관 희언의 집에 모였는데 공사公私의 수응酬應, 남의 요구에 응함에 볼 만한 것이 많았다. 나는 본래 그림

을 좋아하는 버릇이 있어 봄부터 겨울까지 드나들었으며 감상을 하기도 하고 혹은 화제畵題를 쓰기도 했다.

신한평은 신윤복의 아버지다. 김응환은 산수화로 이름을 날렸고 이인문은 「강산무진도」를 남긴 작가다. 이들은 모두 유명한 화사들로 도화서 소속 화원이었다. 두 사람뿐 아니라 여러 명의 기라성 같은 화원들이 함께 어울려 작업했다. 그런데 강희언은 특이하게 화원이 아니라 감목관監牧官이다. 감목관은 운과雲科에 소속된 관직명으로 천문天文, 지리학地理學, 측후測候 등을 관장하기 때문에 관상감觀象監이라 부른다. 농업이 주업이었던 조선시대 때 관상감은 매우 중요한 부서였다. 감목관인 강희언이 화원들과 친하게 된 것은 이전에 조지서造紙署에 근무했기 때문일 가능성이 크다. 조지서는 종이를 공급하는 관청이다. 종이를 많이 쓰는 부서인 도화서와 긴밀한 관계를 유지했을 것이다.

강희언은 감목관이 되기 전부터 그림에 관심이 많았다. 그의 외조부가 시문詩文으로 이름을 떨친 정래교鄭來僑였다. 강희언을 비롯한 중인 자제들이 모두 정래교에게 교육을 받았는데, 그에게서 학생들이 글을 배우고 돌아갈 때면 "마치 큰물이 한 골짜기로 흐르는 것처럼 많았다"라고 한다. 강희언은 외조부를 통해 진경산수화의 대가 정선을 만나 그림을 배웠다. 강희언은 고령 신씨 여인과 결혼했다. 그의 장인을 통해 처가 쪽과 먼 친척 관계인 신한평을 알고 있었을지도 모른다. 강희언이 김홍도와 절친했다는 기록은 또 있다. 김홍도가 교유하던 당대의 칼럼니스트 정란鄭瀾, 1725~91과 만난 자리에 강희언이 있었다. 세 사람의 만남은 김홍도의 「단원도」로 그려져 지금까지 그 역사성을 증명하고 있다. 이런 이유 때문에 김홍도가 강희언의 「사인사예도」를 보고 영감을 얻었을 거라 추측한다.

강희언, 정선의 작품에서 영감을 얻다

앞에서 필자는 김홍도가 강희언의 작품을 보고 영감을 얻었을 것이라 이야기했다. 만약 강희언이 김홍도의 작품을 보고 영감을 얻었다면 '아득해진다'라고 말했다. 그 이유는 강희언이 스승 정선의 「인왕제색도」를 보고 영감을 얻어 제작한 「인왕산도」를 보면 알 수 있다. 정선이 일흔여섯 살에 그린 「인왕제색도」는 한여름 긴 장마가 끝나고 맑게 갠 인왕산의 모습을 힘찬 필치로 완성했다. 산자락에서 피어오르는 흰 구름과 검은색으로 칠한 인왕산이 대조를 이루며 부드러움과 강함, 진한 먹과 연한 먹이 조화를 이루는 정선의 대표작이다. 정선의 인왕산은 과감한 생략과 먹의 대비로 인해 산세山勢가 기운 생동한다. 정선은 산을 그리되 자신의 느낌을 중시했다. 자연물로서의 인왕산이 아니라 자신이 보고 느낀 인왕산이어야 했다. 그는 실경은 실경이되 완전히 자신만의 시각으로 재해석한 풍경을 원했다. 「인왕제색도」 속의 인왕산은 오직 정선의 눈에만 비친 인왕산이다. 인왕산을 본 날 또한 다른 어떤 날도 아닌 1751년 윤 5월 29일 인왕산 앞에 선 정선의 느낌과 현장감이어야 했다. 그래서 「인왕제색도」는 단순한 풍경화가 아니라 사의적寫意的인 풍경화라고 할 수 있다.

강희언은 스승 정선의 「인왕제색도」를 보고 감동을 받아 「인왕산도」를 그렸다. 그러나 그림을 풀어나가는 방식은 사뭇 다르다. 강희언은 자신이 본 인왕산에 감정이 개입되기를 원치 않았다. 그저 자신의 눈으로 본 풍경을 객관적으로 전해주는 것으로 만족했다. 산자락마다 들어서 있는 사찰과 집과 정원수까지 세밀하게 그려 넣어야 안심이 되는 사람이 강희언이다. 판단은 감상자의 몫이어야 한다. 바위의 묵직한 질감을 보여주기 위해 흰 바위를 검게 칠한 스승의 재주는 탄복할 만하지만 그것은 아무나 할 수 있는 전달법이 아니

佛

정선, 「인왕제색도」, 종이에 연한 색, 79.2×138.2cm,
1751, 윤5월 29일, 국보 제216호, 삼성미술관 리움 소장

4
성을 빠져나와
출가하다

강희언, 「인왕산도」, 종이에 연한 색, 24.6×42.6cm, 개인 소장

다. 강희언의 붓질은 조심스럽다. 그래서 「인왕산도」에서는 스승의 작품에서 뿜어져 나오는 '포스'가 느껴지지 않는다.

붓을 드는 두 사람의 태도는 옳고 그름의 잣대로 평가할 수 없다. 개성의 차이이자 성격의 반영이다. 정선이 과감하고 거침없다면 강희언은 신중하고 조심스럽다. 정선이 대상을 왜곡, 축소, 과장을 해서라도 자신의 감동을 전해주고자 했다면, 강희언은 감동이 부족하더라도 대상을 정직하고 객관적으로 전달해주고자 했다. 그것이 그림 그리는 자의 임무라 생각했다. 이것이 필자가 강희언의 「사인사예도」를 보고 김홍도가 「빨래터」와 「활쏘기」를 그렸을 것이라 판단한 이유다. 강희언은 아무리 자기방식이 옳다 해도 남의 작품을 함부로 분리하고 조합해서 자기화할 수 있는 성격의 소유자가 아니다. 이것이 어쩌면 김홍도의 경지에 도달할 수 없는 강희언의 한계였는지도 모른다.

양극단에 치우치지 않는 중도

사문 고타마는 6년 동안 온갖 고행을 다 해봤으나 고행으로는 깨달음을 얻을 수 없다는 결론을 내렸다. 새로운 방법을 찾아야 했다. 어떻게 해야 할까. 고행림을 나서는데 문득 어린 시절 농경제 때의 기억 한 토막이 스쳐 지나갔다. 약육강식의 현장을 보고 충격받은 태자가 홀로 숲속에 들어가 고요히 명상에 잠겼던 추억이었다. 그때 태자는 특별히 고행한 것이 아니었는데도 짧은 시간에 내면 깊숙이 침잠해 정신적으로 높은 단계까지 올라갈 수 있었다. 바로 이거다, 싶었다. 내가 지금까지 무엇을 하고 있었단 말인가. 고행하는 것이 목적이 아닌 만큼 몸도 마음도 가장 평온한 상태에 있을 때 자신이 원하는 세계에 가닿을 수 있지 않은가. 육체는 도구다. 깨달음을 얻기 위해서는 몸이 필요하다. 몸은 채찍질해서 학대하는 대신 몸을 가진 인간이라는 사실을 잊어버릴 정도로 알맞은 조건을 갖춰야 한다. 지나친 쾌락도 지나친 고행도 깨달음을 얻는 데는 도움이 되지 않는다.

다른 사람의 방법을 따라하는 것은 한계가 있다. 사문 고타마는 중도를 실천하기로 했다. 중도는 대립되는 양극단에 치우치지 않는 적극적인 행위다. 중도가 옳다면 그 길을 가야 한다. 낯선 길이라 해도 걸어가야 한다. 지금까지 어느 누구도 시도해본 적이 없지만 확신이 있으면 그 길을 가야 한다. 그러기 위해서는 우선 쇠약해진 몸을 회복하는 것이 급선무다. 몸과 마음은 하나다. 몸이 편안하지 않은데 편안한 생각이 나올 수 없다. 회복하려면 음식을 섭취해야 한다.

사문 고타마는 부다가야로 방향을 잡았다. 네란자라 강에서 몸을 깨끗이 씻은 후 다른 수행자들처럼 공양을 받기 위해 마을로 내려갔다. 마침 그 마을의 수자타라는 처녀가 사문 고타마를 보고 공경하는 마음이 생겨 타락죽을 공양했다. 사문 고타마는 곧 기력을 회복했다. 타락죽을 먹자 부처의 특징인 32길상이 드러났다.

그 모습을 보고 실망한 다섯 비구는 사문 고타마 곁을 떠났다. 다섯 비구는 웃다카 라마풋타의 제자였는데, 사문 고타마의 용맹스런 정진에 감동해서 줄곧 그의 뒤를 따라 다니며 수행을 지켜보고 있었다. 그런데 그토록 믿었던 사람이 세상 사람들과 똑같은 식사를 하는 것을 봤다. 그들은 사문 고타마가 고행을 포기했다고 생각했다. 고행을 더 심하게 해도 최고의 깨달음에 도달할 수 있을지 알 수 없는 마당에 포기라니. 그들은 사문 고타마를 떠나기로 결심했다. 그들은 바라나시 교외에 있는 녹야원으로 가서 자기들끼리 수행을 계속하기로 했다. 사문 고타마는 그들이 떠난 것을 말리지 않았다. 언젠가 자신이 깨달음을 얻으면 가장 먼저 제도해야 할 중생이었다.

수자타의 공양을 받고 체력을 되찾은 사문 고타마는 팝필라 나무 밑으로 걸어갔다. 팝필라 나무는 부처가 그 아래서 깨달음을 얻은 인연으로 나중에 보리수라는 이름을 얻었다. 그때 소티야라는 사람이 근처에서 풀을 베고 있었다. 향기롭고 청정한 풀이었다. 사문 고타마는 그에게 풀을 얻었다. 소티야는 길상吉祥이라는 뜻이라서 그가 준 풀은 길상초吉祥草라 한다. 보리수 아래 길상초를 깔고 앉은 사문 고타마는 '무상정등각無上正等覺'을 얻지 않고서는 결코 이 자리에서 일어나지 않으리라' 결심하고 마지막 수행에 들어갔다. 무상정등각은 최고의 바르고 완전한 깨달음이란 뜻이다. 사문 고타마는 깨달음을 얻기까지 전혀 움직이지 않았다. 그 자리는 '금강좌金剛座'가 되었다. 중도의 세계가 어떤 결론을 내릴지 사뭇 궁금하다. 김홍도의 작품처럼 청출어람이 될 수 있을까.

설산수도상   雪山修道相

5
설산에서
수도하다

5
설산에서
수도하다

유혹

유혹을
넘어
깨달음의
문을 두드리다

신윤복「주유청강」
안중식「유해섬도」 김명국「수로예구」

나는 이 자리에서 무상정등각을 이루리라

사문 고타마는 금강좌에 앉아 마지막 정진을 시작했다. 이대로라면 사문 고타마가 최고의 깨달음을 얻는 것은 시간 문제였다. 드디어 성도가 임박했다. 사문 고타마가 깊은 선정에 들자 두 눈썹 사이에 있는 백호상白毫相에서 한 줄기 광명이 뻗어 나왔다. 부처를 상징하는 32길상 중 하나인 백호상에서 빛이 나오자 삼천대천세계가 밝아졌다. 그 빛은 마왕魔王 파피야스가 거주하는 타화자재천他化自在天까지 도달했다. 타화자재천은 중생이 생사윤회를 거듭하는 욕계, 색계, 무색계 중 욕계에 속한 하늘이다. 욕계는 지옥, 아귀, 축생, 아수라, 인, 천으로 구성되어 있는데, 천天은 다시 사천왕천, 도리천, 야마천, 도솔천, 화락천, 타화자재천으로 나눌 수 있다. 타화자재천은 천상 가운데 가장 높은 곳으로 마왕 파피야스는 그곳의 왕이다.

마왕은 '마라魔羅' 혹은 '마魔'라고 하며 파피야스는 한자로 '파순波旬'으로 음역한다. '그 이상 없이 나쁜 놈'이라는 뜻이다. 우주 전체에서 최고로 나쁜 놈인 파순이 욕계에서 최고로 높은 세계의 왕이 될 수 있었던 것은 일찍이 전생에 단 한 번 보시한 공덕 덕분이었다. 보시의 힘은 그렇게 위대하고 거창하다. 보시는 동정심으로 누군가를 도와주는 단순한 차원을 넘어 더 이상 나쁠 수 없을 정도로 악독한 놈에게조차 천상의 최고 권력을 차지할 수 있는 공덕이 돌아올 만큼 강력하다. 6바라밀의 첫 번째가 보시인 것만 봐도 보시가 얼마나 중요한지 알 수 있다.

자신이 다스리는 세계에서 부처의 탄생이 임박한 것을 알게 된 마왕은 마음이 다급해졌다. 부처의 탄생은 곧 마의 세계가 무너지는 것을 의미했다. 어떻게든 사문 고타마가 무상정등각을 얻지 못하도록 막아야 했다. 고민 끝에 마왕은 자기 딸들을 시켜 사문 고타마를 유혹하라고 명했다. 사문 고타마의 나이 서른다섯. 한창 때가 아니던가. 6년 동안 고행하고 금욕했으니 예쁜 여자를 보면 분명히 넘어갈 것이다. 남자에게 가장 다스리기 힘든 욕망이 육체에 대한 갈망이라는 것을 마왕은 누구보다 잘 알고 있었다.

치명적인 유혹, 이성에 대한 욕망

혜원惠園 신윤복이 그린 「주유청강舟遊淸江, 맑은 강에서의 뱃놀이」은 거부할 수 없는 유혹을 뿌리치지 못한 인간의 나약함을 확인할 수 있는 작품이다. 세 명의 남자들이 기생들을 데리고 강에서 뱃놀이를 하고 있다. 분위기를 띄우는데 젓대잡이가 빠질 수 없다. 하늘은 맑고 강바람은 시원해 인생을 즐기기에는 더없이 좋은 날이다. 악공이 젓대를 분다. 뱃머리에 앉은 기생은 생황을 분다. 반대편에서 뒷짐 진 채 서 있는 양반이 생황 부는 기생을 지긋한 눈빛으로 바라본다. 여인에게서 멀찌감치 떨어져 있는 것으로 봐서 여인에게는 그다지 관심이 없는 듯 점잖아 보인다. 그런데 과연 그럴까.

 그의 도포 자락을 묶은 허리띠를 보니 흰색이다. 뱃머리에 턱을 괴고 앉아 기생이 강물에 손을 담근 모습을 보고 있는 양반의 허리띠도 흰색이다. 흰색 허리띠는 상중喪中일 때 두른다. 현재 우리가 하얀 리본을 머리에 꽂거나 가슴에 부착하는 것과 같은 의미이다. 조선시대에는 부모가 세상을 떠나면 3년 동안 흰옷을 입고 흰색 허리띠를 둘렀다. 지금 이 양반은 부모의 무덤 곁을 떠나지 않고 여묘廬墓 살이를 해야 하는데 기생을 대동하고 뱃놀이를 나왔다. 뒷짐 진 양반이 상중의 뱃놀이를 주도한 것 같지는 않다. 생황 분 여인과 거리를 두고 서서 바라보는 것만으로 만족한 것을 보니, 그는 분명 못 이긴 체 따라 나온 것이 분명하다. 뱃놀이를 기획하고 함께 가자고 바람을 넣은 사람은 악공 곁에 서서 기생에게 담뱃대를 물려준 남자일 것이다. 드러내놓고 기생의 어깨에 손을 얹은 채 수작을 걸고 있는 모습을 보니 거칠 것이 없다. 약주를 걸쳤는지 갓은 삐딱하게 틀어졌고 행동은 과감하다. 그의 허리띠는 검은색이다. 당상관 이상은 자주색이나 붉은색, 당하관 이하는 파란색, 기타 낮은 벼슬이나 관직이 없는 사람은 검은색을 썼다. 그들은 하급 공무원일까. 아니면 하급 공무원을 가장한 고급 공무원일까. 하급 공무원이 기생과 악공까지 대동하고 유람선을 전세 낼 정도로 즐기려면 상당히 많은 비용이 필요

신윤복, 「주유청강」, 종이에 색, 28.2×35.2cm, 국보 제135호, 간송미술관 소장

했을 텐데 유흥비는 어떻게 모았을까. 그들은 어쩌면 양반이 아니라 당시 급부상하기 시작한 중인 출신의 거부들인지도 모른다. 그들의 신분은 그림만으로는 알 수 없다. 다만 「주유청강」은 상중에도 기생을 대동하고 뱃놀이를 떠나야 할 만큼 남자에게 여자는 치명적인 유혹이자 욕망의 대상이라는 것을 보여준다. 신윤복은 고운 색채와 필선으로 양반의 표리부동한 양면성을 풍자적으로 비판하는 조선 후기의 뛰어난 풍속 화가다. 그는 근엄하고 도덕군자인 척하는 양반들의 허세를 그림을 통해 예리하게 폭로했다. 신윤복의 폭로는 「주유청강」처럼 단아하고 깔끔해 오히려 자신들을 욕한 양반들이 선호할 정도였다. 예술성이 뛰어난 욕설은 욕을 해도 환영받는다. 신윤복이 그랬다.

　마왕의 딸들은 서른두 가지 교태를 보이며 사문 고타마를 유혹했다. 그러나 사문 고타마는 절대적인 정신의 자유스러움에 도달하고자 하는 수행자였다. 육체의 쾌락에는 고뇌가 따른다는 것을 알아 이미 오래전에 그런 고뇌를 초월한 상태였다. 오히려 그는 마왕의 딸들에게 측은함과 자비심을 느꼈다. 이로써 마왕의 첫 번째 계획은 보기 좋게 실패했다. 당황한 마왕은 이번에는 군대를 보내 사문 고타마를 공격했다. 온갖 괴물을 동원해 폭력으로 사문 고타마를 굴복시키려는 의도였다. 괴물들은 사문 고타마에게 탐욕과 성냄과 어리석음과 교만함과 의심의 화살을 마구 쏘아댔다. 그러나 사문 고타마는 전혀 흔들림이 없었다. 이번에도 사문 고타마는 그들을 연민과 자비심을 담은 눈길로 바라보았다. 자비심은 폭력보다 강하다. 빗발치듯 날아오던 화살은 사문 고타마 앞에서 연꽃으로 변해 땅에 떨어졌다.

세속적인 유혹, 돈과 권력

　여색과 군대의 위협으로도 사문 고타마를 이길 수 없다고 생각한 마왕은

佛

안중식, 「하마선인도」, 종이에 채색 126.2×33.2cm, 1898, 서울대박물관 소장

이번에는 세속의 즐거움을 무기로 들고 나왔다. 마왕은 사문 고타마가 부처 되는 것을 포기하면 세속적인 권력과 황금을 주겠다고 유혹했다. 권력과 돈은 사람들이 가장 갖고 싶어하는 욕망이 아닌가.

안중식安中植, 1861~1919이 그린 「하마선인도蝦蟆仙人圖, 두꺼비 선인을 그린 그림」은 돈에 대한 사람들의 갈망과 욕구를 보여준다. 더벅머리 청년이 시퍼렇게 굽이치는 파도를 배경으로 바다 한가운데 서 있다. 청년의 이름은 유해섬劉海蟾으로 자는 원영元英, 호가 해섬자海蟾子였다. 10세기경 중국 후량後梁에 살았던 선비로 재상을 지냈는데 황로黃老, 도교의 학문을 좋아했다. 하루는 진양자眞陽子라는 도인이 찾아와 달걀 10개와 동전 10개를 요구했다. 도인은 달걀과 동전을 책상 위에 쌓아 올렸는데 마치 불탑 같았다. 유해섬이 깜짝 놀라며 "위태롭군요!"라고 소리 질렀다. 그러자 도인은 "사람이 부귀영화와 즐거움을 누리는 장소에 머무는 것이 이보다 더 위태롭다"라는 말을 남기고 그 자리를 떠나버렸다. 도인의 말을 들은 유해섬은 크게 깨달은 바가 있어 집안의 재산을 친구와 이웃들에게 모두 나누어주고 산에 들어가 도를 닦았다. 그는 종남산에서 은둔하며 신선술을 익혀 학이 되어 날아갔는데, 사람들은 그를 복신福神으로 떠받들었다. 사람들은 복신 유해섬이 동전으로 금두꺼비를 희롱하는 「하마선인도」를 집에 걸어두면 복과 재물이 들어온다고 생각했다. 중국에서는 청나라 때 새해에 행운을 기원하는 연화年畵로 인기가 많았고, 조선에서도 그 수요가 많았다. 이정, 심사정, 윤덕희, 백은배 등 많은 작가가 「하마선인도」를 그렸다.

마왕이 사문 고타마를 돈과 권력으로 유혹하려 했던 것도 그만큼 사람들이 돈과 권력에 약하기 때문이라는 것을 알기 때문이었다. 그러나 아무리 치명적인 유혹이라도 모든 사람에게 적용되는 것은 아니다. 마왕은 대상을 잘못 선택했다. 돈과 권력이라면 사문 고타마가 이미 버리고 온 것이 아니던가.

이번에도 마왕의 공격은 실패했다.

본능적인 유혹, 목숨

그렇다면 목숨은 어떤가. 세상에 목숨처럼 소중한 것이 어디 있을까. 죽음을 두려워하지 않는 사람은 아무도 없을 것이다. 마왕은 사문 고타마에게 성공할 가망이 없는 수행을 그만두고 돌아가서 전륜성왕이 되어 편안히 살다가 천상에 태어나는 즐거움을 누리라고 유혹한다.

김명국이 그린 「수로예구壽老曳龜, 수노인이 거북을 끌다」는 장수를 기원한 작품이다. 수노인壽老人은 말 그대로 수명을 상징하는 신선이다. 원래는 남극성南極星이라는 별을 가리키는데 남극노인성南極老人星이 나타나면 천하가 태평해진다고 하여 사람들은 복福과 수壽를 빌었다. 『사기』「천관서天官書」에는 "노인성이 보이면 잘 다스려져 편안하고 남극노인이 나타나지 않으면 전쟁이 일어난다. 항상 추분이 될 때 남쪽 교외에서 노인성을 기다린다"라고 적혀 있다. 수노인도壽老人圖는 단독으로 그려지기보다는 사슴을 타거나 선도仙桃를 든 어린아이가 함께 그려진다. 사슴은 장수하는 신성한 동물이다. 사슴을 뜻하는 녹鹿은 녹봉 혹은 고관대작을 뜻하는 녹祿과 음이 같아 '복록수福祿壽'의 세 글자를 도안화해서 건축에 새겨 넣는다. 선도는 여신의 우두머리인 서왕모의 정원에서 자라는 복숭아나무의 열매다. 3,000년 만에 한 번씩 과일이 열리기 때문에 장수를 상징한다. 수노인도는 생신을 축하하는 자리에 걸어놓는 것이 일반적이며 잔치에 온 축하객들이 그림을 보고 덕담과 축수를 건네는 것이 관례다.

김명국의 「수로예구」는 남극성을 의인화하여 그린 작품이다. 수노인은 몸에 비해 머리가 유난히 크고 대머리인 것이 특징이다. 머리카락이 없는 대신 수염은 심할 정도로 더부룩해 번쩍번쩍 빛나는 대머리와 흰 수염이 대조적이

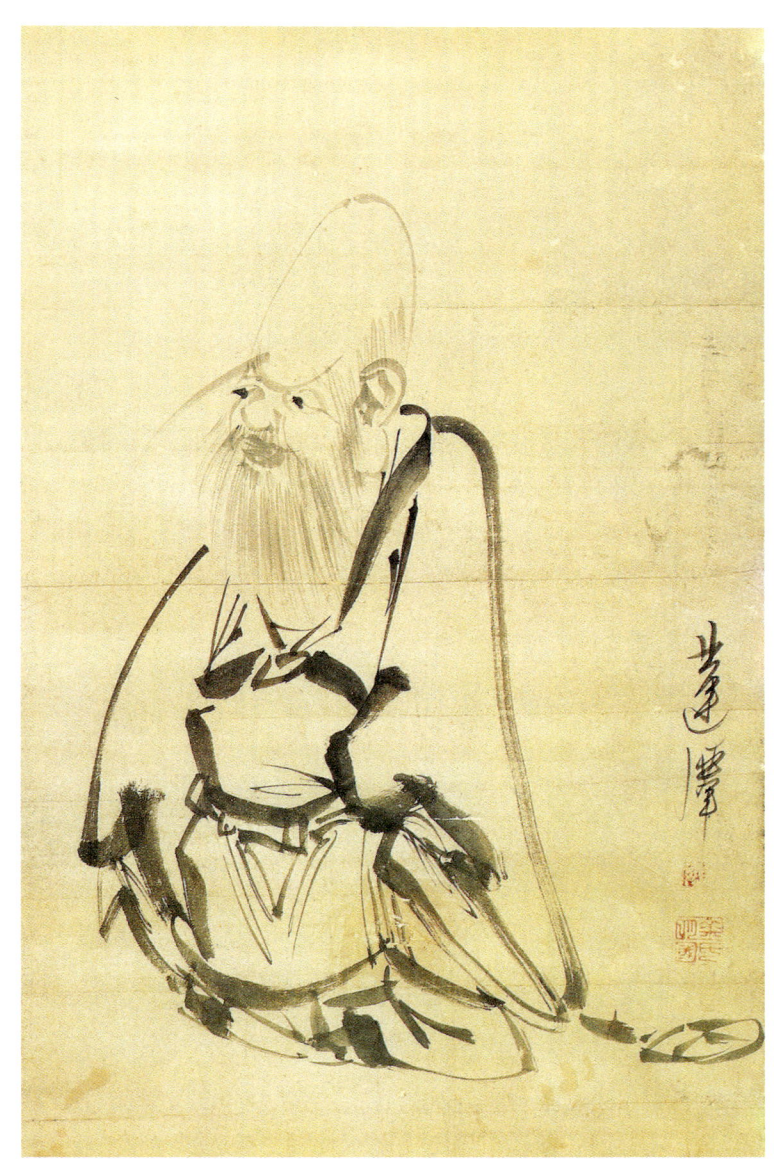

김명국, 「수로예구」, 종이에 먹, 52.7×100.5cm, 간송미술관 소장

다. 여기에 장수를 상징하는 거북이와 소나무가 더해지면 금상첨화일 것이다. 김명국은 선종화의 대가답게 간략한 선과 시원시원한 필치로 거북이를 끌고 가는 수노인을 밀도감 있게 그렸다. 주인공이 수노인인 만큼 조연으로 등장한 거북이는 추상적으로 형태만 그렸다.

이번에도 마왕의 공격은 성공하지 못했다. 목숨이 아까웠더라면 지난 6년간의 고행은 견디지 못했으리라. 도를 깨닫지 못하면 죽어도 좋다는 각오로 시작한 수행인 만큼 마왕의 협박은 아무런 소용이 없었다. 이로써 여자, 돈, 권력, 지위, 목숨 등 사람에게 시험해볼 수 있는 모든 유혹은 전부 들이대봤지만 모두 실패했다. 마왕의 유혹은 인간의 몸을 가진 사람이라면 누구라도 겪을 수 있는 본능적인 욕망이 지배하는 세계를 상징한다. 수행자가 겪어야 할 번뇌와 고뇌가 담긴 영적인 체험이다. 겉으로 드러나지는 않으나 내적으로는 끊임없이 투쟁하고 시달리는 것이 사람이다. 그 모든 고뇌를 견뎌냈을 때 해탈은 바로 가까이에 있다.

이것도 저것도 안 된다는 것을 안 마왕이 마지막으로 쐐기를 박듯 한마디 던진다.

"부처가 된다거나 해탈한다는 것은 도저히 이룰 수 없는 일이오. 그보다는 차라리 이 세상을 지배하는 황제가 되거나 천상에 올라가 내 뒤를 잇는 것이 더 나을 것이오."

마왕도 중생이다. 지금은 비록 막강한 권력을 휘두르고 있지만 그것은 영원하지 않다. 그 또한 윤회를 피할 수 없는 중생이라 복업이 다하면 지옥이나 아귀에 떨어질 수도 있는 구제의 대상이다. 왜 그것을 모른단 말인가.

"마왕이여, 그대는 단 한 번 공양한 공덕으로 욕계의 지배자가 되었다. 그러나 나는 헤아릴 수 없을 만큼 많은 생애를 두고 수많은 중생에게 공덕을 베

풀었다. 그 결과 이제 부처의 자리에 오를 수 있게 될 것이다."

사문 고타마의 대답을 들은 마왕은 옳다구나 하고 상대방의 말꼬리를 물고 늘어졌다.

"과거에 내가 공양한 공덕은 그대가 얘기한 그대로요. 그런데 그대가 여러 생 동안 베풀었다는 공덕은 누가 증명할 수 있겠소?"

이 말을 들은 사문 고타마는 선정하고 있던 손을 풀었다. 손가락을 가볍게 땅에 댄 사문은 다음과 같이 말했다.

"만물의 의지처인 대지여! 나를 위해 진실한 증언을 해다오."

그 말이 끝나기가 무섭게 대지가 순식간에 진동했다. 그와 함께 큰 소리가 울려 퍼지더니 몸에 온갖 장식을 걸친 수많은 대지의 여신이 땅바닥을 뚫고 나와 몸을 절반만 드러낸 채 사문 고타마에게 경배하며 이렇게 말했다.

"당신이 말씀하신 그대로 저희가 증인이 되겠습니다. 당신이야말로 인간계는 물론 신들의 세계에서도 최고의 권위자이십니다."

말을 마친 대지의 여신은 사문 고타마에게 경의를 표한 후 여러 가지 공양을 올렸다. 그리고 마왕을 호되게 야단친 후 자취를 감췄다. 그때 보리수에 살고 있던 여덟 명의 여신이 모습을 드러내고 저마다 한 목소리로 사문 고타마를 칭송했다.

"보살은 보름날의 만월처럼, 솟아오르는 아침 해처럼, 피어나는 연꽃처럼, 숲속의 사자처럼, 드넓은 바다처럼, 가장 높은 산처럼, 한없이 청정해 온갖 악마를 물리치고 모든 중생에게 사랑을 받는도다."

그러자 이번에는 정거천淨居天, 색계의 제4선천 불환과를 얻은 성인이 나는 하늘에서 내려온 신들이 사문 고타마의 덕을 찬탄하고 마왕을 꾸짖었다. 혼쭐이 난 마왕은 무서움에 떨며 두려워하다 그만 기절해버렸다. 이로써 마왕과 사문 고타마의 싸움은 완전히 끝이 났다. 이제 사문 고타마의 수행은 거의 정점에 도달했다. 깨달음의 문을 열기만 하면 된다. 신들은 부처의 탄생을 기다리며, 천상의 꽃을 휘날리며 향나무 향을 뿌렸다. 하늘에서 꽃비가 쏟아졌다.

깨달음

찬란한
빛은
삼천대천
세계를 비추고

이인문 「강산무진도」

마음속의 욕망과 잡념이 사라졌다. 세상이 그윽한 고요 속에 잠겼다. 오직 청정하고 맑은 기운만이 허공 속에 충만했다. 마왕을 물리친 사문 고타마는 고요 속에 앉아 유원한 기쁨을 마음껏 누렸다. 번뇌를 여의고 마음을 한곳에 모아 삼매에 들었을 때의 기쁨이었다. 몸이 사라지고 보리수나무가 사라지고 하늘과 땅이 사라졌다. 아니 사문 고타마의 몸이 곧 보리수나무요, 하늘이요, 땅이었다. 바라보는 대상과 전혀 분리됨이 없이 완전한 일체를 이룰

佛

「경주 석굴암 본존불」, 높이 326cm, 8세기, 국보 제24호, 경북 월성

수 있었다. 정신은 그 어느 때보다 자유로웠다. 무한대로 확장된 정신의 자유로움 속에서 기쁨과 즐거움을 충분히 누렸다. 시간이 가뭇없이 흘렀다. 번뇌가 사라지듯 기쁨이라는 감정도 사라졌다. 즐겁되 즐거움에 빠지지 않고, 기쁘되 기쁨에 휘둘리지 않는 관조적인 상태가 지속됐다. 희로애락을 초월했다. 이런 흔들림 없는 편안함 속에서 사문 고타마는 드디어 부처로서의 깨달음에 도달했다. 진리를 있는 그대로 파악할 수 있는 명료한 깨달음이었다. 깨달음은 초저녁과 한밤중과 새벽의 세 단계로 천천히 진행됐다.

우주의 진리를 꿰뚫는 '세 가지 밝은 지혜'

사문 고타마는 초저녁에 모든 것을 꿰뚫어볼 수 있는 천안통天眼通을 얻었다. 천안통으로 중생들이 살아가는 모습을 관찰했다. 중생들은 죽어서 다시 태어나고 태어나서는 또다시 죽었다. 살아 있는 동안 자신이 지은 업에 따라 다음 생에는 지옥이나 천상에 태어난다. 인과의 법칙은 한 치의 어긋남이 없이 중생의 윤회를 지배했다.

한밤중에는 마음을 자유자재로 움직여 과거의 일을 알 수 있는 숙명통宿命通을 얻었다. 자신의 과거는 물론 다른 중생들의 무수한 과거 생을 알 수 있는 지혜였다. 누가 어디서 태어나 어떤 일을 했으며 어떤 음식을 먹고 어느 지점에서 죽었는지 훤히 알 수 있었다. 어느 곳에 환생해서 어떤 옷을 입고 살았는지 세밀한 과거까지 낱낱이 들여다볼 수 있었다. 그렇게 들여다보니 중생들이 참으로 가엾게 살고 있었다. 생로병사를 겪으면서도 그것에서 벗어날 줄 모르고 하루하루 허덕이며 살고 있었다. 한없이 측은하고 불쌍한 존재들이었다.

왜 사람들은 생로병사를 겪는 걸까. 이 질문은 태자 싯다르타가 아버지 슈도다나 왕에게 출가한 이유를 설명할 때 했던 질문이었다. 사문 고타마는 깊은 선정 속에서 자신의 의문점을 끝까지 밀고 나갔다. 새벽이 되었다. 어둡던 하늘에 새벽별이 떴다. 그 순간 우주의 진리가 사문 고타마의 마음속에 별처럼 반짝거렸다. 모든 법이 모습을 드러냈다. 누진통漏盡通을 얻어 위없이 바른 깨달음을 얻었다. 오랫동안 사문 고타마를 괴롭히던 모든 의혹이 말끔히 사라졌다. 태양이 어둠을 거둬내듯 캄캄한 의문은 사라지고 모든 것이 명확하게 빛났다. 이제 다시는 삶과 죽음을 되풀이하는 일은 없을 것이다. 과거부터 수많은 생을 되풀이해온 생사윤회는 끝이 나고 수행이 완성되었다. 드디어 사문 고타마는 무상정등각을 성취한 부처가 되었다. 석가족 출신의 깨달은 사람, 석가모니 부처의 출현이었다. 무상정등각은 산스크리트어를 음역해 '아뇩다라삼먁삼보리'라고도 한다. 석가모니 부처가 도달한 흔들림 없는 지혜와 통찰력을 의미한다. 태자 싯다르타가 출가해 사문 고타마가 된 지 6년 만인 기원전 535년 12월 8일 새벽이었다.

　석가모니 부처가 얻은 천안통, 숙명통, 누진통은 '세 가지 밝은 지혜'라는 뜻으로 '삼명三明'이라 한다. 삼명에 신변통神變通, 몸을 마음대로 나타내는 지혜, 타심통他心通, 다른 사람의 마음을 아는 지혜, 천이통天耳通, 남들이 듣지 못하는 소리를 듣는 지혜을 합하면 육신통六神通이다. '여섯 가지의 신통력'인 육신통 중 누진통을 제외한 오신통은 부처가 아니라도 누구든지 수행을 깊게 하면 얻을 수 있다. 도력이 높은 선사들이 타심통을 했다거나 천이통을 했다는 이야기는 여러 자료에서 쉽게 찾아볼 수 있다. 그러나 우주의 진리를 꿰뚫어보는 누진통은 석가모니 부처가 처음이었다. 부처의 가르침을 따라 진리에 도달한 사람만이 가당을 수 있는 경지다. 석가모니 부처는 누진통을 얻어 부처가 되었다. 우주의 모든 진리와 법칙을 선명하게 꿰뚫어볼 수 있는 지혜였다.

5
설산에서 수도하다

강산은 끝없이 계속되고

햇볕이 따뜻한 가을이다. 무엇을 해도 좋은 날이다. 바다에 나갔던 배들은 만선의 여유로움을 즐기려는 듯 느린 속도로 포구로 돌아온다. 강물은 절벽을 끼고 휘돌아가며 제 갈 길을 향한다. 석양빛을 받아 반짝거리는 물 위로 돛을 올린 채 고기잡이하는 배들이 오가느라 시끌벅적하다. 유유히 흐르는 물결 위로 뱃놀이 중인 기녀의 노랫소리가 간간히 흘러나온다. 강은 고함과 호통이 뒤범벅된 생업의 터전이자 젓대 소리와 생황 소리가 애간장을 녹이는 유희의 장소이다. 생업을 품었든 풍류를 품었든 사람이 내리려면 배는 포구에 닿아야 한다. 배가 닻을 내리고 정박하자 기다리던 사람들의 손과 발이 분주하다. 시끄러운 강나루 곁길에는 가마를 탄 벼슬아치와 어깨에 짐을 진 농부의 길이 엇갈린다. 말을 타고 달리는 관리는 나무 그늘에서 쉬고 있는 선비들을 쳐다볼 새도 없이 채찍을 휘두른다.

사방이 온통 험한 절벽으로 막혀 있는 이곳은 걸어서는 세상 밖으로 나갈 수 없는 곳이다. 언제부터 이곳에 들어와 살았는지는 확실하지 않다. 할아버지의 할아버지 때부터였다고도 하고 그보다 훨씬 이전부터였다고도 하는 걸 보면 꽤 오래전부터 이곳 산속에 들어와 살았던 것만은 확실하다. 육대조 할아버지가 경치 좋은 곳을 찾다 이곳에 반해 눌러앉았다는 이야기도 전설처럼 전해 내려온다. 물론 그 전설을 믿는 사람은 아무도 없지만 말이다. 세상과 소통할 수 있는 것이라고는 오직 외줄에 매달려 오르락내리락해야 하는 도르래밖에 없는 곳이 좋아 눌러 앉을 바보는 없을 것이다. 모르긴 해도 세상 사람들과 떨어져 살아야만 할 피치 못할 사정이 있었던 것만은 분명하다. 지금은 시대가 바뀌어 이곳 사람들을 험한 눈으로 쳐다보는 사람들이 많이 줄어들었다. 위험하지만 절벽 사이로 난 길을 통해 바깥세상 사람들이 찾아

佛

이인문, 「강산무진도」, 비단에 연한 색,
44×856.6cm, 국립중앙박물관 소장

5
설산에서
수도하다

올 때도 있다. 그래도 이곳 사람들은 여전히 세상 밖으로 나가는 것을 낯설어한다.

아무리 험준한 지형이라 해도 사람의 발길이 닿지 않은 곳은 없다. 길이 없으면 길을 내고 바위가 앞을 막으면 바위를 뚫는다. 계곡 위로는 다리를 짓고 절벽 위로는 잔도를 꽂는다. 비탈길에는 계단을 만들고 언덕 위에는 누각을 짓는다. 아슬아슬한 벼랑 위에는 탑을 쌓고 계곡과 계곡 사이에는 구름다리를 걸친다. 그렇게 자연을 달래고 타협하고 부탁하며 살아온 것이 인간의 역사다.

그 유구한 인간의 역사를 담은 그림이 「강산무진도江山無盡圖」이다. 강산은 끝이 없고 무궁무진한 것처럼 인간의 역사도 끝이 없고 영원하다. 조선 후기의 화가 이인문이 끝없이 계속된 인간과 자연의 역사를 「강산무진도」 속에 담았다. 우리가 사는 세상에 산과 바다와 호수가 있듯 그림 속에도 다채로운 자연 경관이 펼쳐져 있다. 바다에 수십 척의 배가 떠 있는가 하면 입이 떡 벌어질 정도로 험준한 기암괴석이 나그네의 발길을 가로막는다. 그 자연 속에 무수히 많은 사람들이 살고 있다. 한 줌의 흙만 있어도 풀이 자라고 나무가 자라듯 한 치의 땅만 있어도 그곳에는 사람이 산다.

석가모니 부처의 깨달음

석가모니 부처가 천안통과 숙명통을 거쳐 누진통으로 깨달은 것은 '무명無明'이었다. 사람이 태어나서 늙고 병들고 죽는 원인이 바로 무명이라는 것을 알았다. 사람이 생로병사를 겪는 것은 태어났기 때문이다. 무엇으로 인해 태어났는가. 생존有으로 인해 태어났다. 무엇으로 인해 생존하는가. 집착取으로 인해 생존한다. 무엇으로 인해 집착하는가. 갈망愛으로 인해 집착한다. 무엇으로 인해 갈망이 생기는가. 느끼는 감수受로 인해 갈망이 생긴다. 무엇으로 인해 느끼는 감수가 생기는가. 우리의 감각기관과 대상이 인식해 결합된 접촉觸으로 인해 감수가 생긴다. 무엇으로 인해 접촉이 생기는가. 우리의 여섯 가지 감각기관인 육처六處, 눈·귀·코·혀·몸·뜻로 인해 접촉이 생긴다. 무엇으로 인해 육처가 생기는가. 인식의 대상인 모양과 명색名色, 모양과 물체으로 인해 육처가 생긴다. 무엇으로 인해 모양과 물체가 생기는가. 인식識으로 인해 모양과 물체가 생긴다. 무엇으로 인해 인식이 생기는가. 현상行으로 인해 인식이 생긴다. 무엇으로 인해 현상이 생기는가. 무명으로 인해 현상이 생긴다. 그러므로 무명은 모든 고뇌의 이유이자 생로병사의 원인이었다. 이것이 석가모니 부처가 깨달은 '12연기緣起'다. 12연기를 깨닫는 순간 우주의 모든 진리가 그대로 드러났다. 석가모니 부처는 연기법을 순서대로 사유하시며 거듭 확인하셨다.

　무명이 생로병사의 원인이고 모든 고뇌의 근원이라면 무명을 없애면 원인도 사라지는 것이 아닐까. 석가모니 부처의 물음은 계속됐다. 이것이 있으면 저것이 있고 이것이 생기면 저것이 생긴다. 이것이 없으면 저것이 없고 이것이 사라지면 저것이 사라진다. 원인이 있으니 생겨나고 원인이 소멸하면 존재도 소멸한다. 무명도 그러하지 않은가. 무명이 멸하면 행이 멸하고, 행이 멸하면 식이 멸하고, 식이 멸하면 명색이 멸하고, 명색이 멸하면 육처가 멸하고, 육처가 멸하면 촉이 멸하고, 촉이 멸하면 수가 멸하고, 수가 멸하면 애가 멸하고, 애가 멸하면 취가 멸하고, 취가 멸하면 유가 멸하고, 유가 멸하면 생이 멸하고, 생이 멸하면 생노병사의 모든 괴로움이 멸한다. 무명에서 시작해 죽음에 이르게 하는 연결고리, 즉 무명-행-식-명색-육처-촉-수-애-취-유-생-노사老死의 전모가 파악됐다. 모든 법이 생생하게 그 모습을 드러냈다. 무명을 없애면 생로병사도 없다.

부처님은 최고의 깨달음을 얻었다. 석가모니 부처가 깨달음을 얻는 순간 찬란한 광명이 삼천대천세계를 비추었다. 그 빛을 본 모든 부처와 보살은 석가모니 부처의 깨달음을 축복하며 찬탄했다. 삼매에서 깨어난 석가모니 부처는 해탈의 즐거움이 얼마나 컸던지 이레마다 자리를 옮겨가며 49일 동안 그 기쁨을 음미했다. 2주째에는 보리수나무 아래에서 무화과나무 아래로 자리를 옮겼다. 5주째에는 비가 내리고 찬바람이 불자 용왕이 나타나 자신의 몸으로 비바람을 막아주었다.

「강산무진도」를 실견하다

그날의 감동을 잊을 수가 없다. 「강산무진도」는 8미터가 넘는 대작이다. 아무리 좋은 화보집이라 해도 8미터짜리 그림이 온전하게 실려 있는 책은 없다. 사정이 그렇다 보니 화보집을 통해 그림을 감상할 수밖에 없는 감상자들은 그림의 일부만 보고 만족해야 한다. 부분도는 전체 그림 중에서 이야기가 가장 풍부한 클라이맥스가 실려 있다. 작가의 필력이나 특징이 잘 드러난다. 그러나 화가가 어떤 의도로 그림을 제작했는지 알기 위해서는 그림 전체를 봐야 한다. 전체를 다 보지 않는 상황에서 그림의 전모를 파악하는 것은 불가능하다. 위에서 필자가 「강산무진도」를 설명하면서 연결되지 않는 여러 개의 이야기를 두서없이 서술한 것도 그런 이유에서였다. 그것은 화보집에 실린 부분도의 설명이었다.

필자는 실제 그림을 보지 못하고 조각난 그림만 보고 만족해야 하는 것이 항상 아쉬웠다. 화첩畵帖이나 축화軸畵처럼 한 번만 봐도 전체가 파악되는 그림은 다르지만 「강산무진도」 같은 두루마리 그림은 처음부터 절정을 보여주지 않는다. 소설이나 드라마의 구성처럼 발단, 전개, 절정, 결말로 짜여 있다. 두

루마리 그림의 부분도를 보는 것은 한참 진행된 드라마의 앞뒤는 보지 않고 오직 중간 한 부분만 보고 전체 이야기를 추정해야 하는 것과 같다.

그런 갈증과 아쉬움을 느끼던 차에 국립중앙박물관에서 「강산무진도」 전체를 전시한다는 소식이 들려왔다. 펼쳐진 실물을 직접 보며 그림의 기승전결을 확인할 수 있는 절호의 기회였다. 설레는 마음으로 박물관에 갔다. 내 앞에 온전한 그림이 펼쳐져 있을 때의 감동은 겪어보지 않은 사람은 모를 것이다. 나는 온전한 그림을 여러 차례 봤다. 첫 번째 볼 때는 처음부터 끝까지 쓱 봤다. 전체적인 구성이 어떻게 되어 있는지 궁금했기 때문이다. 두 번째 볼 때는 마치 그림 속 골목골목을 걸어서 다니듯 천천히 들여다봤다.

그림의 첫 부분에는 구름과 안개에 휩싸인 언덕이 나왔다. 언덕 위에 올라 보니 사선으로 배치된 언덕 위의 소나무가 시선을 아래로 이끌었다. 그렇게 시작된 「강산무진도」는 강과 기암괴석과 절벽과 폭포를 지나더니 안개와 구름 속으로 아스라이 사라졌다. 비로소 30회분짜리 드라마를 처음부터 끝까지 다 본 것 같은 느낌이었다. 전시장을 나오기 전에 마지막으로 그림을 다시 한 번 가볍게 봤다. 전체 그림을 처음부터 끝까지 통째로 본 터라 쓱 봐도 작가 이인문의 제작 의도를 충분히 이해할 수 있었다. 내게 그것은 마치 한 세계를 관통해서 작가의 정신과 만난 것 같은 쾌감이었다.

필자는 석가모니 부처 같은 누진통을 얻지 못했다. 그 경지에 가닿지 못했으니 부처의 기쁨과 즐거움을 전할 수가 없다. 그저 필자가 그림을 통해 느꼈던 감정을 통해 부처의 기쁨과 즐거움을 짐작만 할 뿐이다. 짐작이라는 단어조차 감히 쓸 수 없을 정도로 필자의 느낌을 침소봉대한 것일지도 모른다. 이렇게밖에 전할 수 없는 필자의 한계와 부족함이 원망스럽다.

전법

석가모니 부처의
위대한
선택

안견 「몽유도원도」

햐, 요놈 봐라 요거. 진짜 5학년짜리 맞아? 정답을 가르쳐준 것도 아닌데 어떻게 저렇게 모범답안을 훔쳐본 듯 정확한 답을 할 수 있을까. 아니다. 정답보다 더 훌륭하다. 문제를 낸 나조차도 전혀 예상하지 못한 150점짜리 대답이 아닌가. 20년 넘게 특강을 다녔지만 어른 아이 할 것 없이 저 녀석처럼 깊이 있는 생각을 이야기한 사람이 없었다. 가르침의 보람을 확인할 수 있는 놀라운 답변이었다.

150점짜리, 꿈보다 빛나는 해몽

나는 또랑또랑한 목소리로 자신의 생각을 발표하는 아이의 얘기를 듣는 내내 감탄을 멈출 수 없었다. 광명시에 있는 도서관에서 특강을 하면서 겪은 일이다. 방학 동안 초등학교 5학년을 대상으로 기획된 독서 캠프에서 우리 옛 그림을 소개하는 특강이었다. 초등학생을 대상으로 하는 특강은 언제나 힘들고 긴장된다. 현란한 원색에 길들여진 아이들에게 먹빛이 많은 동양화를 보여준다는 것이 쉽지 않기 때문이다. 첫눈에 반한다는 통념을 용납하지 않는 분야, 오랫동안 들여다보고 귀를 기울여야 마음을 여는 도도한 분야인 것이다. 어린이들을 대상으로 강의를 할 때마다 김홍도나 신윤복의 작품처럼 잘 알려진 그림을 선택하는 이유도 여기에 있다. 어렵다고 포기하면 아이들이 우리 그림을 알 수 있는 기회가 영영 사라진다. 아무리 힘들더라도 어린이들에게 우리 자신의 정체성을 확인할 수 있는 교육은 계속해야 한다. 처음 본 그림이 흑백인데다 낯설기까지 하면 어린이들이 흥미를 잃기 쉽다. 우선은 너도 알고 나도 아는 김홍도의 「씨름도」부터 보여줘야 관심을 가지고 그림을 쳐다본다. 그 정도 그림이라면 저도 이미 알고 있는데요. 아이들의 얼굴에는 자신감이 넘친다. 김홍도를 통해 자신감을 가지고 당당하게 동양화와 맞설 때쯤에는 전혀 낯선 그림을 보여줘도 거부하지 않는다. 어렸을 때 본 그림은 영원히 사라지지 않고 기억에 남는 만큼 좋은 그림을 많이 보여줘야 한다.

윤두서尹斗緖, 1668~1715의 「늙은 말」은 그렇게 선택된 그림이다. 아마 태어나서 한 번도 본 적 없는 특이한 그림이었을 것이다. 대부분 말 그림은 천리마처럼 늠름하고 잘 달릴 것 같은 멋진 말이 주인공이다. 「늙은 말」은 그런 예상을 단번에 뒤엎는 생소한 말이다. 피골이 상접한 어미 말과 그 어미의 젖을 빠는 새끼 말이 등장한다. 이 그림을 보고 자기 생각을 얘기해볼 수 있는 사

윤두서, 「늙은 말」, 종이에 연한 색, 23.9×19.4cm, 17세기, 국립중앙박물관 소장

람? 그날도 역시 시작부터 긴장했다. 어떻게 두 시간을 때우나. 귀찮은 생각도 없지 않았다. 사명감도 좋고 정체성도 좋지만 두 시간 내내 목이 쉬도록 떠들어봤자 5분도 되지 않아 한눈파는 아이가 생기는 것이 다반사다. 그림을 보여주며 아이들에게 질문을 던진 것도 순전히 관심을 끌기 위한 수단이었지 특별히 어떤 답을 기대하고 한 것은 아니었다.

그런데 한 어린이가 손을 번쩍 들더니 다음과 같이 이야기했다.

"아기 말이 엄마 말의 젖을 빨고 있는데 엄마 말은 힘들어서 고개를 수그리고 있어요."

여기까지 대답했더라면 평범하게 넘어갔을 것이다. 그런데 다음 설명이 압권이었다.

"엄마 말이 힘들어도 아기 말한테 젖을 먹이고 있는 것처럼, 우리 부모님도 자식들을 위해 저렇게 고생하며 꾹 참고 사시는 것을 보여주기 위해 그린 그림 같아요."

중생을 위해 감로의 법문을 펼치다

석가모니 부처는 깨달음을 얻은 후 49일 동안 기쁨을 충분히 누렸다. 출가 수행한 목적은 완벽하게 이루어졌다. 진리의 세계에서 노니는 즐거움은 부족

하지도 않고 넘치지도 않은 보름달처럼 완전했다. 사천왕, 대지의 신, 마왕의 권속 등 수많은 신과 보살들이 꽃과 향을 바치며 예배드렸다. 그들은 새로 탄생한 부처의 덕을 찬탄하며 한결같은 목소리로 노래했다. 석가모니 부처가 보리수 아래 사자좌에 앉아 깨달음을 얻은 찰나에 헤아릴 수 없는 기이하고 상서로운 모습이 나타났다. 만일 그 일을 모두 말한다면 몇 세대에 걸쳐서도 다 이야기할 수 없을 것이다, 라고.

흡족하게 깨달음의 세계를 노닌 석가모니 부처는 생각했다. 이제 어떻게 할 것인가. 이 진리를 나만 홀로 알고 끝낼 것인가. 아니면 중생들에게 전해줄 것인가.

'나는 이제 위없는 깨달음을 얻었다. 그러나 이 진리는 지극히 깊고 미묘해서 이해하기도 어렵고 보기도 어렵다. 고요하고 청정하며 지혜로운 자만이 알 수 있을 뿐 보통 사람은 도저히 알 수 없다. 이 세상 사람들은 탐욕과 분노에 불타고 있어 이 법을 깨닫게 하는 일은 쉽지 않다. 이 법은 세간의 상식을 초월하는 것으로 미묘하고 난해하므로 욕망의 격정에 빠진 자, 무명으로 휩싸인 자에게 알게 하기는 참으로 어렵다. 만일 내가 이들에게 법을 가르쳐도 그들은 틀림없이 이해하지 못할 것이다.'

석가모니 부처는 지난 시간을 되돌아봤다. 목숨을 걸고 자신이 걸어온 길은 아무에게나 권할 수 있는 길이 아니었다. 어디 그뿐인가. 깨달음의 세계 또한 그에 못지않다. 모처럼 애써 발견한 진리인데 보통 사람이 이해하기에는 너무 어렵다. 오직 부처만이 알 수 있는 세계다. 만일 이 진리를 알려준다 해도 사람들은 이해하지 못할 것이고 결국 버려질 것이다. 사람들에게 설법說法하는 것은 단념해야겠다. 석가모니 부처의 마음이 설법을 포기하는 쪽으로 기울었다.

그때 석가모니 부처의 마음을 안 범천梵天이 탄식하며 모습을 드러냈다. 범천은 석가모니 부처 앞에 나타나 오른쪽 무릎을 꿇고 다음과 같이 간청했다.

"석가모니 부처님이시여. 법을 가르쳐주십시오. 이전부터 마가다국에서는 때 묻은 자들이 부정한 법을 말하고 있습니다. 청정한 부처님의 진리를 사람들에게 들려주십시오. 이 세상에는 눈이 먼지로 가려져 있지 않은 중생도 있습니다. 그들이 법을 듣는다면 깨달을 수 있을 것이나 법을 듣지 못한다면 그들조차 타락해버릴 것입니다."

범천의 거듭된 권청勸請에 석가모니 부처는 세상의 중생을 부처의 눈으로 관찰했다. 비슷비슷해 보이는 사람들의 능력에 세 가지 차별점이 있다는 사실을 발견했다. 근기根機, 교법을 받는 중생의 성능가 서로 달랐다. 근기가 가장 낮은 사람들은 부처가 진리를 가르쳐주거나 가르쳐주지 않거나 깨닫지 못할 것이고, 근기가 가장 높은 사람들은 부처가 진리를 가르쳐주거나 가르쳐주지 않거나 반드시 깨달을 것이다. 문제는 중간 근기의 사람들이다. 세상에서 가장 많은 사람이 속해 있는 중간 근기의 사람들은, 부처의 진리를 들으면 깨달을 것이고 듣지 못하면 깨닫지 못할 것이다. 이들은 마치 연못에 핀 연꽃과 같았다. 물속에 잠긴 채 있는 연꽃과 물 위로 솟아오른 연꽃, 그리고 물 위에 닿을락 말락한 연꽃이 그것이다. 앞의 두 종류의 연꽃은 어느 것이나 손댈 필요가 없지만 세 번째 연꽃은 다르다. 기회만 주면 물 위에 솟아 아름다운 꽃을 피울 수 있을 것이다. 석가모니 부처는 세 번째 연꽃 같은 근기의 사람들을 위해 진리를 들려주기로 결심했다.

결심을 굳힌 석가모니 부처가 이렇게 선언했다.

"내가 그대의 청을 받아들여 감로甘露를 비처럼 내리리라. 모든 세상의 중생과 신들과 용들과 믿음이 있는 자는 이 진리를 들으라."

부처의 선언은 자비慈悲의 실행이자 전법傳法의 출발이었다. '감로'는 말 그대로 단 이슬이다. 단 이슬이 어떤 것인지 느낌이 오지 않는다면 지금처럼 한여름 온도가 40도를 넘는 날 뜨거운 뙤약볕 아래를 걷다 마시는 생수라고 생각하면 된다. 타들어가듯 갈증이 심할 때 벌컥벌컥 마시는 물은 목을 적시고 몸을 적시고 마음까지 적셔줄 것이다. 더구나 인도처럼 뜨거운 곳에서 황톳길을 맨발로 걸어간다고 생각해보라. 범천을 비롯한 여러 신들은 석가모니 부처의 결심을 알고 크게 기뻐하며 환호했다.

안평대군의 믿음으로 「몽유도원도」를 완성하다

1447년 4월 20일 밤이었다. 안평대군安平大君, 1418~53은 졸음에 밀려 이내 잠이 들었다. 정신이 아련해지는가 싶더니 홀연히 어느 산 아래에 이르렀다. 곁에는 박팽년이 서 있었다. 두 사람 앞에는 우뚝 솟은 봉우리와 깊은 골짜기가 이어진 우람한 산이 펼쳐져 있었다. 험준하고 그윽한 산세였다. 가까이 다가가자 꽃이 만개한 수십 그루의 복숭아나무가 눈에 들어왔다. 나무 사이에는 오솔길이 나 있었다. 오솔길을 따라 숲 가장자리에 이르자 갈림길이 나왔다.

어느 쪽으로 가야 할까. 잠시 머뭇거리고 있을 때 이 동네 사람인 듯한 남자가 지나갔다. 그를 불러 어디로 가야 할지 길을 물었다. 그는 정중히 고개 숙여 인사를 한 후 말했다.

"이 길을 따라 북쪽 골짜기에 들어가면 도원桃源에 이릅니다."

안평대군과 박팽년은 말을 채찍질해 북쪽 골짜기로 들어갔다. 절벽이 깎아지른 듯 날카로운 기세로 솟아 있었다. 숲은 앞을 가릴 만큼 빽빽하고 울창했다. 계곡물은 콸콸 소리를 내며 낮은 곳으로 굽이쳐 흘렀다. 외줄기 길은 백 번이나 꺾여 돌아가야 할 만큼 아찔하게 구불구불했다. 또 길을 잃은 건가.

佛

안견, 「몽유도원도」, 비단에 연한 색, 38.7×106.5cm, 1447, 일본 덴리 대학교 도서관 소장

5
설산에서
수도하다

佛

정선, 「금강전도」, 종이에 연한 색, 130.7×94.1cm, 1734, 국보 제217호, 삼성미술관 리움 소장

골짜기에서 갈 곳을 모르고 헤맬 즈음 갑자기 하늘이 탁 트이는가 싶더니 믿지 못할 정경이 눈앞에 펼쳐졌다. 복숭아나무였다. 눈에 보이는 곳은 모두 농밀한 연분홍 꽃잎이었다. 사방이 산으로 둘러싸인 복숭아 꽃밭에 구름과 안개가 자욱이 내려앉았다. 고혹적인 아름다움의 자취만 드러낸 채 숨어버린 절경의 배후가 궁금해지는 곳, 도원이었다. 도원은 전설 속에 나오는 서왕모의 정원이 아닌가.

 눈을 거둬 대나무 숲속을 바라보니 뻘기 집이 보였다. 사립문이 반쯤 열려 있었다. 흙으로 만든 섬돌은 거의 다 부스러져 있었다. 그 흔한 닭이나 개 한 마리 보이지 않았다. 태초부터 시간이 정지된 공간처럼 움직임이 없었다. 마을 앞 시내에서 물결 따라 흔들리는 조각배 한 척만이 적막한 침묵의 가장자리를 건드렸다. 무욕한 삶을 즐기는 신선이 아니라면 누릴 수 없는 쓸쓸함이었다.

 온몸에서 언어가 다 빠져 나간 듯 한참을 말없이 걷던 안평대군이 비로소 입을 열었다.

 "바위에 기둥 엮고 골짜기 뚫어 집 짓는다, 는 표현이 이런 경우가 아니겠는가? 이곳이 정녕 도원동이로다."

 안평대군의 운(韻)을 받아 최항과 신숙주가 시를 지었다. 꿈이 항상 그러하듯 멀쩡하게 서 있던 사람이 순식간에 사라지고, 생뚱맞은 사람이 느닷없이 등장하기도 하는 법이다. 함께 출발했던 박팽년은 보이지 않고 대신 언제 왔는지 최항과 신숙주가 뒤따르고 있었다. 세 사람은 신발을 가다듬고 함께 산을 내려왔다. 좌우를 둘러보며 풍경에 취해 시를 주거니 받거니 하는 순간 홀연히 꿈에서 깨어났다.

 "이 꿈을 그대가 그려줘야겠어."

안견安堅, 조선 초기에게 꿈 얘기를 한 안평대군의 목소리가 단호했다. 아무리 하늘이 내린 신필神筆이라는 칭찬을 듣는 자신이지만 어떻게 남의 꿈을 그릴 수 있을까. 안견은 막막했다. 정작 안견 본인은 믿을 수 없는 실력을, 타인인 안평대군은 당연하게 해내리라 믿었다. 그의 믿음처럼 안견은 안평대군의 꿈 이야기를 사흘 만에 완성했다. 제목은 「몽유도원도夢遊桃源圖」로 '꿈에 복숭아꽃밭을 거닐다'라는 뜻이다. 한 사람의 믿음이, 불가능을 가능케 한 믿을 수 없는 작품이다.

안견은 안평대군의 꿈을 그리면서 원칙을 정했다. 인간이 사는 현실 세계와 신선이 사는 도원의 세계를 대비되게 표현한다는 원칙이었다. 그 결과 생각한 구도가 왼쪽에는 낮은 야산을, 오른쪽에는 높은 암산을 배치하는 형식이었다. 두 세계를 대비가 되게 배치한다면서 정작 그림은 도원의 세계에 쏠려 있다. 현실 세계인 왼쪽의 야산이 도원의 세계인 오른쪽보다 상대적으로 비중이 적은 것은 안평대군의 주문이 꿈속의 도원이었기 때문이다. 안평대군의 이야기는 현실 세계에서 잠이 든 것에서 시작해 꿈에서 끝났다. 현실 세계는 잠이 들 때 잠깐 언급했을 뿐 주 무대는 복숭아꽃이 분분히 날리는 꿈속의 세계였다. 이것이 야산을 적게 그린 이유이다. 비록 야산의 비중이 암산과 비교할 수 없을 만큼 적지만 그것 때문에 오히려 암산의 세계는 더욱 강조된다.

안견이 구상한 낮은 야산과 험한 바위산의 대비는 정선의 「금강전도金剛全圖」에서도 확인할 수 있다. 정선은 왼쪽의 토산과 오른쪽의 암산의 배치를 통해 음양陰陽이 맞물려 태극을 이루는 우주의 기氣를 보여주고자 했다. 그 원류가 안견의 「몽유도원도」라 할 수 있다. 다만 안견과 정선은 그들이 보여주고자 한 세계가 달랐을 뿐이다. 안견의 관심사가 한 사람의 의식 세계를 관통한 꿈과 현실의 세계였다면 정선의 관심사는 자연에 내재된 자연의 질서와 근원이었다. 이것은 두 사람의 세계관의 차이이자 지향점의 차이였다.

물론 「몽유도원도」가 명작이 된 것은 이런 대비되는 구도 외에도 여러 가지 이유가 있다. 조감도법으로 내려다본 도원의 세계, 다양한 각도에서 산을 바라보면서 그린 여러 시각의 혼재, 구름 기둥처럼 연결된 바위산에서 느껴지는 웅장함, 바위산의 날카로움과 복숭아 밭의 부드러움이 자아내는 대비 등 조선시대 전기를 대표한 안견의 실력이 유감없이 발휘되었기 때문이다. 그보다 더 중요한 이유는 안견에 대한 안평대군의 한결같은 신뢰였다. 타인에 대한 신뢰와 믿음이 꽃피운 결과 「몽유도원도」는 두 사람의 개인적인 그림을 넘어 나라 안 모든 사람들이 귀하게 여기는 보물이 됐다.

'위대한 버림'이 낳은 '위대한 선택'

만약 석가모니 부처가 자신의 깨달음을 세상에 전하지 않고 혼자 만족하고 끝났더라면 독각獨覺, 혼자 수행해 깨달은 사람은 되었을지언정 사생자부四生慈父, 태胎·란卵·습濕·화化의 네 가지 형태로 태어난 모든 중생의 아버지에 이르지는 못했을 것이다. 독각의 경지에 오른 것이 구도심求道心이었다면 자신이 성취한 결과를 온전히 나누어주는 행위는 자비심慈悲心이다. 자비심은 구도심보다 위대하다. 자비심이 바탕이 된 전법은 출가만큼 중요하다. 출가가 '위대한 버림'이었다면 전법은 '위대한 선택'이다. 석가모니 부처의 위대한 선택에 의해 우리는 사문 고타마가 겪었던 고생을 겪지 않고서도 진리의 세계에 들어갈 수 있게 됐다. 무명에 빠져 허우적거리는 어리석음에서 벗어나 석가모니 부처와 똑같은 해탈의 즐거움을 누리게 됐다. 2,500여 년의 세월 뒤에도 값없는 영혼을 환희심에 춤추게 한 놀라운 소식이다.

그래서일까. 우리는 자주 석가모니 부처의 위대한 선택의 의미를 잊고 산다. 구도심보다 위대한 자비심에 의해 농축된 수행의 정수를 취하게 됐는데도 그 가치를 모르고 심드렁하다. 우리도 석가모니 부처처럼 목숨을 건 고행을 해봐야 비로소 그 가치를 알까.

수하항마상   樹下降魔相

6
보리수 아래서
마귀의
항복을 받다

6
보리수 아래서
마귀의 항복을 받다

불족적

마침내
굴러가는
진리의
수레바퀴

작자 미상 「성세창제시미원계회도」

누구에게 전할 것인가. 중생에게 진리를 전해주겠다고 결심한 석가모니 부처는 잠시 생각에 잠겼다. 가장 먼저 떠오른 사람은 알라라 칼라마였다. 그는 석가모니 부처가 사문이었던 시절에 무소유처정에 도달할 수 있도록 가르침을 준 선인이었다. 석가모니 부처는 그의 가르침대로 수행하여 어떤 것에도 집착하지 않는 무념무상의 평온한 상태에 도달할 수 있었다. 그 정도 박식하고 지혜로운 수행자라면 틀림없이 부처의 가르침을 잘 이해할 수 있을 것 같

았다. 석가모니 부처는 천안으로 알라라 칼라마가 있는 곳을 찾았다. 그런데 이미 죽은 지 7일이 지난 뒤였다. 다음으로 떠오른 사람은 웃다카 라마풋타였다. 선정삼매의 최고 단계인 비상비비상처정에 오른 선인이니만큼 충분히 부처의 가르침을 받아들일 수 있을 것 같았는데, 그 역시 전날 죽었다.

석가모니 부처, 불볕더위 속에 맨발로 걷다

석가모니 부처는 잠시 또 생각에 잠겼다. 그때 떠오른 사람들이 예전에 같이 수행하던 다섯 비구였다. 그들은 항상 석가모니 부처 곁을 따라다니며 수행했으나 석가모니 부처가 고행을 버리자 '사문 고타마가 타락했다'라고 오해하고 떠난 수행자들이다. 석가모니 부처는 다섯 비구를 위해 진리를 전해주리라 생각하고 천안으로 둘러보았다. 그들은 바라나시 근처의 녹야원에 머물러 있었다. 갠지스 강 근처에 있는 바라나시는 수많은 수행자가 모여 있는 곳이었다.

6
보리수 아래서 마귀의 항복을 받다

　　석가모니 부처는 다섯 비구를 만나기 위해 바라나시로 향했다. 석가모니 부처가 깨달음을 얻은 보드가야의 우루벨라에서 바라나시까지는 200킬로미터가 넘는다. 서울에서 속초까지의 거리다. 보드가야나 바라나시는 모두 무척 더운 지역이다. 머리 위로 뙤약볕이 바늘처럼 찔러대는 곳. 그 길을 석가모니 부처는 맨발로 걸었다. 동행하는 사람 하나 없이 외롭고 적막한 길을 오로지 진리를 전해주겠다는 일념 하나로 주저 없이 걸었다. 인도에 가보면 안다. 한국에서 우리가 겪는 불볕더위는 엄살에 불과하다는 것을. 인도에서는 배고픔보다 더 견디기 힘든 것이 목마름이다. 아무리 물을 마셔도 갈증은 사라지지 않는다. 마실수록 더 마시고 싶은 타오르는 갈증. 물을 구하기도 쉽지 않다. 더위에 지쳐 해거름이 되면 그저 하루를 견뎠다는 것만으로도 스스로가 대견하게 느껴진다. 아, 오늘 하루도 잘 버텼구나.

　　그런 더위를 뚫고 부처는 중생을 만나기 위해 걷고 또 걸었다. 한낮 태양에 지글거리는 땅바닥은 한 발 한 발 내딛을 때마다 달궈진 철판처럼 후끈거렸다. 돌투성이 자갈길과 쇠똥과 시궁창이 흐르는 길도 걷고 또 걸었다. 어떤 길이 앞에 놓여도 부처의 마음은 평온했다. 자비심으로 가득한 마음에는 망설임이나 주저함이 들어설 틈이 없었다. 보드가야의 마하보디 사원에 가면 입구 왼쪽에 「불족적佛足跡」이 새겨져 있다. 석가모니 부처의 발자취다. 돌 위에 새겼기 때문에 불족석佛足石이라고도 불린다. 묵직한 원형 돌 중앙에 발자국이 새겨져 있고, 그 주변에는 사람들이 뿌린 꽃들이 나란히 놓여 있다. 석가모니 부처의 발자취를 보고 신심을 느낀 순례객들이 뿌린 꽃들이다. 딱딱한 돌조각 위에 놓인 고운 꽃잎은, 석가모니 부처의 발걸음이 닿는 곳마다 사람들의 마음이 꽃처럼 환하게 밝아진다는 것을 은유적으로 표현한 듯하다. 우리도 석가모니 부처처럼 우리 발길 닿는 곳에 꽃을 피웠으면, 하는 바람도 담겨 있을 것이다.

불족적은 탑과 함께 무불상시대無佛像時代, 기원전 6세기~서기 1세기 후반에 사람들이 가장 많이 찾은 예배 대상이었다. 무불상시대를 지나 불상이 본격적으로 제작된 시대에도 불족적은 경쟁적으로 사방에서 제작됐다. 사람 키보다 더 큰 불족적도 있다. 불족적의 유행에 대해 사전에는 "누구나 부처님의 발자취를 보고 존경하고 기뻐하면 한량없는 죄업을 소멸한다고 하여 예로부터 이것을 만들어 숭배하고 공경하는 일이 유행하였다"라고 되어 있다(『불교사전』, 동국역경원, 1992). 성스러운 분의 커다란 발자취로 죄 많은 중생의 작은 발자취를 덮어주었으면 하는 바람이 담겨 있다. 불족적을 향한 경배가 어찌 자신의 죄업 소멸에 대한 기원뿐이랴. 부처가 걸어간 길이 놀랍도록 숭고하고 거룩하기 때문일 것이다.

불족적은 아무것도 바라지 않으면서 오로지 상대방을 염려하고 소중히 여긴 부처의 자비심의 표현이자 구도심의 상징이다. '삼귀의三歸依'를 할 때, '거룩한 부처님께 귀의합니다'라는 말은 '귀의불歸依佛 양족존兩足尊'이라 한다. 즉, 두 발 가진 존재 중 가장 높은 이에게 귀의한다는 뜻이다. 이때 양족兩足은 복덕과 지혜, 계戒와 정定, 대원大願과 수행을 원만하게 갖춘 부처를 의미한다.

석가모니 부처는 멈추지 않고 바라나시를 향해 계속 걸었다. 불타는 더위 속으로 한줄기 바람이 위로처럼 지나갈 때면 석가모니 부처의 마음도 살짝 설레었다. 오랜만에 만난 그들에게 반가운 소식을 전해줄 수 있다는 흥분 때문이었다.

만남을 기록한, 사간원 관리들의 계회도

「성세창제시미원계회도成世昌題詩薇垣契會圖」는 사간원의 계회를 그린 작품이다.

작자 미상, 「성세창제시미원계회도」, 비단에 수묵, 93×61cm, 1540, 개인 소장

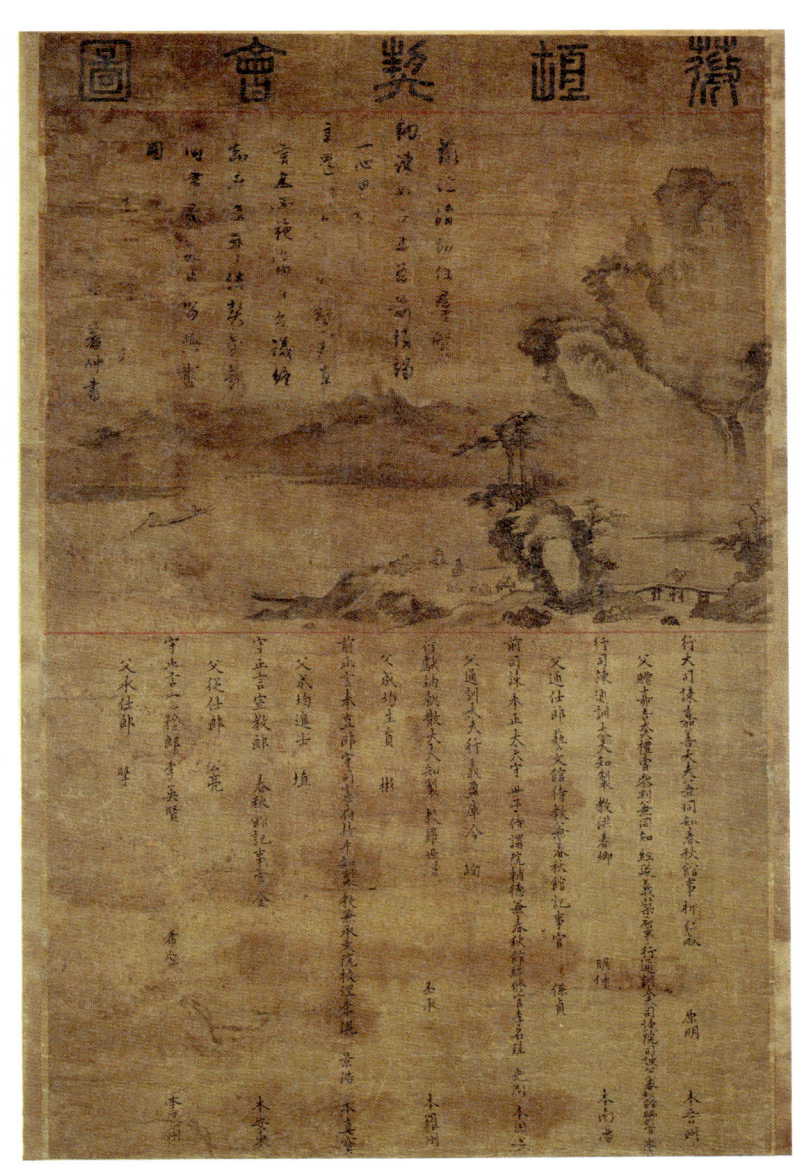

미원은 조선시대 언론을 담당한 삼사三司, 사헌부, 사간원, 홍문관 가운데 하나인 사간원의 별칭이다. 전·현직 사간원의 관리들이 강이 내려다보이는 언덕에 모여 계회를 열었다. 두 그루 소나무가 있는 언덕 아래는 선비들이 앉아서 담소하기 좋을 정도로 평평하다. 관모를 쓰고 관복을 입은 선비들은 야외에 놀러 온 사람들답지 않게 경직된 자세다. 마치 야외에서 오찬 회의를 진행하는 것처럼 편안한 구석이라고는 찾아보기 힘들다. 오늘 계회는 난상 토론이 벌어지는 오찬 모임은 아니다. 어디까지나 사간원 관리들의 야유회 같은 성격이 짙다. 편안해야 할 인물들을 굳이 어전 회의에 참석한 신하들처럼 딱딱하게 표현한 것은 그들이 조선 사회를 이끌어가는 중추적인 기관에서 근무하는 관료임을 강조하기 위함일 것이다. 그들 앞에는 개별 반상이 놓여 있다. 격식을 갖출 때 등장하는 상차림이다. 한쪽에는 큰 탁자 위에 술동이가 놓여 있고 그 앞에서 시중드는 사람 둘이 분주하게 음식을 장만한다. 요란하지 않으면서도 실속 있게 살아가는 사간원 관리들의 위세를 짐작할 수 있는 계회다.

 언덕 뒤로는 어깨에 짐을 들고 있는 사람이 다리를 건너고 있고, 강에는 고기잡이배가 떠 있다. 계회 장면을 그렸으면서도 배경을 살리기 위해 신경 썼음을 알 수 있다. 산수에 비해 인물이 유난히 작게 표현된 것은 조선 전기 계회도의 특징이다. 조선 중기에서 후기로 넘어갈수록 배경보다는 인물이 더 비중 있게 그려진다. 「성세창제시미원계회도」는 1540년에 제작되었는데 조선 전기의 대가 안견의 화풍을 충실히 따르고 있다. 산과 언덕 등이 편파偏頗적으로 한쪽으로 쏠려 있으면서 구름 기둥처럼 불안정한 표면 처리 등은 안견의 「사시팔경도四時八景圖」에서 확인할 수 있는 특징이다. 기록화일수록 새로운 화풍보다는 전통성을 선호한다.

 조선 초기의 계회도는 3단으로 구성됐다. 맨 위 상단에는 모임 제목을 전

서체書體로 멋을 부려 썼다. 중단에는 산수를 배경으로 의관을 갖춘 선비들의 모임 장면이 그려져 있다. 하단에는 계회에 참석한 구성원의 이름과 생년, 등제년, 위계, 관직명 등을 적은 좌목座目이 들어간다. 이런 형식의 계회도는 중국이나 일본에서는 그려지지 않은 조선 회화의 독특한 특징이다. 계회도는 문인 관료들의 모임을 그린 기록화다. 문인들은 친목 도모와 풍류를 즐길 목적으로 계회를 자주 열었다. 뜻 깊은 모임이었던 만큼 계회 장면은 참가자의 수만큼 그림으로 제작해 나눠 가졌다. 같은 제목의 계회도가 여러 점 전해진 이유도 그 때문이다.

어느 시대, 어느 장소에서나 사람과 사람은 만나고 헤어진다. 여러 명이 함께 만날 수도 있고 단 둘이 만날 수도 있다. 어떤 사람에겐 그 만남이 인생을 확 바꿀 정도로 중요한 시간이 될 수도 있고, 어떤 사람에게는 하품만 나오는 지루한 시간이 될 수도 있다. 똑같은 만남인데 전혀 다른 시간을 보낸 셈이다. 어느 경우에나 만남은 거기에 참석한 사람의 정체성을 드러낸다. 내가 어떤 사람을 만나고 있는지 살펴보면, 그 안에서 나를 발견할 수 있다.

다섯 비구를 위해 법의 수레바퀴를 굴리다

드디어 도착했다. 바라나시의 녹야원에 도착한 석가모니 부처의 눈에 다섯 비구의 모습이 보였다. 석가모니 부처는 반가운 마음으로 그들 곁으로 다가갔다. 멀리서 부처가 다가오는 것을 본 다섯 비구는 머리를 맞대고 쑥덕거렸다.

"저기 사문 고타마가 온다. 그는 고행을 그만둔 타락한 사람이다. 그가 가까이 오더라도 아는 체하지 말고, 인사도 하지 말자. 그저 앉을 자리나 내어주자."

그러나 그들의 결심은 몇 분도 되지 않아 무너졌다. 마음은 석가모니 부처를 외면하려 했으나 몸은 벌써 일어나 거룩한 분을 향해 합장하고 있었다. 이론보다 중요한 것이 인품이다. 석가모니 부처 주위는 보통 사람이 함부로 할 수 없는 성스러운 기운이 감싸고 있었다. 다섯 비구는 무엇에 끌린 듯 자신도 모르게 일어나 석가모니 부처를 예배하고 맞아들였다. 한 사람은 석가모니 부처의 옷과 발우를 받아들었고, 한 사람은 물과 수건을 가져와 석가모니 부처의 발을 씻어주고 윗자리에 모셨다.

석가모니 부처는 다섯 비구에게 진리를 말씀하기 시작했다. 처음에 다섯 비구는 석가모니 부처의 법문을 잘 들으려 하지 않았다. 비록 지금은 전혀 다른 모습으로 나타났지만 한때 그는 고행을 버린 타락한 사문이 아닌가. 그 생각을 읽은 석가모니 부처가 중도에 대해 이야기했다.

"수행승들이여, 세상에는 두 개의 극단이 있다. 첫째는 욕망이 이끄는 대로 쾌락에 빠지는 것이다. 이것은 천하고 저속하며 어리석고 무익하다. 둘째는 고행에 빠져 자기 자신을 괴롭히는 것이다. 이것은 몸만 힘들게 할 뿐 역시 천하고 무익하다. 무릇 수행자는 그 어느 쪽에도 기울어져서는 안 된다. 나는 이 양극단을 버리고 중도를 얻었다. 중도에 의해 지혜를 얻었고 번뇌의 세계를 완전히 벗어나 적멸과 깨달음과 눈뜸과 열반에 이르렀다."

그날 밤은 석가모니 부처가 처음으로 중생에게 진리의 법을 설파한 역사적인 날이었다. 이날의 설법說法은 특별히 초전법륜初轉法輪이라 부른다. 처음으로 법륜을 굴렸다는 뜻이다. 석가모니 부처의 설법을 전법륜轉法輪이라 하는 이유는 그 법이 전륜성왕이 가진 윤보輪寶와 같기 때문이다. 윤보는 수레바퀴 모양으로 생겼는데 왕이 행차할 때는 수레바퀴처럼 굴러 적을 쳐부수고 사방을 정복한다는 보물이다. 부처의 설법은 완전한 진리로 반론의 여지가 없는 법륜이다. 전륜성왕의 바퀴처럼 막강하다. 석가모니 부처를 전륜성왕에 비유한 것은 두 사람 모두 세계를 지배한 무소불위의 정복자이기 때문이다. 전륜성왕이 물리적인 힘을 내세운 외면적인 지배자인데 반해 석가모니 부처는 바른 가르침으로 중생을 교화한 내면적인 지도자라는 차이가 있다.

아무리 위대한 가르침이라도 듣는 사람이 준비가 되어 있지 않으면 소용없다. 우파카가 그런 경우다. 석가모니 부처가 바라나시에 오는 도중 한 고행자를 만났다. 그가 우파카였다. 그는 자이나교도였는데 석가모니 부처의 환한 얼굴빛을 보고 범상치 않은 수행자라 여겨 스승이 누구인지를 물었다. 그의 질문에 석가모니 부처는 이렇게 대답했다.

"나는 모든 것을 이겼고, 모든 것을 깨달았다. 나는 스스로 깨달음을 얻었으니 스승이라 부를 만한 사람이 없다. 나는 번뇌를 물리치고 완전한 깨달음을 얻어 몸과 마음이 모두 청정하다. 누구라도 나와 같이 마음의 장애를 제거하면 나와 같이 될 수 있다."

근기가 부족해서였을까. 우파카는 석가모니 부처의 말을 귀담아 듣지 않았다. 고개를 갸우뚱하더니 그냥 가버렸다. 이로써 그는 석가모니 부처의 첫 번째 제자가 될 수 있는 행운을 놓쳤다. 이런 안타까운 모습이 어찌 우파카뿐이겠는가. 우리 또한 날마다 그렇게 살고 있는 것을.

니르바나에 이르는 중도의 세계

중도의 가르침으로 시작된 석가모니 부처의 설법은 계속됐다. 쾌락과 고행의 양극단을 벗어나 중도에 의해 도달한 열반의 세계를 '니르바나'라고 부른다. 온갖 고뇌를 극복한 절대적인 평온 상태로 해탈이라고도 한다. 그렇다면 니르바나에 이를 수 있는 중도의 세계는 무엇인가. 석가모니 부처는 그것을 여덟 가지로 말했다. 정견正見, 정사유正思惟, 정어正語, 정업正業, 정명正命, 정정진正

精進, 정념正念, 정정正定으로 우리는 이것을 '팔정도八正道'라 부른다. 성스러운 여덟 가지 진리라는 뜻이다. 팔정도에 의해 사문 고타마는 지혜가 생기는 열반에 이르러 부처가 되었다.

팔정도의 실천은 왜 필요한가. 인간의 삶 자체가 괴롭기 때문이다. 태어나는 것도 괴로움이며 늙음도 괴로움이다. 질병도 괴로움이고 죽음도 괴로움이다. 싫은 사람과 만나는 것도 괴로움이고 사랑하는 사람과 헤어지는 것도 괴로움이고 원하는 것을 얻지 못하는 것도 괴로움이다. 인간을 구성하는 모든 것이 다 괴로움이다. 이것이 바로 고성제苦聖諦, 괴로움에 대한 성스러운 진리다.

인생이 괴롭게 된 데는 원인이 있을 것이다. 그 원인을 찾아내야 한다. 다시 태어나는 원인이 되고, 기쁨과 탐욕과 즐거움을 찾는 괴로움의 원인이 되는 것, 그것은 '갈애渴愛'다. 갈애는 목이 타는 듯한 욕망과 집착이다. 성욕, 수면욕, 재산욕, 권력욕, 명예욕 등이 모두 갈애다. 감각적, 관능적, 육체적 욕망도 갈애다. 갈애 때문에 모든 생명체는 윤회의 사슬에 묶여 있다. 괴로움의 원인을 정확히 진단하고 찾아내는 것, 이것이 바로 '집성제集聖諦, 괴로움의 원인에 대한 성스러운 진리다.

병을 알았으니 병을 치료해야 한다. 괴로움의 원인이 갈애라는 것을 알았으니 갈애를 소멸시키면 된다. 타는 듯한 욕망을 남김없이 없애고 단념하고 떨쳐버림으로써 해탈에 이르게 해야 한다. 이것이 바로 '멸성제滅聖諦, 괴로움의 극복에 대한 성스러운 진리다.

어떻게 하면 갈애를 없앨 수 있는가. 팔정도의 실천을 통한 중도의 깨달음에 의해 없앨 수 있다 앞서 얘기한 팔정도 즉 정견올바른 견해, 정사유올바른 생각, 정어올바른 말, 정업올바른 행위, 정명올바른 생활, 정정진올바른 노력, 정념올바른 마음, 정정올바른 명상이 그것이다. 이것이 바로 '도성제道聖諦, 괴로움의 극복을 실현하기 위한 길의 진리'다.

6
보리수 아래서 마귀의 항복을 받다

　괴로움에 대한 성스러운 진리, 괴로움의 원인에 대한 성스러운 진리, 괴로움의 극복에 대한 성스러운 진리, 괴로움의 극복을 실현하기 위한 길의 진리를 합해 '네 개의 성스러운 진리'라는 뜻으로 '사성제四聖諦'라 한다. 사성제는 석가모니 부처 이전에는 결코 들어본 적 없는 법으로 지혜가 일어나고 광명이 일어나는 불교만의 독특한 가르침이다.

　다섯 비구는 석가모니 부처의 가르침을 진심으로 받아들였다. 그중에서도 콘단냐憍陳如는 석가모니 부처의 설법을 듣자마자 바로 깨달음을 얻었다. 석가모니 부처의 기쁨은 무척 컸다. 그 장면을 지켜보던 신들도 기쁨의 환호성을 울렸다. 천지가 진동할 정도로 우렁찬 소리였다. 나머지 비구들은 깨달음을 얻기까지 시간이 조금 더 필요했다. 석가모니 부처는 그들을 위해 설법을 계속했다. 깨달은 비구는 깨닫지 못한 비구들이 설법을 듣는 동안 탁발을 대신하며 도반을 도와주었다. 오래지 않아 나머지 네 명의 비구도 콘단냐와 같은 깨달음을 얻었다. 이로써 석가모니 부처를 따르는 다섯 명의 아라한阿羅漢이 탄생했다. 아라한은 소승 불교의 교법을 수행하는 성문사과聲聞四果 중 가장 높은 지위인 아라한과阿羅漢果에 도달한 성자를 의미한다. 드디어 불佛, 법法, 승僧 삼보三寶로 이루어진 불교 교단이 갖춰졌다. 위대한 불교 교단의 시작이다.

60아라한

전법의
길을
떠나는
60아라한

이인상 「송하수업도」
윤두서 「진단타려도」

불, 법, 승 삼보로 이루어진 불교 교단이 형성되었으니 신자가 빠질 수 없다. 석가모니 부처가 바라나시의 녹야원에서 다섯 비구에게 최초로 설법을 베풀 때였다. 바라나시에는 야사라는 청년이 살고 있었다. 그는 부유한 상인의 아들로 호화스런 나날을 보냈다. 계절에 따라 번갈아가면서 지낼 수 있는 별장을 세 채나 가지고 있었는데 우기와 건기 때는 별장에서 나오지 않고 여자 악사들과 시녀들의 시중을 받으며 애욕에 빠져 살았다. 그런 어느 날이었다. 야사가 새벽에 눈을 떠보니 시녀들이 여기저기 쓰러져 잠에 취해 있었다. 어젯밤 늦게까지 야사를 위해 악기를 연주하고 술 시중을 들던 시녀들이었다. 일어서려다가 무심코 시녀들을 본 야사는 경악했다. 어젯밤에는 그리도 아리따웠던 여인들이 아침에 보니 귀신 같았다. 화장도 지우지 않은 얼굴에 침을 질질 흘리는가 하면, 머리는 산발하고 옷매무새는 흐트러진 채였다. 모두 술에 취해 그대로 잠에 빠진 듯하다. 비파와 북을 내동댕이친 채 여기저기 뒤엉켜 곯아떨어져 있었다. 시체더미 같은 여인들의 모습을 본 야사는 심하게 충격을 받았다.

야사, 우연히 석가모니 부처를 만나다

우울해진 야사는 마음을 진정시키기 위해 집을 나왔다. 정처 없이 걷다 보니 석가모니 부처가 머무는 녹야원이었다. 마침 그때 아침 일찍 일어나 산책하고 있던 석가모니 부처가 야사를 발견했다. 인상을 찌푸린 채 탄식하는 야사를 보고 부처가 말을 걸었다.

"젊은이여, 여기에는 괴로운 것도 없고 고통스러운 것도 없다. 이리 와서 앉으라. 그대를 위해 진리를 전해주겠다."

야사는 황금으로 만든 신발을 벗고 석가모니 부처께 예를 올린 뒤 자리에 앉았다. 석가모니 부처는 야사를 위해 진리를 전했다. 원래 총명했던 야사는 석가모니 부처의 가르침을 듣고 금세 깨달음을 얻었다. 야사는 그 자리에서 출가했다. 야사를 찾으러 온 야사의 아버지도 석가모니 부처의 가르침을 듣고 환희심을 얻었다. 그 자리에서 재가신자가 되어 삼보에 귀의했다. 그 이튿날 야사의 아버지는 석가모니 부처와 야사를 자신의 저택으로 초대해 설법을 듣고 공양을 올렸다. 야사의 어머니와 아내도 곧 삼보에 귀의해 최초의 여성

신자가 되었다.

　야사의 출가는 바라나시의 상류 가정 자제들에게 큰 파문을 일으켰다. 특히 야사가 출가하기 전에 사귀었던 친한 친구 네 명은 야사가 출가했다는 소식을 듣고 달려와 석가모니 부처께 법문을 청했다. 얼마 지나지 않아 그들 역시 정식으로 출가했다. 그 뒤를 이어 다시 50명의 젊은이들이 집단으로 출가해 모두 아라한이 되었다. 석가모니 부처를 포함해 모두 61명의 아라한이 탄생했다. 제자들이 60명으로 늘어나자 석가모니 부처는 이렇게 말했다.

　"나와 그대들은 신과 인간의 모든 속박에서 벗어나 최고의 깨달음을 얻었다. 그러니 이제 길을 떠나라. 많은 사람과 신 들의 이익을 위해, 안락을 위해, 세상에 자비를 베풀기 위해 먼 길을 떠나라. 두 사람이 같은 길을 가지 마라. 처음도 좋고 중간도 좋고 끝도 좋은 법. 내용과 이론이 갖추어진 진리를 말하라. 안전하고 깨끗한 수행 생활을 보여주어라. 세상에는 때가 덜 묻은 사람들이 있다. 그들은 진리를 듣지 못하면 퇴보하겠지만 진리를 듣는다면 깨우칠 것이다."

　석가모니 부처는 제자들을 사방으로 보내 법을 전하게 했다. 석가모니 부처도 바라나시를 떠나 마가다국으로 향했다. 가는 도중에 길에서 조금 떨어진 숲에 들어가 나무 밑에 앉아 있을 때였다. 30명의 상류층 청년들이 모두 아내를 데리고 놀고 있었다. 그중 한 사람은 독신자로 기녀를 데려왔던 모양이다. 모두들 노는 데 정신이 팔려 있는 사이 기녀가 패물을 훔쳐 도망가버렸다. 뒤늦게야 그 사실을 안 청년들이 기녀를 찾기 위해 숲속을 돌아다니다가 석가모니 부처가 앉아 있는 곳까지 왔다. 청년들은 석가모니 부처께 자초지종을 이야기한 다음 여자를 보지 못했느냐고 물었다. 석가모니 부처는 청년들을 둘러보며 이렇게 말했다.

"젊은이들이여, 여자를 찾는 것과 자기 자신을 찾는 것 중 어느 것이 더 중요한가?"

"물론 자신을 찾는 일이 더 중요합니다."

"그렇다면 여기 와서 앉으라. 그대들에게 진리를 말하리라."

석가모니 부처의 가르침은 지금 내게도 유용한가. 내가 찾고 있는 것 중 어떤 것이 중요한가. 30명의 청년들은 석가모니 부처 앞에 앉아 설법을 들은 후 모두 그 자리에서 출가했다. 석가모니 부처의 새로운 교단은 점점 더 커졌다.

제자에게 지혜의 가르침을 전하다

국화꽃이 핀 걸 보니 가을이다. 소나무를 휘감은 덩굴 잎도 군데군데 갈색을 띤다. 소나무 그늘 아래 사람들이 앉아 있는 것을 보면 아직은 햇살이 따가운 초가을인 것 같다. 날이 추웠더라면 그늘 밖으로 나와 해바라기를 했으리라. 무엇을 해도 좋을 만큼 춥지도 덥지도 않은 가을날, 스승과 제자가 바위 앞에 앉아 공부를 한다. 사방관을 쓴 스승은 꼿꼿한 자세로 앉아서 책에 적힌 성현의 말씀을 강의하는 중이고, 고개를 수그린 제자는 종이를 펼쳐놓고 뭔가를 적을 심산이다. 종이 옆에는 먹과 벼루, 연적이 놓여 있고, 방금 전에 바위 곁에서 꺾은 국화꽃도 곁들였다. 스승 앞에는 팔을 뻗으면 닿을 거리에 주황색 호박주전자와 찻잔이 놓여 있다. 강의하다 목이 마르면 차 한 잔 마시며 목을 축인 후 스승의 강의는 계속될 것이다. 격렬했던 번뇌의 시간과 결별하고 속살이 여무는 계절 가을. 스승의 강의는 껍데기는 날려버리고 알곡만 건져낸 가을 추수 같은 지혜로 가득하리라.

능호관凌壺觀 이인상李麟祥, 1710~60이 그린 「송하수업도松下授業圖」는 가르치는 자의 사명감과 배우는 자의 진지함이 배인 작품이다. 이인상은 자字가 원령元靈,

佛

이인상, 「송하수업도」, 종이에 연한 색, 28.7×27.5cm, 개인 소장

6
보리수 아래서 마귀의 항복을 받다

호號는 능호관, 보산자寶山子, 종강칩부鐘崗蟄夫, 뇌상관雷象觀, 운담인雲潭人이다. 그는 인조 때 영의정을 지낸 백강白江 이경여李敬輿의 후손으로 명문 집안 출신인데, 이인상의 증조부가 서얼이었던 관계로 그도 반쪽짜리 양반이 되었다. 서얼이 속한 중인은 문무과가 아닌 기술 관직에만 종사할 수 있었다. 온전한 양반이 아니라는 신분상의 약점은 오히려 그에게 더욱 양반다워야 된다는 강박관념으로 작용한 듯하다. 완고할 정도로 올곧은 성품 때문에 벼슬살이하는 내내 불화했다. 그는 타협할 줄 모르는 자존심과 강팍함을 문기文氣 넘치는 남종문인화에 오롯이 담았다. 자신의 꼿꼿한 지조를 소나무를 통해 표현하기도 했다. 대표작인 「송하관폭도松下觀瀑圖」와 「설송도雪松圖」에는 부러지지 않는 이인상의 결기와 고집스러움이 서려 있다. 「송하수업도」에도 소나무가 등장한다. 배경으로 등장한 까닭에 소나무의 존재감은 크게 느껴지지 않는다. 대신 절제된 붓질과 담백한 색체 속에 솔향기를 담았다. 스승이 제자에게 전하려는 가르침이 솔향기 같았으리라. 석가모니 부처가 제자들에게 가르침을 전하는 장소에도 맑은 바람이 흘렀을 것이다.

모든 사람이 야사처럼 쉽게 석가모니 부처의 법을 받아들인 것은 아니었다. 카샤파 삼형제의 경우처럼 많은 시간이 필요한 사람도 있었다. 카샤파 삼형제는 바라문 집안 출신의 출가승으로 마가다국 나이란자나 강변에 살면서 불을 섬겨 해탈을 얻으려 했다. 많은 신자와 제자가 카샤파 삼형제를 믿고 따랐다. 맏형 우루빌바 카샤파는 500명, 둘째인 나디 카샤파는 300명, 셋째인 가야 카샤파는 200명의 제자를 거느리고 있었다. 석가모니 부처는 이들에게 진리를 가르쳐야겠다고 생각하고, 맏형인 우루빌바 카샤파를 찾아가 불을 모시는 회당에서 하룻밤 묵기를 청했다. 우루빌바는 그곳에 독을 뿜는 큰 용이 있어 죽을 수도 있다며 거절했다. 석가모니 부처의 거듭되는 요청에 마지못해 허락한 우루빌바는 아까운 사문 한 사람이 또 목숨을 잃겠구나 생각했다.

　석가모니 부처는 회당에 들어가 풀방석을 깔고 좌선한 다음 화광삼매火光三昧에 들었다. 애초부터 석가모니 부처는 독룡을 죽일 생각이 없었다. 독룡 또한 구제해야 할 중생이 아닌가. 석가모니 부처는 온몸에서 불을 뿜는 화광삼매로 독룡의 신통력만을 빼앗았을 뿐 상처는 입히지 않고 작게 만들어 발우 속에 넣었다. 이튿날 아침, 죽은 줄로만 알았던 석가모니 부처가 용을 발우에 담아 걸어 나오자 우루빌바는 경악했다. 그러나 자신과 같은 아라한에는 미치지 못할 것이라는 자만심을 버리지 못했다. 석가모니 부처는 우루빌바에게 3,500가지의 신통력을 보여주었다. 설법을 할 때면 사천왕을 비롯한 인드라, 브라흐만 등의 천상의 신들이 와서 예배를 드렸고, 입고 있던 분소의糞掃衣, 다 해진 누더기를 빨래할 때면 인드라가 나타나 석가모니 부처 앞에 연못을 파고 돌을 놓았다. 한겨울 추위 속에서 불이 필요할 때면 500개의 화로가 생겼고, 강물이 넘쳐 물난리가 날 때도 석가모니 부처가 서 있는 자리는 물이 들지 않았다.

　이 모든 과정을 지켜본 우루빌바 카샤파는 마침내 석가모니 부처의 발밑에 머리를 조아리고 출가를 허락해달라고 부탁했다. 백스무 살이 넘은 우루빌바가 젊은 석가모니 부처께 예배를 드리는 모습은 누가 봐도 기이했다. 석가모니 부처는 우루빌바가 수많은 바라문 수행자를 거느린 지도자이니만큼 신중하게 생각한 다음 결정하라고 충고했다. 우루빌바는 석가모니 부처의 말씀을 그의 제자들에게 전했다. 우루빌바의 제자 500명은 스승을 따라 머리를 깎고 석가모니 부처께 귀의했다. 형 우루빌바가 석가모니 부처께 귀의하자 그의 동생 나디 카샤파와 제자 300명, 가야 카샤파와 제자 200명도 함께 귀의했다. 석가모니 부처의 가르침을 받은 후 그들은 비로소 마음의 평화를 얻었다.

백 살이 넘도록 느껴보지 못한 평화였다. 이로써 석가모니 부처의 제자는 새로 1,000명이 늘어났다.

나귀에서 떨어져도 행복한 세상

조선시대 그림 중 가장 만화 같은 장면을 그린 「진단타려도陳摶墮驢圖, 나귀에서 떨어지는 진단 선생」는 공재恭齋 윤두서의 작품이다. 나귀를 타고 가던 남자가 땅바닥에 떨어졌는데 표정이 이상하다. 고통으로 인상을 찌푸려야 마땅한데, 그는 실실 웃고 있다. 뒤따르던 시종도 웃고 있다. 놀란 것은 앞서가던 꼬마 시종이다. 덜퍼덕 소리가 나서 뒤돌아보니 상전이 낙상했다. 깜짝 놀란 시동이 손에 든 책보자기를 내팽개치고 뛰어갔다. 그런데 상전이 웃고 있다. 왜 이러시지? 머리를 다치셨나? 어린 시동은 상전의 웃음이 이해되지 않는다. 나귀에서 떨어져 턱에 멍이 들어도 행복하게 웃을 수 있는 선비의 행동에는 어떤 사연이 숨어 있을까.

호가 희이希夷인 진단陳摶, 872~989은 중국 당나라 말에 태어나 오대십국五代十國의 혼란기를 거쳐 송나라 초기까지 살았던 도사道士다. 진단은 「선천도先天圖」를 그렸는데 이것이 나중에 주돈이周敦頤의 「태극도太極圖」가 되어 송대 성리학자들의 상수학象數學이 그에게서 비롯되었다고 할 정도로 뛰어난 재주를 지녔다. 그런 재주꾼이 세상에 나오지 않고 화산華山에 은거하면서 다섯 왕조가 일어섰다 쓰러지는 것을 지켜만 봤다. 그는 한 왕조가 망하고 새 왕조가 일어섰다는 소문을 들을 때마다 마음이 아픈 듯 인상을 썼다.

그런 어느 봄날이었다. 진단이 흰 나귀를 타고 개봉으로 가다 행인에게서 조광윤趙匡胤이 하남성 개봉開封에 송이라는 나라를 세우고 태조가 되었다는 소식을 들었다. 그는 기쁨에 겨워 소리쳤다. "천하가 이제부터 안정되리라!"

佛

윤두서, 「진단타려도」, 비단에 색, 111×68.9cm,
국립중앙박물관 소장

그렇게 박수를 치며 웃다가 타고 가던 나귀에서 굴러 떨어졌다. 천하가 평화를 얻었는데 이까짓 낙상이 문제겠는가. 바닥에 넙죽 미끄러져도 진단의 웃음은 멈추지 않았다. 윤두서의 「진단타려도」는 진단의 터질 듯한 흥분의 순간을 포착한 작품이다. 태평성대가 도래했으니 진단이 다시 인상 쓸 일은 없을 것이다. 진단은 다시 화산으로 들어가 은둔했다. 조광윤이 여러 차례 조서를 내려 진단을 만나려 했으나 모습을 나타내지 않았다.

그림 상단에는 을미년1715 8월仲秋 상순上浣에 숙종肅宗이 지은 어제시御製詩가 적혀 있다.

> 희이 선생 무슨 일로 갑작스레 안장에서 떨어지나 (希夷何事忽鞍徙)
> 취하거나 졸아서가 아니라 특별히 기뻐서라네 (非醉非眠別有喜)
> 협마영에 상서로움 드러나 참된 임금 나셨으니 (夾馬徵祥眞主出)
> 이제부터 천하에는 근심걱정이 없으리라 (從今天下可無悝)

조광윤은 낙양洛陽의 협마영夾馬營이란 군영에서 태어나 절도사가 되었다. 당시 황제는 일곱 살이었는데, 북쪽의 요나라가 쳐들어왔다. 군인들은 어린 황제로는 난국을 타개할 수 없다고 판단해 조광윤이 술에 취해 쓰러져 있을 때 황포를 입혀 황제로 추대했다. 얼떨결에 황제가 된 조광윤은 진단의 판단처럼 중국 역사상 가장 너그러운 군주의 한 사람이 됐다. 정적을 죽이기보다는 포용했고, 사대부의 언론이 마음에 들지 않아도 칼을 뽑지 못하게 했다. 그의 유훈을 받들어 후대의 황제들도 태조의 원칙을 지켜나갈 수 있었다.

진단이 세상을 걱정하다가 조광윤에 의해 송나라로 통일됐다는 소식에 기뻐 나귀에서 떨어진 이야기는 조선시대 선비들에게는 유명한 일화였다. 공재

윤두서도 진단의 이야기를 알고 있었을 것이다. 그가 어떤 의도로「진단타려도」를 제작했는지는 알려져 있지 않다.「진단타려도」는 윤두서가 숙종 임금께 올린 어람御覽용 그림으로 알려져 있지만 진짜 윤두서의 작품인지에 대해서도 의견이 엇갈린다. 사대부였던 윤두서의 작품으로 보기에는 화원의 기교가 두드러지고 장식성이 강해 기량이 뛰어난 화원의 작품일 가능성도 배재하기 힘들기 때문이다.

　작가가 누구든 궁중에 진상하는 그림이니만큼 화려한 청록산수화법靑綠山水畵法으로 그렸다. 먼 산은 청색을, 가까운 산은 녹색을 칠하거나 그 위에 청색을 덧칠하는 것이 청록산수화다.「진단타려도」에서는 바위와 언덕에 청색과 녹색을 연하게 칠한 다음 나무와 바위의 주름진 부분에는 작은 석록의 태점을 찍었다. 그림이 비록 산수를 배경으로 하고 있지만 진단의 이야기가 주제인 만큼 인물이 눈에 들어오도록 공간을 넓게 잡았다. 뒤쪽에 배치된 나무는 아랫부분만 그리고 윗부분을 비워놓았다. 어제시를 염두에 둔 구상임을 알 수 있다.

　진단이 기쁨에 쌓여 나귀에서 떨어지는 것도 모르고 웃는 모습은 석가모니 부처를 만났을 때의 제자들 모습을 연상케 한다. 석가모니 부처의 설법을 들으며 제자들 또한 이렇게 외쳤으리라. "천하가 이제 안정되리라!" 조광윤의 출현이 한 시대를 안정시켰다면 석가모니 부처의 출현은 세세생생 사람들의 마음을 안정시켰다. 2,500년의 세월을 거치는 동안 과거에도 현재도 여전하다. 진리는 그런 것이다.

6
보리수 아래서
마귀의 항복을 받다

외호자

빔비사라 왕,
승가
최고의
외호자가 되다

작자 미상 「지옥초지」
정조 「파초」 「들국화」

"비구들이여, 모든 것이 불타고 있다. 눈이 불타고 있고 눈에 비치는 형상이 불타고 있다. 눈에 의한 인식이 불타고 있고, 눈과 그 대상과의 접촉이 불타고 있다. 무엇으로 불타고 있는가. 탐욕과 분노와 어리석음으로 불타고 있다. 태어나고 늙고 병들고 죽고 걱정하고 슬퍼하는 불길로 타오르고 있다. 귀도, 소리도, 코도, 혀도, 몸도, 마음도, 마음의 대상도 한결같이 맹렬하게 불타고 있다. 번뇌의 불을 끄려면 어떻게 해야 하는가? 눈과 형상과 코와 혀와

작자 미상, 「지옥초지」(부분), 두루마리,
종이에 색, 26×242cm, 12세기,
일본 도쿄 국립박물관 소장

몸과 마음과 접촉하는 모든 것이 하잘것없다고 생각해야 한다. 하잘것없다고 생각하면 집착에서 벗어날 수 있다. 집착에서 벗어나면 해탈할 수 있고, 해탈하면 청정한 수행이 완성된다. 청정한 수행이 완성되면 생존의 밑바닥이 사라지므로 더 이상 윤회의 지배를 받지 않는다는 사실을 알게 된다."

영혼이 불속에서 고통당하는 무간지옥

「지옥초지地獄草地」는 죄인들이 불의 지옥에서 고통받는 장면을 그린 작품이다. 핏빛 같은 불꽃이 화면 가득 이글거린다. 맹렬한 기세로 흔들리는 불꽃은 결코 사그라질 기미가 보이지 않는다. 순식간에 하늘과 땅을 다 태워버릴 것 같다. 섬뜩하다. 주제인 불꽃을 붉게 칠하고 배경을 회색으로 칠한 것도 화마의 끔찍함을 강조하기 위함일 것이다. 세상이 다 타버렸다. 불이 휩쓸고 지나간 자리는 회색빛 폐허만 남는다. 온통 잿더미인가 싶어 바닥을 보니 흐릿하게 움직이는 물체가 보인다. 사람이다. 벌거벗은 사람들이 불꽃 속에서 단말마의 비명을 지르며 울부짖고 있다. 모두 알몸이다. 산 사람이 아니라 죽은 영혼이기 때문이다. 고통을 견디지 못한 영혼이 불을 피해 도망친다. 화가 난 지옥의 사자가 철퇴를 들고 쫓아온다. 어떤 영혼도 무시무시한 지옥의 사자에게서 벗어날 수 없다. 어쩌다 운 좋게 도망친 영혼도 여지없이 붙잡혀 불속에 던져진다. 이곳은 무간無間지옥. 고통의 순간이 한순간도 쉬지 않아 붙여진 이름이다. 불에 타는 듯한 고통은 죽음 이후에만 느낄 수 있는 것이 아니다. 우리가 사는 세상도 곳곳이 불타고 있다. 탐욕과 분노와 어리석음으로.

일본의 헤이안平安, 894~1185 시대 말기부터 가마쿠라鎌倉, 1185~1336 시대 초기까지는 극심한 사회 혼란을 바탕으로 정토 신앙이 유행했다. 승려 겐신源信, 942~1027의 가르침을 따른 승려 호넨法然, 1133~1212은 정토종淨土宗을 창시했고,

佛

작가 미상, 「지옥초지」(부분), 종이에 색,
높이 26.4cm, 12세기 말,
일본 나라 국립박물관 소장

그의 제자 신란親鸞, 1173~1262은 정토진종淨土眞宗을 창시했다. 종파는 다르지만 모두 염불을 강조하고 극락정토에 왕생하기를 발원한 정토종 계열이다. 이런 시대적인 상황을 바탕으로 아미타불이 죽은 자를 극락으로 인도하는 '아미타래영도阿彌陀來迎圖'와 '육도윤회六道輪廻'하는 중생의 모습을 그린 '육도회六道繪'가 수없이 제작되었다. 육도윤회는 사람이 지은 선악의 과보로 지옥, 아귀, 축생, 아수라, 인, 천의 육도를 끝없이 되풀이하면서 고락을 받는다는 사상이다.

육도회 중 「지옥초지」는 중생에게 죽음 이후를 생각해서 착하게 살아야 한다는 경고의 메시지를 전해주는 데 효과적으로 활용되었다. 지옥의 묵시록이다. 『지장경地藏經』에 묘사된 무간지옥은 대지옥이 열여덟 곳, 그다음 지옥이 500곳, 그다음 지옥이 1,100곳이나 될 정도로 수가 많다. 「지옥초지」는 이승에서 지은 죄의 무게에 따라 지옥에서 고통받는 영혼들의 갖가지 모습을 소름 끼치도록 잔인하게 묘사했다. 네 명의 귀신들이 이승에서 간악한 죄를 지은 인간들을 맷돌에 가는 지옥, 사나운 눈빛을 한 수탉이 이승에서 짐승에게 잔혹하게 굴었던 사람들을 갈갈이 찢어 죽이는 지옥, 잔인하게 생긴 새와 짐승이 사람 몸을 쪼아 먹고 뜯어 먹는 지옥 등 수많은 지옥의 모습이 음산하면서도 적나라하게 펼쳐진다. 처참하기 이를 데 없다. 죽음 이후의 세계를 그린 지옥도가 마치 실제 장면을 그린 것처럼 생생하다. 그들이 현실에서 본 모습을 조금 과장되게 그린 것이 지옥의 모습이다. 당시 사회는 지옥과 구분할 수 없을 정도로 불안하고 혼란스러웠다. 걸핏하면 사람 목숨이 날아가는가 하면 짐승들이 버려진 시체를 뜯어 먹는 일도 비일비재했다. 「지옥초지」는 지옥이라는 이름을 빌린 인간 세상의 풍속화나 다름없다. 12세기 일본에서 그려졌지만 어느 시대에나 적용 가능한 현재진행형 '리얼 토크'다. 시공간을 초월해 끝없이 확대 재생산된 지옥의 참상은 인간의 탐욕과 분노, 어리석음이 사라지지 않는 한 앞으로도 계속 전개될 것이다.

부처가 '타오르는 불의 법문'을 들려준 것은 1,000명의 제자를 거느리고 수도인 라자그리하로 가던 길이었다. 부처는 비유의 왕이라 칭송받을 정도로 법문 듣는 사람이 쉽게 이해할 수 있는 비유를 예로 들었다. 그런데 하고많은 비유 중에 왜 하필 불이었을까. 설법을 듣는 상대가 밤낮으로 불을 섬기던 바라문의 수행자였기 때문이다. 카샤파 삼형제와 그를 따르던 1,000명의 제자들이 모두 바라문의 수행자였다. 그들에게 불만큼 친숙한 대상도 없었으리라.

'말'은 '생각이나 뜻을 전달하기 위해 일정한 소리의 체계에 따라 발음기관을 통해 내는 소리'이다. 말하는 사람의 생각이나 뜻이 전달되지 않는 소리는 말이 아니다. 소음일 뿐이다. 상대방을 배려하지 않는 말도 말이 아니다. 일방적인 폭력이다. 유치원생한테는 유치원생이 알아들을 수 있는 순정한 언어를 선택해야 한다. 전문가에게는 전문가 사이에서 통용되는 용어에 대해 일일이 설명해주는 번거로움을 생략해도 좋다. 듣는 사람의 지식 수준은 고려하지 않은 채 아무 데서나 전문 용어를 떠벌리는 것은 무례한 행동이다. 현학적인 허세를 부리기 위한 과시에 불과하다. 부적절한 외국어를 남발하는 것만큼이나 저급한 행동이다. 쉬운 단어를 선택하면 자신의 격이 손상된다고 착각하는 사람들이 있다. 그런 사람은 석가모니 부처께 배워야 한다. 석가모니 부처가 이 우주를 통찰할 수 있는 엄청난 진리를 설명하면서 얼마나 쉬운 단어를 선택했는지를. 석가모니 부처의 가르침을 전달해주는 사람이라면 법문하는 동안 더욱 예민하게 신도들을 관찰해야 한다. 자신이 법문하는 동안 하품하거나 조는 사람이 있다면 그건 순전히 법문하는 사람의 잘못이다. 듣는 사람의 신심이 부족해서가 아니다. 법문하는 사람이 언어 선택을 제대로 하지 못했기 때문이다. 세상에 수준 낮은 사람은 없다. 수준 낮은 강사가 있을 뿐이다. 신심이 절로 우러나는 법문을 듣는데 하품이 나올 리 없다. 허리가 아플 틈이 없다. 석가모니 부처는 당시 최고의 지식인이었던 바라문에서 일자무식인 천민까지, 만나는 사람 모두에게 진리를 가르쳤다. 학식이 높은 사람만 선택한 것이 아니었다. 말은 독백하기 위해 내뱉는 것이 아니다. 시간을 때우기 위한 것도 아니다. 듣는 사람에게 생각이나 뜻을 전달하기 위해 하는 것이다. 기왕이면 제대로 전달해야 한다. 낡은 관념 위에 새로운 생각을 심는 것인 만큼 새싹처럼 푸릇푸릇해야 한다.

빔비사라 왕의 귀의와 죽림정사

드디어 석가모니 부처가 라자그리하에 도착했다. 석가모니 부처는 교외의 야자나무 숲에 있는 묘지에서 머물렀다. 묘지는 일종의 사당과 같은 곳으로 많은 수행자들이 쉬는 장소였다. 마가다국의 빔비사라 왕에게도 석가모니 부처의 소식이 전해졌다. 사문 고타마가 깨달음을 얻어 부처가 되었다는 소식이었다. 빔비사라 왕은 사문 고타마를 처음 만났을 때 한 가지 부탁을 했다. 만약 깨달음을 얻어 부처가 되면 반드시 자기에게 와서 가르침을 내려달라는 부탁이었다. 이제 그 약속을 지킬 때가 됐다. 빔비사라 왕은 크게 기뻐하며 다음과 같이 말했다.

"부처님은 대단히 명성이 높으신 분이다. 세상의 공양을 받아 마땅하신 분, 최고의 깨달음을 얻으신 분, 하늘과 사람의 스승이신 분, 세상에서 가장 존경받는 분이다. 그분이 말씀하신 법은 처음도 좋고 중간도 좋고 끝도 좋으며 모든 말씀에 조리가 있다. 부처님은 원만하면서도 맑고 깨끗한 행실을 드러내신다. 이런 아라한을 뵙는 것은 큰 행운이다."

빔비사라 왕은 나라 안에 있는 수만 명의 신하와 군인, 바라문과 장자 들을 이끌고 석가모니 부처를 방문했다. 그곳에는 석가모니 부처께 예배하는 사람, 인사하는 사람, 합장하는 사람 등 각양각색의 사람들로 붐볐다. 빔비사라 왕은 석가모니 부처를 뵙고 반갑게 예를 올렸다. 그런데 작은 소동이 벌어졌다. 빔비사라 왕과 함께 온 많은 사람이 누가 부처이고 누가 제자인지 헷갈린 것이다. 그들은 나이 든 우루빌바 카샤파는 알고 있었지만 젊은 석가모니 부처는 잘 몰랐다. 석가모니 부처를 처음 본 사람들은 당연히 백 살이 넘은 우루빌바 카샤파가 스승이고 젊은 석가모니 부처가 제자라고 생각했다. 그들의 생각을 알아차린 석가모니 부처는 카샤파에게 불을 섬기는 바라문의 제사를 그만둔 이유를 설명하라고 말했다. 카샤파는 다음과 같이 말했다.

"저는 부처님의 가르침을 듣고 집착에서 벗어난 무소유의 편안함을 느꼈습니다. 그것은 희생을 통해 감각적인 기쁨을 얻는 바라문의 제사에서는 결코 깨달을 수 없는 진리의 세계였습니다."

그런 다음 일어서서 예를 올린 후 석가모니 부처의 발에 머리를 대고 이렇게 말했다.

"세존이야말로 저의 스승이시며 저는 세존의 제자입니다."

그제야 사람들은 누가 스승이고 누가 제자인지 알게 됐다. 석가모니 부처는 빔비사라 왕과 모인 사람들을 위해 보시와 지계 그리고 사성제에 대한 법문을 일러주었다. 석가모니 부처의 법문을 들은 사람들은 모두 기뻐하며 흔연하게 가르침을 받아들였다.

법문을 듣고 난 빔비사라 왕은 다음과 같은 말로 기쁨의 마음을 표현했다.

"나는 일찍이 태자였던 시절에 다섯 가지 소원을 세웠습니다. 첫째는 국왕이 될 것, 둘째는 내 영토에서 부처님이 출현하실 것. 셋째는 그 부처님을 섬기고 받들 것. 넷째는 부처님이 나를 위해 설법을 해주실 것. 다섯째는 내가 부처님의 법을 깨달을 수 있을 것 등이었습니다. 이제 이 다섯 가지 소원은 모두 이루어졌습니다."

그렇게 말한 후 불, 법, 승 삼보에 귀의했다. 이로써 빔비사라 왕은 최초로 왕의 신분으로 불교에 귀의한 사람이 되었다. 이튿날 빔비사라 왕은 석가모니 부처와 비구들에게 식사를 올려 공양했다. 오랜 소원을 이룬 빔비사라 왕은 석가모니 부처가 식사하는 것을 보면서 자신이 석가모니 부처를 위해 무엇을 해줄 수 있을까 고민했다. 그때 번쩍이는 생각이 떠올랐다.

'바로 이거다!'

지금 부처께 가장 필요한 것은 머물 곳이었다. 그곳은 거리에서 멀지도 않고 가깝지도 않아서 다니기 편해야 한다. 가고 싶은 사람이 언제든 갈 수 있고, 낮이나 밤이나 고요해서 속세를 떠나 조용히 명상할 수 있는 장소여야 한다. 빔비사라 왕은 그런 장소를 골라 석가모니 부처와 비구들을 위해 기증했다. 이것이 바로 불교 최초의 정사인 죽림竹林이었다. 그때까지 석가모니 부처는 숲속에 있는 묘에서 설법하며 제자들을 가르쳤다. 석가모니 부처는 빔비사라 왕에게 죽림을 받고 나서 다시 법문을 들려준 후 원래 머물던 묘지로 돌아갔다.

문화의 황금시대를 연 문예 군주, 정조

조선시대의 문예 군주를 꼽으라면 세종과 정조를 들 수 있다. 두 임금이 통치하던 시기에 우리 문화는 가장 풍요롭게 꽃피었다. 학문과 예술, 의학과 과학, 농업 분야에서 놀랄 만한 발전을 이루었다. 통치자가 누구냐에 따라 한 시대의 문화 역량이 결정되는 것은 그만큼 군주의 역할이 중요하기 때문이다. 세종과 정조는 '큰 임금'이란 뜻의 '대왕大王'에 어울릴 만한 빼어난 군주였다.

佛

정조, 「파초」, 종이에 먹, 84.6×51.5,
동국대박물관 소장

세조나 중종 등 다른 왕들은 세조대왕이나 중종대왕이라 부르지 않는다. '대왕'은 세종이나 정조처럼 훌륭하고 뛰어난 업적을 남긴 왕에게만 붙일 수 있다.

세종과 정조는 모두 그림 그리는 사람을 아꼈을 뿐만 아니라 친히 붓을 들어 그림을 그렸다. 『조선왕조실록』에는 세종이 '난죽蘭竹'을 그렸다는 기록이 남아 있다. 그러나 아쉽게도 세종의 진작眞作으로 확인되는 그림은 현재 전해지지 않는다. 물론 그 어떤 그림보다 아름답고 위대한 한글 '훈민정음'이 남아 있기는 하지만 말이다. 다행히 정조의 그림은 두 점이 전한다. 그중 「파초」를 살펴보자.

「파초」는 배경 없는 화면에 파초 한 그루와 괴석을 그린 그림이다. 파초의 몸체와 잎사귀는 모두 뼈대 없이 몰골법으로 그린 것이 특징이다. 파초와 괴석을 그린 심사정과 상고재尙古齋가 모두 구륵법鉤勒法으로 선을 긋고 잎맥을 드러낸 것과는 대조적이다. 파초라는 식물은 나무처럼 단단하지 않고 부드럽다. 수직으로 서 있는 파초의 몸체를 연한 붓질로 묘사한 데서 사물에 대한 예리한 관찰력이 돋보인다. 한 잎사귀에 먹의 농담濃淡을 적절히 활용한 것도 참신하다. 바위 표면은 파초와 달리 거칠거칠한 질감을 살리고자 했다. 무생물인 바위와 어울어져 물기를 빨아들인 파초 잎이 더욱 싱싱하게 느껴지는 산뜻한 작품이다. 「파초」에서 볼 수 있는 붓질과 담묵법은 「들국화」에도 똑같이 적용되었다. 두 작품 모두 왕의 그림이라고는 믿기 어려울 정도로 담백하고 소박하다. 당당하게 '만천명월주인옹萬川明月主人翁, 모든 물에 비친 밝은 달의 주인'이란 호號를 쓴 주인공이 그렸다고 보기에는 너무나 의외일 정도로 얌전하다. 화려함을 과시하기보다는 가슴속의 문기文氣를 표현하고자 한 고아함이 담긴 작품이다.

필자는 커피 마니아다. 주머니 사정이 넉넉하지 않아도 좋은 커피라면 무리하게 사치를 부릴 정도로 가려 마신다. 긴 시간 동안 커피 투어를 하면서

佛

정조, 「들국화」, 종이에 먹, 84.6×51.5,
동국대박물관 소장

한 가지 결론은 좋은 커피일수록 맛과 향이 자극적이지 않다는 것이다. 훌륭한 커피는 원래부터 내 몸이 원하던 음료였다는 착각이 들 정도로 마신 사람에게 순종적이다. 입안에 들어가는 순간 한 치의 간극도 없이 밀착된다. 순하게 섞이면서 자신이 적신 땅의 완강한 적의를 일시에 무장해제시킨다. 명성에 뒤따르는 거만함은 찾아볼 수 없다. 커피를 다 마실 때까지도 그 맛의 정체는 쉽게 가늠되지 않는다. 커피의 진가는 다 마시고 나서야 알 수 있다. 몇 시간이 흘렀는데도 입안에 커피 향이 오롯이 살아 있다. 생명력이 긴 커피다.

형편없는 커피일수록 맛과 향이 강하다. 첫 모금을 들이키는 순간부터 전투적으로 혀를 압박한다. 거만하고 표독스러워 차분하게 음미할 시간을 전혀 허락하지 않는다. 모질고 야만스럽다. 본능적으로 외면하는 거부감을 무너뜨리기 위해 우유니 캐러멜이니 하는 달콤한 속임수를 동원한다. 그 달콤함에 취해 홀짝홀짝 마시지만 시간이 지날수록 기분이 상한다. 마음을 가라앉히기 위해 마신 커피인데 마시고 나면 오히려 마음이 헝클어진다. 기분 나쁜 커피의 전형적인 예이다. 좋은 커피는 원두가 결정한다. 본질이 중요하다. 첨가물은 혀 속임일 뿐이다. 본질이 좋으면 혀를 속이는 첨가물이 필요하지 않듯 좋은 그림도 굳이 화려한 색을 필요로 하지 않는다. 먹 하나만으로 다양한 울림을 주는 여러 층의 색을 보여줄 수 있다. 정조의 「파초」가 그러하다.

그 자신이 예술가였으며, 예술을 사랑했던 정조의 관심 덕분에 조선 후기에는 어느 때보다도 찬란한 문화가 꽃필 수 있었다. 정조가 문화 군주였다면 빔비사라 왕은 불교를 보호하고 전파하는 데 큰 도움을 준 왕이었다. 빔비사라 왕 같은 사람을 우리는 '불교 외호 세력'이라 부른다. 위대한 종교나 사상이 성장하기 위해서는 그것을 지지해주는 조력자가 필요하다. 불교도 마찬가지이다. 아무리 위대한 가르침이라 해도 빔비사라 왕 같은 외호 세력이 없었다면 불교는 결코 세계종교로 발전하지 못했을 것이다. 빔비사라 왕이 제공한 죽림정사는 석가모니 부처의 위대한 제자들이 귀의한 곳이다. 지혜제일로 불리는 사리붓다와 신통제일로 불리는 목련이 석가모니 부처의 제자가 된 곳이고 '위대한 가섭'이라 불리는 '마하가섭'이 귀의한 곳이다. 석가모니 부처와 이들 제자와의 아름다운 만남의 시간이 얼마 남지 않았다.

녹원전법상

7
녹야원에서 포교하다

鹿苑轉法相

7 녹야원에서 포교하다

세 제자

큰
제자와
만나다

작자 미상 「모란 병풍」

세상에는 많은 즐거움이 있다. 먹는 즐거움, 자는 즐거움, 멋진 옷을 차려입는 즐거움 등 삶의 기본적인 욕구에서 비롯된 즐거움이 있다. 누군가를 만나 이야기하고 교감하고 친교를 맺는 사회적 즐거움도 빠질 수 없다. 자신의 존재를 확인할 수 있는 일에서의 성취감과 취미생활도 중요한 즐거움이다. 돈을 벌고 명예를 얻고 권력을 쥐는 즐거움도 매우 크다. 보통 사람이라면 이 정도 즐거움이 보편적일 것이다. 현인賢人이나 철학자들은 어떻게 생각했을까.

『맹자』「진심」편에는 '군자삼락君子三樂'이 나온다. 군자의 세 가지 즐거움이란 뜻이다. 첫째는 부모가 모두 살아 계시고, 형제가 무탈한 것이요, 둘째는 하늘을 우러러 부끄럽지 아니하고, 굽어 남에게 부끄럽지 않는 것이요, 셋째는 천하의 영재英才를 얻어 이를 교육하는 것이다. 맹자는 "천하의 왕 노릇하는 것은 여기에 포함되지 않는다"라고 단호하게 결론을 내린다. 맹자가 말한 즐거움은 너무나 평범하다. 하나마나한 소리를 들을 것 같다. 매혹당할 특별함이 전혀 없어 평소 생각해본 적도 없는 내용이다. 그 즐거움이 왕이 되는 것보다 더 값지단다.

'군자삼락'은 젊어서는 결코 느낄 수 없는 즐거움이다. 나이 들면 안다. 맹자의 말이 얼마나 울림이 큰 진리인가를. 아마 맹자도 이 이야기를 했을 때는 상당히 나이가 들어서였을 것이다. 모든 진리가 다 그렇다. 사람은 항상 너무 늦게 깨닫는다. 즐거울 때는 그게 즐거움인 줄도 모르고 무심히 보내버리고는 지나고 나서야 바닥을 친다. 물론 사람에 따라 다를 수도 있다. 공자는 세 부류의 사람에 대해 이야기했다. "태어나면서부터 아는 사람"과 "배워서 아는 사람" 그리고 "곤란을 겪고 나서 아는 사람"이다. 거기까지 가서도 알지 못하는 사람은? 답이 없다. 깨우칠 때까지 계속 곤란을 겪을 수밖에 없다. 사람이 똑같은 문제로 거듭 넘어지는 이유다.

'삼락' 중 세 번째인 '영재를 얻어 가르치는 즐거움'은 가르치는 입장에 있는 사람이라면 누구나 공감하는 사항이다. 강의를 할 때 눈을 반짝거리며 열심히 들어주는 제자가 있다면 강의 준비하느라 힘들었던 고단함은 순식간에 잊어버리고, 뿌듯함과 벅찬 보람을 느낄 것이다. 제자의 공부가 깊어져 스승의 수준을 넘볼 단계가 되면 스승은 자신보다 키가 커진 자식을 바라보듯 흐뭇해진다. 이윽고 제자가 자신의 경지를 뛰어넘었을 때, 스승은 이제 더 이상

바랄 것이 없을 정도로 넉넉해진다. 이름 없는 시골 학교의 평교사로 정년퇴직을 한다 해도 여한이 없다. 이런 영재를 기르는 데 한 부조했으니 그것으로 의미 있는 인생이다. 오늘도 많은 스승이 그런 희망을 품고 교단에 선다.

큰 제자, 사리붓다와 목련 그리고 가섭

석가모니 부처도 훌륭한 제자를 얻었을 때 무척 기뻐했다. 사리붓다와 목련 그리고 마하가섭을 만났을 때 석가모니 부처의 반응이 어떠했는지를 살펴보면 영재를 얻은 스승의 마음을 이해할 수 있을 것이다.

사리붓다와 목련은 어렸을 때부터 친구였다. 각각 다른 집안에서 같은 날 태어난 그들은 아무런 부족함을 느끼지 못하고 자랐다. 사리붓다는 커가면서 인생에 대한 의문을 느꼈다. 역시 같은 문제로 고민하던 목련과 함께 산자야의 제자가 되었다. 산자야는 육사외도 중 한 사람으로 회의론자였는데 500명의 제자를 거느리고 있었다. 사리붓다는 비록 산자야의 제자였으나 그의 가르침만으로는 만족할 수 없었다. 그래서 목련과 함께 한 가지 약속을 했다. 누구든 먼저 참된 스승을 만나면 서로에게 알려주자는 약속이었다.

그런 어느 날 사리붓다는 탁발 나온 앗사지의 범상치 않은 모습을 보고 그의 스승이 누구이며 어떤 가르침을 받았는지 물었다. 앗사지는 사리붓다에게 부처가 스승이라는 것과 연기설緣起說을 이야기했다. 연기설을 듣고 지혜의 눈이 열린 사리붓다는 그 길로 목련에게 달려가 기쁜 소식을 전해주었다. 두 사람은 석가모니 부처를 찾아가기로 결심하고 스승 산자야에게도 함께 가자고 권했다. 그러나 산자야는 거절했고, 대신 그를 따르던 제자 250명이 사리붓다와 목련을 따라 죽림정사로 향했다.

그때 석가모니 부처는 많은 사람들에게 설법을 하고 있었는데, 멀리서 사리붓다와 목련이 한 무리의 사문들을 데리고 오는 것을 보고 이렇게 말했다.

"비구들이여, 두 친구가 온다. 두 사람은 나의 큰 제자가 될 것이다."

이렇게 해서 사리붓다와 목련을 따라온 250명이 모두 석가모니 부처의 제자가 되어 아라한과를 얻었다. 이제 석가모니 부처의 제자는 기존의 1,000명에 250명이 더해졌다. 여러 경전에서 석가모니 부처의 제자를 1,250명이라 하는 유래가 여기에 있다.

석가모니 부처가 마하가섭이라는 제자를 만난 사건은 더욱 극적이다. 마하가섭은 출가 전에 핏파리라 불렸다. 핏파리는 마가다국의 바라문 마을에서 부유하게 태어났다. 핏파리가 스무 살이 되자 부모는 며느리를 맞아들이려고 했다. 핏파리는 출가할 계획이었기 때문에 결혼에는 뜻이 없었다. 그는 부모님의 뜻을 단호히 거절했다. 거듭되는 부모님의 성화에 못이긴 핏파리는 한 가지 꾀를 냈다. 아름다운 황금 여인상을 만들어 부모님께 보여드리며, 이런 여자라면 결혼하겠다고 했다. 그런데 예기치 않은 일이 발생했다. 부모의 이야기를 들은 바라문이 수소문 끝에 마가다국의 거리에서 황금 여인상과 비슷한 아가씨를 찾아낸 것이다. 코샤 집안의 바드라 카필라니라는 아가씨였다. 할 말을 잃은 핏파리는 어쩔 수 없이 결혼식을 치렀다. 두 사람은 부모님의 성화로 부부가 되었지만 몇 해 동안을 부부의 정을 나누지 않고 수도자처럼 살았다. 세속 생활을 '불난 초가'처럼 생각했다. 이윽고 부모님이 돌아가셨다. 두 사람은 가진 재산을 전부 노예들에게 나눠주고, 수도자가 되기 위해 길을 나섰다. 함께 길을 가던 두 사람은 출가자가 같은 길을 가는 것이 옳지 않다 여겨 오른쪽과 왼쪽으로 헤어져 길을 갔다. 왼쪽 길로 들어선 바드라는 기원정사 근처의 동산에서 다른 수행자들과 함께 수행했다. 오른쪽 길로 들어선 핏파리는 마가다국 수도 라자그리하를 향해 걸어갔다.

그때 석가모니 부처는 죽림정사에 머물렀는데, 갑자기 지진이 발생한 것을 느꼈다. 부처의 눈으로 살펴보니 핏파리와 바드라가 굳은 결심을 하고 헤어져서 다른 길을 걷고 있는 것이 보였다. 석가모니 부처는 아무에게도 알리지 않고 죽림정사를 나왔다. 핏파리가 지나갈 거리의 나무 밑에 앉아 제자를 기다렸다. 석가모니 부처는 이때만큼은 탁발하러 나갈 때의 평범한 모습이 아닌 여래의 존귀한 모습으로 앉아 있었다. 이윽고 핏파리가 나타났다. 핏파리는 석가모니 부처를 보고 한눈에 자기가 찾는 스승이라는 것을 알았다. 핏파리는 석가모니 부처께 엎드려 머리를 발에 대고 예배했다. 석가모니 부처는 핏파리를 옆자리에 앉게 한 다음 그를 위해 진리를 설했다. 오랫동안 진리에 목말라 있던 핏파리는 짧은 시간에 석가모니 부처의 말을 모두 이해했다. 핏파리는 석가모니 부처의 제자가 된 지 여드레째 되는 날 아라한이 되었다. 석가모니 부처는 핏파리를 가섭이라 불렀다. 한편 기원정사 근처에서 수행하던 바드라는 5년쯤 지나 부처의 양어머니인 마하프라자파티를 따라 여승이 되었다.

가섭이 석가모니 부처의 제자가 되어 라자그리하로 돌아오던 길이었다. 석가모니 부처가 나무 아래 앉으려고 하자 마하가섭이 자신의 겉옷을 벗어 네 번 접은 뒤 그 위에 앉게 했다. 석가모니 부처는 마하가섭의 옷을 손으로 만지며 옷이 부드럽고 좋다고 칭찬했다. 마하가섭은 그 옷을 석가모니 부처께 주고 싶다고 말했다. 대신 자신에게는 석가모니 부처가 입고 있던 낡은 분소의를 달라고 청했다. 분소의는 무덤 같은 데 버려진 헝겊 조각으로 만든 누더기로 청빈한 수행자의 옷을 일컫는다. 수행자가 탐심貪心을 여의고 검소함을 닦기 위해 입는 '법의法衣'이다.

마하가섭이 석가모니 부처를 처음 만난 자리에서 석가모니 부처의 누더기 옷을 물려받았다는 이야기 속에는 중요한 종교적 의미가 내포되어 있다. 마

작자 미상, 「모란도 10곡병」, 비단에 색, 194×580cm, 18세기, 국립중앙박물관 소장

7
녹야원에서
포교하다

하가섭은 평생을 스스로에게 엄격하고 검소하며 청빈한 삶을 살았다. 편안한 집에서 사는 대신 거친 산과 들에서 잤다. 바리때에 들어 있는 음식 외에는 먹지 않았다. 걸친 것은 다 떨어진 누더기 옷이었다. 분소의에 맞는 사람의 모습이다. 그러나 분소의를 입은 마하가섭의 내면에는 그 어떤 사람보다 높은 덕이 자리하고 있었다. 흔히 스승이 후계자를 정할 때 '의발을 물려준다'는 표현을 쓴다. 마하가섭이 석가모니 부처의 분소의를 받은 것이 그에 해당된다. 그 옷이 아무리 낡고 떨어진 옷이라도 상관없다. 스승님의 뜻이 제자에게 전해졌음을 의미하는 상징이라는 것이 더 중요하다. 마하가섭이 석가모니 부처의 수제자였음은 만남에서부터 특별하다. 석가모니 부처는 마하가섭을 처음 만날 때 직접 나가 맞아들이고 며칠을 같이 지냈다. 예외 없는 일이었다. 사리붓다와 목련은 물론 다른 제자들을 처음 만날 때도 그런 일은 없었다. 이미 전생에서부터 스승과 제자 사이였음을 알 수 있다. 종교적인 신비성이 아니면 이해할 수 없는 만남이다. 마하가섭은 석가모니 부처가 살아 있을 때도 석가모니 부처를 대신할 정도의 큰 인물이었다. 마하가섭은 '위대한 가섭'이라는 뜻이다.

　석가모니 부처가 세 명의 제자를 만난 일은 모두 죽림정사에 머물 때였다. 스승과 제자가 만날 수 있는 장소를 마련해준 빔비사라 왕의 역할이 얼마나 중요한지 새삼 확인할 수 있는 일이다.

백인백색의 모란꽃

　10폭 병풍 가득 모란이 피었다. 모란牧丹은 '꽃의 왕花王'이라 불릴 만큼 많은 사람들의 사랑을 받았다. 결혼식이나 환갑잔치 등 경사스런 날에는 항상 모란 병풍을 둘러쳤다. 모란은 늦은 봄날 천지를 화려하게 수놓는다. 주먹 만한

7
녹야원에서 포교하다

꽃송이들이 겁도 없이 세상에 불쑥 튀어나온 모습을 보면 왜 사람들이 모란을 사랑하는지 쉽게 이해할 수 있다. 풍성한 꽃들이 함박웃음을 지으며 안기는데 남루한 슬픔에 빠져 있을 사람이 어디 있겠는가. 색 또한 흠잡을 데 없이 환하다. 붉은색, 분홍색, 흰색, 황금색의 꽃이 고혹적으로 피어난다. 모란꽃은 성격도 화끈하다. 우르르 피었다 우르르 떨어진다. 꽃에게 허락된 시간만큼만 살다 갈 뿐 허락되지 않는 시간에 대해서는 미련을 갖지 않는다. 제 몫의 인생을 다 살고서도 더 살기 위해 이승 앞에서 어슬렁거리는 사람이라면 모란에게 배워야 한다. 떠나갈 때가 언제인가를 알고 있는 이의 뒷모습이 얼마나 아름다운지를. 피어 있을 때도 떠나갈 때도 아름다운 꽃 모란은 그래서 부귀와 고귀함의 상징이 되었다.

「모란도 10곡병」은 여러 색으로 활짝 핀 모란을 10폭 가득 그렸다. 여기서 10폭으로 나누어진 병풍은 큰 의미가 없다. 그저 많은 모란을 그릴 공간이 필요해서 여러 폭이 덧붙여졌을 뿐이다. 그런데「괴석모란도 8곡병」은 조금 다르다. 8폭 모두 같은 형식의 모란을 그렸지만 각 폭의 모란은 이웃한 모란과 섞이지 않는다. 독립적이다.

조선시대 궁중에서 사용한 모란 병풍은 두 가지 형식으로 분류할 수 있다. 첫 번째는 하나의 주제를 각 폭의 구분 없이 병풍 전체에 연속적으로 그리는 형식이다.「모란도 10곡병」이 대표적인 예로 10폭의 경계를 뛰어넘어 모란이라는 한 가지 주제가 넓은 화면에 펼쳐진다. 이런 형식을 연폭連幅 형식 혹은 왜장병풍倭裝屛風 형식이라 부른다. 두 번째는 각 폭마다 다른 주제를 그리는 형식이다.「괴석모란도 8곡병」이 대표적인 예로 각 폭을 모두 독립적인 주제로 그렸다. 이런 형식을 각폭各幅 형식 혹은 각장병풍各裝屛風 형식이라 부른다.「괴석모란도 8곡병」에서는 같은 그림이 번갈아 등장했지만 8폭이 모두 다른

작자 미상, 「괴석모란도 8곡병」, 비단에 색, 각231×54.5cm, 19세기, 서울역사박물관 소장

7
녹야원에서
포교하다

그림으로 채워질 때도 있다.

　연폭 형식으로 된 「모란도 10곡병」이 마치 실제 자연 속에 핀 꽃을 그린 듯 사실적이라면 각폭 형식으로 된 「괴석모란도 8곡병」은 두 가지 패턴의 모란 그림을 반복해서 배열하여 사실성이 떨어진다. 인위적이며 도식적이다. 그러나 동일한 형식의 모란을 반복적으로 수직 배치함으로써 깔끔하게 정리된 듯한 질서정연함이 느껴진다. 모란 병풍은 궁중에서 의식과 의례가 행해지는 장소에는 빠짐없이 사용되었다. 화조 병풍이나 십장생 병풍 등이 가례나 길례 등 경사스런 장소에서만 사용되었다면 모란 병풍은 국상을 당했을 때의 흉례 때도 두루 쓰였다. 격식이 필요한 곳이면 어디든 모란 병풍이 있었다.

　연폭으로 그렸거나 각폭으로 그렸거나 상서로움을 담은 모란의 의미는 훌륭하게 반영되었다. 어떤 형식으로 그렸더라도 모란은 모란이다. 모란의 특징과 상징성이 잘 전달되었으면 충분하다. 백인백색의 개성을 가진 석가모니 부처의 제자들도 병풍 속에 펼쳐진 탐스러운 모란꽃이다. 10폭 병풍에 여러 빛깔의 모란꽃이 주렁주렁 달려 있듯 석가모니 부처의 제자들도 여기저기서 몰려들었다. 그들은 저마다 붉은색, 분홍색, 노란색, 하얀색 등 자신만의 색으로 빛난다. 모란꽃이 비록 색깔이 다르더라도 모두 작약과에 속하는 낙엽관목이라는 점에서는 똑같듯 제자들 또한 석가모니 부처의 가르침을 따른다는 점에서는 똑같다. 번뇌를 없애고 검소한 생활을 택한 두타제일頭陀第一의 꽃 마하가섭, 부처의 법문을 가장 많이 듣고 기억한 다문제일多聞第一의 꽃 아난존자, 지혜가 가장 뛰어난 지혜제일智慧第一의 꽃 사리불존자, 공空의 이치를 가장 정확히 분별한 해공제일解空第一의 꽃 수보리존자, 부처의 법을 가장 조리 있게 가르쳐준 설법제일說法第一의 꽃 부루나존자, 신통력이 뛰어난 신통제일神通第一의 꽃 목련존자, 교의에 대한 논의가 가장 뛰어난 논의제일論議第一의 꽃 가전

련존자, 육신의 눈은 멀었으나 마음의 눈이 열려 천상 세계를 잘 본 천안제일 天眼第一의 꽃 아나율존자, 계율을 지키는 데 타의 모범이 된 지계제일 持戒第一의 꽃 우바리존자, 남의 눈에 띄지 않게 배운 바를 실천한 밀행제일 密行第一의 꽃 라훌라존자. 이 열 송이의 꽃을 부처의 10대 제자라 부른다. 조금 지나면 여기에 다른 색깔의 꽃이 더해질 것이다. 어디 그뿐인가. 모란은 아니더라도 수닷타 장자, 제타 태자 같은 다른 종류의 꽃과 나무도 석가모니 부처의 품 안에서 화려한 꽃을 피울 것이다. 이미 빔비사라 왕의 꽃은 만개했다. 우리는 그들을 '재가신자'라 부른다.

수닷타 장자와 제타 태자

선각자들의 빛나는 협상

정선 「초당춘수」 김정희 「세한도」

"스님, 거기서 뭐하십니까?"
"중생들에게 먹을 것을 주고 있네."
"먹을 것이라니요?"
"모기와 벌레들에게 내 몸과 피를 먹이고 있다네."

신라 말이었다. 더벅머리 청년이 강릉으로 가기 위해 대관령 고개를 넘어가는 길이었다. 길가 숲속에 한 노스님이 발가벗고 앉아 있는 것을 보고 괴이하

7
녹야원에서 포교하다

게 생각해 그 까닭을 물었다. 뜻밖의 대답에 크게 감동한 청년은 스님을 따라 오대산 월정사로 입산했다. 모기와 벌레들에게 보시를 행한 노스님은 구산선문九山禪門, 신라 말 고려 초에 선종을 일으킨 아홉 갈래의 대표적 승려 집단 중 하나인 성주산문聖住山門, 통일신라 말 무염 선사가 충남 보령시 성주사에서 개창한 산문을 일으킨 무염無染 선사였다.

무염선사는 자신을 따라온 청년이 어느 정도의 그릇인지 시험을 해보기로 했다.

"행자야, 수행은 밥을 먹으면서 해야 한다. 밥을 지어야 하니 솥을 걸어라."

청년은 하루 종일 정성을 다해 솥을 걸었다. 이만하면 흡족하다 싶었다. 해거름이 되자 무염선사가 돌아왔다. 그런데 솥 걸어놓은 것을 본 무염선사가 갑자기 호통을 치며 솥을 걷어차버렸다.

"네 이놈, 이걸 솥이라고 걸었느냐? 이래가지고 어떻게 밥값을 하겠느냐? 다시 걸어라!"

다음 날 아침, 청년은 날이 새자마자 곧바로 일어나 솥을 다시 걸기 시작했다. 땀을 뻘뻘 흘려가며 성심성의껏 걸었다. 그러나 무염선사는 이번에도 역시 불같이 화를 내며 꾸중만 했다. 다음 날도 그다음 날도 역시 마찬가지였다. 드디어 아홉 번째 솥을 걸었을 때였다. 그때까지 계속 야단만 치던 무염선사가 흐뭇한 표정으로 이렇게 말했다.

"흐음, 네놈이 조금 쓸 만하구나."

청년은 멀쩡하게 잘 걸려 있는 무쇠 솥을 아홉 번씩이나 트집을 잡아 새로 걸게 해도 조금도 불평하지 않고 스승의 뜻을 받들었다. 그에게는 '구정九鼎'이란 별명이 붙었다. 구정선사는 문자를 모르는 완전 까막눈이었다. 다른 행자들처럼 경전을 읽거나 염송할 수가 없었다. 까막눈 구정이 무염선사에게 물었다.

"어떤 것이 부처입니까?"

정선, 「초당춘수」, 비단에 연한 색, 28.8 × 21.5cm, 왜관수도원 소장

"즉심則心이 부처이니라."

워낙 무식했던 구정의 귀에는 '즉심이 부처'라는 말이 '짚신이 부처'로 들렸다. '짚신이 부처'라니, 의아했지만 워낙 스승에 대한 존경심이 깊었기 때문에 그 말을 그대로 받아들였다. 구정선사는 자나 깨나 '짚신이 부처'라는 가르침을 화두 삼아 의정疑情, 의심을 일으켰다. 몇 달이 지난 어느 날 구정선사가 산에 나무하러 가서 깊은 삼매에 들었다. 그때 홀연히 불어오는 바람에 지게가 넘어지면서 들고 있던 짚신의 끈이 걸려 뚝 끊어졌다. 그 순간 구정선사는 확철대오廓徹大悟, 철저하게 크게 깨달음했다. 많은 지식보다 한결같은 믿음과 정성이 중요하다는 것을 가르쳐주는 일화다.

제갈량을 얻기 위해 '삼고초려'한 유비

이런 이야기는 불가佛家에서뿐 아니라 소설에서도 찾아볼 수 있다. 『삼국지三國志』에는 유비劉備가 제갈량諸葛亮을 얻기 위해 초당草堂으로 세 번 찾아갔다는 '삼고초려三顧草廬'의 내용이 나온다. '삼고초려'는 『삼국지』의 인기와 더불어 조선시대에 널리 퍼졌다. 그 인기를 반영하듯 정선은 붓을 들어 '삼고초려' 이야기를 「초당춘수草堂春睡, 초당의 봄 잠」라는 제목으로 그렸다.

때는 바야흐로 늦은 봄. 콸콸 흐르는 계곡물이 시원하게 느껴질 정도로 따뜻한 오후다. 초당에서 제갈량이 솔바람 소리와 댓바람 소리를 휘젓고 달려오는 봄바람에 취해 혼곤한 낮잠에 빠져 있다. 제갈량은 베개를 높이 돋우고 팔을 베고 자는데 이불은 덮지 않았다. 연한 더위가 느껴진다. 더불어 그의 낮잠이 진짜 졸려서 자는 잠이 아니라는 것을 의미한다. 사립문 안에서는 학이 거닌다. 학은 속세의 명리를 떠난 은사隱士의 거처를 암시할 때 등장하는 새다. 사립문 밖에서는 유비가 동자를 상대로 간곡한 만남을 청한다. 벌써 세 번째 걸음이다. 올 때마다 주인은 매번 잠에 빠져 있다. 아침에 와도, 오후에 와도 잠을 자고 있다. 사람이 어떻게 허구한 날 잠만 자나. 이것은 분명 잠을 핑계로 찾아온 사람을 거절하는 것이리라.

그것을 모를 리 없는 유비는 불평 한 마디 없이 거듭 면담을 청한다. 유비는 나잇살이나 먹은 사람이 새파란 젊은이에게 고개를 수그리는 것을 괘념치 않았다. 그의 가슴속에는 무너져가는 한漢나라를 다시 일으키고자 하는 큰 뜻이 담겨 있었기 때문이다. 그러기 위해서는 유능한 책사가 필요했다. 제갈량만 얻을 수 있다면 이보다 더한 수고도 마다하지 않을 것이다. 결국 제갈량은 유비의 사람이 됐다. 제갈량은 세 번의 거절로 자신이 섬겨야 할 군주를 시험해본 다음 '이 사람이다' 싶은 확신이 들자 한결같은 마음으로 군주를 섬겼다. 사람을 아끼는 유비의 정성에 마음을 열었다.

제타 태자를 움직인 수닷타 장자

"저 동산을 저에게 파십시오."

"팔지 않겠소."

"저에게 꼭 필요한 곳이니 부탁드립니다."

"글쎄, 싫다지 않소."

"어떤 조건이면 파시겠습니까?"

"동산에 황금을 깔아놓는다면 몰라도 그 전에는 팔지 않겠소."

프라세나지트 왕의 태자 제타의 말을 듣자마자 수닷타 장자는 마차에 가득 황금을 싣고 와서 바닥에 가지런히 깔기 시작했다. 놀란 것은 제타 태자였다. 도대체 동산을 무엇에 쓰려고 저토록 탐을 내는 걸까. 제타 태자가 수닷타 장자를 다시 만났다. 그에게 물었다.

"무슨 이유로 이 동산을 사려고 하는 것이오?"

"저는 이곳에 부처님을 위한 승방을 세우려고 합니다."

제타 태자는 다시 한 번 놀랐다. 부처님이 이렇게도 위대한 분이셨단 말인가. 빈 말로 던진 말을 구실 삼아서라도 좋은 장소에 모시고 싶을 만큼 그렇게도 훌륭하고 보배로운 분이셨단 말인가. 제타 태자는 수닷타 장자의 순수한 믿음에 가슴이 뭉클했다. 진심에 감동해 마음을 연 제타 태자는 수닷타 장자에게 이렇게 제안했다.

"이 동산을 당신에게 드리겠소. 그러나 입구의 빈터만은 내게 돌려주시오. 나도 부처님께 선물을 하고 싶소."

수닷타 장자는 제타 태자의 제안을 받아들였다. 두 사람은 그 땅에 번듯하게 정사를 짓고 승방과 식당 등 필요한 건물을 우뚝 세웠다. 이 승원이 기수급고독원祇樹給孤獨園, 줄여서 기원정사다. 수닷타 장자는 평소에 의지할 데 없는 가엾은 사람들을 구제해왔다. 그래서 수닷타라는 본명 대신 '아나타 핀디카 의지할데없는자먹을것을주다'라는 이름으로 더 많이 알려졌다. '아나타 핀디카'를 한문으로 번역하면 '급고독給孤獨'이다. 제타 태자는 '기타祇陀'다. '기수급고독원'은 기타 태자와 급고독 장자가 합작으로 만든 승원이란 의미다. 수닷타 장자는 불교에서 재가신자를 이야기할 때 빼놓을 수 없는 중요한 인물이다.

그렇다면 수닷타 장자는 어떻게 해서 이런 믿음을 갖게 되었을까. 수닷타 장자는 장사꾼이었다. 장사를 하되 구멍가게 주인이 아니라 지금의 재벌 회장쯤 되는 큰 장사꾼이었다. 그가 부처의 제자가 된 것은 집안 배경 때문이었다. 그는 코살라국 사람이었는데 마가다국에 사는 큰 부자의 누이동생을 아내로 맞아들여 장사 차 라자그리하를 자주 방문했다. 그런 어느 날이었다. 오랜만에 처갓집에 갔는데 반갑게 맞아줘야 할 처남이 정신없이 바쁜지 본체만

채했다. 수닷타 장자는 처남의 태도가 한편으로는 서운하고 한편으로는 궁금해서 그 이유를 물었다. 처남이 대답했다.

"나는 큰 공양을 준비하고 있네. 내일 부처님과 스님들을 우리 집에 초대해 공양을 올리기로 했거든."

"부처님이라고요?"

"그렇다네. 부처님."

"부처님이…… 이 도시에 계신다는 말씀입니까?"

코살라국 출신인 수닷타 장자는 부처가 세상에 출현하셨다는 이야기를 처음 들었다. 부처가 존귀한 분이라는 사실은 알고 있었지만 자신이 살고 있는 시대에 출현하시리라고는 생각하지 못했다. 내일이면 부처를 직접 볼 수 있다는 뜻이 아닌가. 처남과 헤어져 거처에 돌아온 수닷타 장자는 흥분과 설렘으로 밤이 되어도 잠을 이룰 수가 없었다.

'어서 날이 밝았으면……'

계속 뒤척거리며 잠을 청했지만 정신은 더욱 맑아졌다. 새벽녘에 수닷타 장자는 거리로 나왔다. 한참 걷다 보니 묘지였다. 그때 석가모니 부처는 아침 일찍 일어나 조용히 거닐고 있었다. 묘지는 예로부터 수행자들이 수행처로 삼던 곳이었다. 수닷타 장자가 묘지에 이르자 석가모니 부처가 말했다.

"어서 오너라. 수닷타여."

수닷타 장자는 석가모니 부처가 자신의 이름을 부르자 기뻐서 석가모니 부처의 발밑에 엎드려 예배했다. 석가모니 부처는 수닷타 장자를 위해 보시와 지계에 대해 설법했다. 수닷타 장자는 석가모니 부처의 가르침을 깊이 이해했다. 이어 사성제에 대해서도 설법했다. 수닷타 장자는 고집멸도의 사성제도 정확히 이해하고 깨달았다. 석가모니 부처의 가르침으로 큰 기쁨을 얻은 수

7
녹야원에서 포교하다

닷타 장자는 삼보에 귀의하고 평생 동안 석가모니 부처의 법과 교단을 위해 일할 것을 서약했다. 그리고 다음 날 아침식사에 석가모니 부처와 스님들을 초대했다. 그는 처남의 집에서 손수 식사 준비를 해서 석가모니 부처와 스님들을 맞이했다.

얼마 뒤, 수닷타 장자는 마가다국을 떠나 코살라국에 있는 자신의 집으로 돌아가게 되었다. 가는 동안 만나는 사람마다 석가모니 부처가 이 세상에 출현한 이야기를 들려주었고, 승원과 정사를 세워 석가모니 부처를 맞이할 준비를 하자고 독려했다. 여러 사람들이 수닷타 장자의 말을 듣고 석가모니 부처를 맞이할 준비를 했다. 그가 제타 태자의 동산을 사려고 했던 것은 오랫동안 좋은 장소를 물색한 끝에 내린 결론이었다. 제타 태자의 동산은 시내에서 그리 멀지도 가깝지도 않았다. 조용하면서도 이동하는 데 전혀 불편함이 없이 적당한 거리에 위치해 있었다. 수닷타 태자와 제타 태자의 결단으로 기원정사는 지금까지도 많은 사람들이 기억하는 역사적인 장소가 되었다.

손재형의 집념으로 되찾은 「세한도」

"우선藕船! 이것을 감상해보게是賞."

추사秋史 김정희金正喜, 1786~1856의 「세한도歲寒圖」는 이렇게 시작된다. 그림 중앙에는 나지막한 초가집이 한 채 세워져 있고 양쪽에는 두 그루씩 나무가 서 있다. 초가 오른쪽에는 늙은 소나무가 한참 물이 오른 싱싱한 소나무에 기댄 듯이 서 있다. 초가 왼쪽에 서 있는 두 그루 잣나무는 오른쪽에 있는 나무와 균형을 맞추기 위해 그려 넣은 듯하다.

이 그림의 출처는 『논어』 「자한子罕」 편이다. 공자가 말하기를 "날이 추워진 뒤에야 소나무와 잣나무가 늦게 시든다는 것을 안다"는 내용이다. 모든 나무

김정희, 「세한도」(부분), 종이에 먹, 24.7×108.2cm, 1844, 국보 제180호, 개인 소장

7
녹야원에서
포교하다

들이 싱싱하게 푸른빛을 자랑하는 한여름에는 알 수 없다. 어떤 나무가 추위 속에서도 여전히 푸른빛을 간직할 수 있는지를. 한겨울 추위가 몰아쳐봐야 진짜와 가짜를 구분할 수 있다.

소나무와 잣나무의 비유는 중의법重意法이다. 인간 세태에 대한 풍자다. 권세 있는 사람이 잘나갈 때는 마치 입안의 혀처럼 굴다가도, 권세를 잃으면 언제 알았냐는 듯 외면하는 염량세태에 대한 비판이다. 남의 일이 아니라 김정희 자신의 일이었다. 명문가에서 태어나 승승장구하던 김정희가 제주도로 유배를 갔다. 그러자 예전에 알고 있던 사람들이 본색을 드러냈다. 평생을 함께할 것 같던 사람이 외면하는가 하면 무덤덤했던 사람이 오히려 걱정해주고 위로해줬다. 빨리 시든 나무와 늦게 시든 나무는 사람 사이에도 자라고 있었다. 그런데 제자 우선 이상적李尙迪, 1804~65은 소나무와 전나무처럼 변함없는 사람이었다. 「세한도」는 그런 제자에 대한 감사와 고마움을 담아 그린 스승의 마음이다.

"이 그림을 저에게 파십시오."

"팔지 않겠소."

"돈은 원하는 대로 다 드릴 테니 이 그림을 꼭 저한테 파십시오."

"글쎄, 싫다지 않소."

"어떤 조건이면 파시겠습니까?"

"나는 어떤 조건이라도 결코 이 그림을 팔 계획이 없소."

소전素筌 손재형孫在馨, 1903~81은 「세한도」를 구입하기 위해 일본으로 건너가 후지쓰카 지카시藤塚鄰, 1879~1948를 만났다. 김정희의 진작 「세한도」가 그의 수중에 들어갔다는 소식을 들었기 때문이다. 손재형은 일제강점기에 우리 나라의 국보급 문화재를 수집한 근대 최고의 컬렉터였다. 그런 그가 「세한도」의 소재를 알았으니 가만히 있을 리 없었다. 그는 당장에 일본으로 건너가 후지쓰카 지카시를 설득하기 시작했다. 후지쓰카 지카시는 경성제국대학 교수를 역임한 역사학자로 『청조문화동전淸朝文化東傳의 연구』라는 책을 펴낸 전문적인 추사 연구가였다. 그가 「세한도」를 소장하게 된 것도 그런 연구 과정 중에서 자연스럽게 구하게 된 것이다. 그러니 그의 「세한도」를 향한 애정은 남다르다 하겠다. 돈 몇 푼에 귀한 작품을 팔아넘길 만큼 심지가 가벼운 사람이 아니었다. 그는 여러 차례 자신의 집을 드나들며 귀찮게 하는 손재형의 제안을 단호히 거절했다. 손재형을 단순한 장사꾼으로 생각했기 때문이었다. 그런데 시간이 지나도 손재형은 포기할 줄을 몰랐다. 계속 문전박대를 당해도 한결같은 일념으로 찾아오는 손재형을 보고 후지쓰카 지카시는 그가 「세한도」의 새로운 주인임을 알았다. 후지쓰카 지카시는 돈 한 푼 받지 않고 손재형에게 「세한도」를 넘겼다. 후지쓰카 지카시의 직감은 적중했다. 손재형에게 「세한도」를 넘긴 몇 달 뒤, 그의 서재는 미국의 공습으로 폭격을 맞아 완전히 사라졌다. 「세한도」가 거기 있었더라면 우리는 이 명작을 다시 볼 수 없었을 것이다.

수닷타 장자와 제타 태자, 손재형과 후지쓰카 지카시는 다른 시대, 다른 지역에서 산 사람들이다. 그런데 그들의 행동은 마치 동일인이 반복한 것처럼 비슷하다. 역사는 이런 선각자들에 의해 발전한다. 우리가 살고 있는 이 시대에도 세상 어느 곳에서는 그들과 같은 선각자들이 의미 있는 협상을 벌이고 있을 것이다. 자신들의 이익을 위해서가 아니라 오로지 큰 뜻을 이루려는 일념을 실천하기 위해서 말이다. 그들은 한결같이 대의大義를 위해 한평생을 바친다. 그들의 뜻은 정성과 신념에서 비롯된다. 우리는 모두 그들에게 빚지며 살고 있다. 언젠가 우리도 그 빚을 갚을 수 있었으면 좋겠다.

고향 방문

석가모니 부처의
고향 방문

최북 「산향재도」 「석림모옥」
강세황 「초당한거도」 「시」

　나는 고즈넉한 산동네에서 태어났다. 옛사람들이 선호하는 전형적인 배산임수형 마을이었다. 우리 집은 동네 맨 뒤 깊숙한 곳에 위치해 있었다. 집 뒤가 바로 산이었다. 사람들은 그 산을 '염불암산'이라 불렀다. '염불암산'이 '염불암산念佛庵山'인지는 확실하지 않다. 산자락에 절이나 암자가 없었던 것으로 봐서 우리 동네가 사하촌은 아니었던 것 같다. 우리집은 산자락에 바투 붙어 있어 멀리서 보면 마치 우람한 소나무 가지에 뭉툭한 솔방울이 위태롭게 매달려 있는 형상이었다. 염불암산은 유난히 높고 험했다. 반면 양옆에 거느린

산은 턱없이 낮고 완만했다. 그 모습이 마치 머리를 조아린 신하가 왕의 명령을 기다리는 듯 조신했다. 하늘까지 닿을 듯 듬직한 염불암산의 보호 아래서 나의 유년은 아늑하고 순조로웠다. 운명의 장난 같은 것은 감히 범접할 수 없을 만큼 안전하고 고요했다. 나만 그런 것이 아니었다. 마을 사람들 모두 투명한 균형감 속에서 순명한 삶을 누렸다. 결코 와해되지 않을 것 같은 평화로움이었다.

최북과 강세황의 '산향재'

최북의 「산향재도山響齋圖」를 설명한 것이 아니다. 나의 어린 시절 이야기다. 그런데도 「산향재도」를 보면 마치 나의 고향을 보는 듯하다. 최북이 나의 고향에 내려가 붓을 든 것일까? 최북이 전라도 골짜기에 내려갔다는 기록을 발견할 수 없는 것으로 봐서 나의 고향 마을을 그렸을 개연성은 희박해 보인다. 그림 속에 담긴 산 아래 마을이 워낙 익숙하고 무던해서 그렇게 느꼈을 것이다. '산향재'는 강세황의 호다. 강세황은 안산에 살 때 자신의 호를 딴 정자를 지었다. 최북이 강세황의 정자가 있는 마을을 그린 것은 두 사람 사이가 각별했음을 의미한다.

「산향재도」는 강세황이 살던 장소를 그렸지만 실경산수화는 아니다. 전형적인 남종화다. 전경의 토파 위에 서로 다른 나무를 그리고, 각 경물에는 연한 색을 담백하게 우려내어 문인사대부의 아취를 담았다. 저 멀리 뒷산에는 푸른색의 농담을 조절해 거리감을 보여주고자 했다. 푸른색은 논밭과 수목과 냇물에도 스며들어 청신함과 산뜻함이 느껴진다. 산등성이에는 '태점苔點'을 찍었다. 세찬 바람 속에서 퇴화되어 산을 지키고 푸르게 한 세월의 유장함이다. 무심하게 찍은 듯한 태점은 마을 곳곳에 심긴 나무에서도 발견된다. 그 자연 속에 마을의 작은 집들이 무렵하지 않게 들어서 있다. 터무니없는 크기로 산과 들을 제압하는 건물 따위는 눈에 띄지 않는다. 얼핏 보면 드러나지 않던 산마을의 매력이 볼수록 들여다보는 사람의 마음을 휘감는다. 언제든 스며들어 몸을 누이면 지난 세월의 상흔을 씻어줄 것 같은 산동네다. 한번 보면 잊을 수 없는 정경이다. 잠재의식 속에 들어 있지만 결코 사라지지 않는 고향에 대한 향수 같다.

강세황과 최북의 친분은 제시題詩에서도 확인할 수 있다. 선면화扇面畵, 부채 그림의 하단에는 다음과 같은 제시가 적혀 있다.

숨은 듯 그윽한 바위에 굽이굽이 흐르는 물(隱隱幽岩曲曲泉)
돌 숲 초가집엔 두서너 개 서까래(石林茅屋兩三椽)
평생 강산의 흥 다하지 못하고(平生不盡江山興)
다만 그림만 그린 가련함(只是丹靑已可憐)

제시 끝에는 '호생관毫生館'이라는 최북의 호가 적혀 있다. 제시는 명대 문인인 이동양李東陽, 1447~1516의 『회록당집懷麓堂集』에 실린 「제화이절題畵二絶」 중 한 편이다.

최북은 이동양의 시를 무척 좋아한 듯 같은 제시의 시의도詩意圖 한 점을 더 남겼다. 간송미술관에 소장된 「석림모옥도石林茅屋圖」가 그것이다. 「석림모옥도」는 『고씨화보』에 실린 원대元代의 화가 고극공高克恭의 그림을 참고해서 그렸다. 네 그루 고목이 높은 언덕에서 팔을 펼쳐 누각에 그늘을 드리웠다. 강에서는 어부가 노를 저어 강나루로 향한다. 누각 뒤로 들어선 언덕과 산이 끊어졌다 이어지기를 반복하며 뒤로 물러난다. 들쭉날쭉한 산 사이에는 구름이 스미

7
녹야원에서
포교하다

최북, 「산향재도」, 종이에 연한 색, 29×53.5cm,
18세기, 국립중앙박물관 소장

佛

최북, 「석림모옥도」, 종이에 연한 색, 79×119cm, 간송미술관 소장

듯 내려앉아 높은 산임을 암시했다. 듬성 듬성 솟은 산봉우리를 징검다리 건너듯 건너 뛰다 보면 어느새 오른쪽 산 정상에 올라 산 아래 동네를 내려다보게 된다. 붓을 옆으로 뉘어 촘촘하게 미점米點을 찍는 것으로 산의 질감을 표현한 얌전한 작품이다. 제시 끝에는 '삼기재三奇齋'라는 자신의 호를 적었다.

「산향재도」나 「석림모옥도」나 그림에는 따로 제목이 적혀 있지 않다. 모두 후대에 붙인 제목이다. 그런데 후인들이 같은 제시를 그린 작품에 서로 다른 제목을 붙였다. '석림모옥'은 제시의 '돌 숲 초가집石林茅屋'을 인용했으니 그렇다 해도 '산향재'는 왜 들어갔을까? 그림 속에는 강세황과 관련된 단어가 하나도 들어 있지 않는데 말이다.

강세황도 최북과 똑같은 이동양의 제시를 쓰고 그림을 남겼다. 강세황이 서른여섯 살 때 그린 「초당한거도草堂閒居圖」는 『첨재화보忝齋畵譜』에 실려 있는데 글과 그림이 분리되어 있다. 한 선비가 '산향재'인 듯한 정자에 앉아 연못을 내려다보고 있고 그 옆면에 이동양의 시가 적혀 있다. 제시 끝에 '산향재'라는 강세황의 호가 보인다. 여기에 적힌 '산향재'가 문제의 발단이다. 강세황의 호가 산향재인데 자신의 정자가 있는 「초당한거도」를 그리면서 시를 한 수 적어 넣었다. 그런데 시의 작자가 이동양이란 사실을 밝히지 않은 것이 문제였다. 강세황이 시인의 이름을 생략한 이유는 간단하다. 굳이 이름을 밝히지 않아도 누구나 다 알고 있었기 때문이다. 이동양의 시는 식자들 사이에서 상식으

강세황, 「초당한거도」(『첨재화보』 중에서), 종이에 연한 색, 18.7×22.2cm, 1748, 개인 소장

7
녹야원에서
포교하다

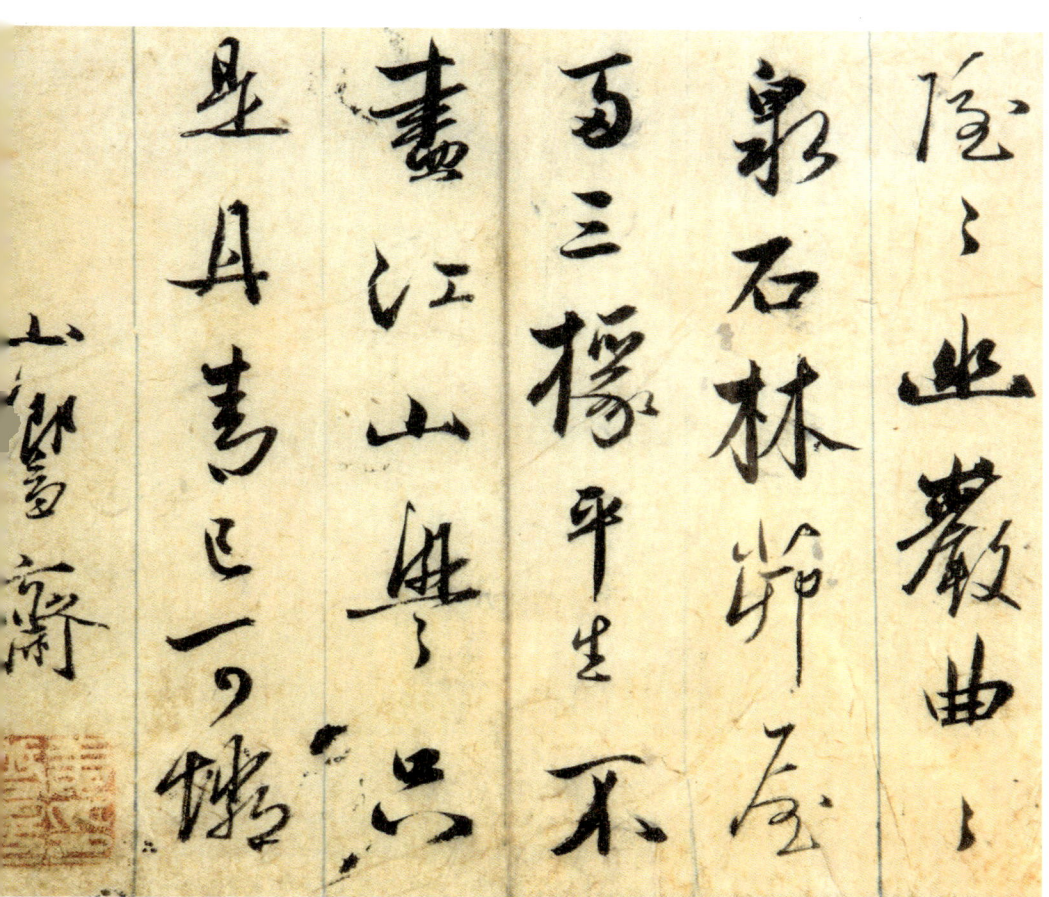

강세황, 시(『첨재화보』 중에서), 종이에 연한 색,
18.7×22.2cm, 1748, 개인 소장

로 통할 만큼 조선 후기 문인들 사이에서 인기가 높았다.

그러나 지금은 시대가 바뀌었다. 그의 시를 기억하는 사람은 많지 않다. 강세황의 호가 적힌 것을 보고, 강세황의 시로 착각할 만큼 이동양의 시는 낯설다. 이제 최북이 그린 선면선수화扇面山水畵의 제목을 「산향재도」라 붙인 이유가 이해될 것이다. 최북이 강세황의 '산향재'라는 시를 화제로 산수화를 그렸으므로 후대 학자들은 이 그림이 강세황의 시를 그린 「산향재도」일 것으로 추정한 것이다. 이제 '산향재'가 강세황의 시가 아니란 것이 밝혀졌으니 최북의 「산향재도」는 그냥 「선면산수화」라 불러도 무방할 것이다. 기왕이면 간송미술관에 소장된 「석림묘옥도」石林茆屋圖의 제목도 「석림모옥도」로 바꾸었으면 좋겠다. '묘茆'나 '모茅'나 같은 뜻이지만 제시에 적힌 대로 써주는 것이 옳지 않겠는가.

이런저런 문제점이 있다 해도 두 사람이 친교했던 시간까지 사라지는 것은 아니다. 강세황이나 최북 중 한 사람이 이동양의 시를 읽은 감동을 이야기하자 상대방이 공감했을지 모른다. 알고 보면 깊은 사연이 담긴 그림이다. 아무 의미가 없을 것 같은 그림 한 점에는 작가의 교유관계와 취미생활, 사는 장소와 지향점이 담겨 있다. 서울에서 태어난 강세황은 예순한 살에 처음 벼슬을 시작할 때까지 처가가 있는 안산에서 살았다. 서른두 살 때 내려갔으니 서른 해 가까이 살았던 동네다. 가난 때문에 내려간 동네에서 아내를 먼저 보내는 울적함도 겪었다. 환갑까지 백수로 지냈으니 '평생 강산의 흥을 다하지 못하고 다만 그림만 그린 가련함'도 맛보았다. 이동양의 시를 옮겨 쓰면서 자신을 바라보는 듯한 소회가 남다르지 않을 수 없었으리라. 그는 예순한 살에 영릉참봉을 시작으로 일흔한 살에 한성판윤에 오를 때까지 승승장구했지만 문제의 「산향재」를 옮겨 적을 때만 해도 그냥 백수였을 뿐이다. 강세황이 쓴 시와 최북의 그림에는 이렇듯 많은 세월의 흔적이 담겨 있다. 변함없는 고향의 뒷산만이 그 많은 사연을 기억하고 있을 것이다.

몇 해 전에 나는 다시 고향에 갔다. 거의 30여 년 만이었다. '산천이 의구하다'는 말은 거짓이었을까. 어린 시절 결코 무너지지 않을 것처럼 견고해 보이던 염불암산은 산 중앙을 도려낸 듯 움푹 들어가 있었다. 산자락 밑에 솔방울처럼 매달려 있던 집도 흔적 없이 사라지고 없었다. 산사태가 나서 집을 덮어 버렸다고 했다.

12년 만의 고향 방문

석가모니 부처가 고향을 찾기까지 많은 시간이 걸렸다. 석가모니 부처가 출가한 후 아버지 슈도다나 왕은 항상 사자를 보내 아들의 모습을 은밀히 살피게 했다. 아들이 고행을 하고 득도를 하고 전법을 하는 모든 과정을 전해 들으면서 슈도다나 왕은 아들의 변화된 모습을 꼭 보고 싶었다. 그는 석가모니 부처에게 여러 차례 사자를 보내 고향 방문을 청했다. 그런데 한번 보낸 사신은 결코 돌아오는 법이 없었다. 석가모니 부처를 보자마자 가르침에 감화되어 그 자리에서 출가를 해버렸다. 그런 어느 날, 드디어 사랑하는 아들의 얼굴을 볼 기회가 찾아왔다. 아들이 카필라 성으로 온다는 전갈이었다. 꼭 12년 만이었다. 그러나 석가모니 부처는 아버지가 기대하던 모습과는 전혀 다르게 고향을 찾아왔다. 석가모니 부처는 카필라 성에 들어선 후 궁전으로 곧장 가지 않았다. 출가 수행자의 관습대로 거리에서 탁발을 하며 걸어갔다. 이것을 본 슈도다나 왕이 사신을 보내 꾸짖자 석가모니 부처는 이렇게 대답했다.

"이것은 예전부터 우리 가계에 내려온 관습입니다."

석가모니 부처가 말한 가계는 '과거의 여러 부처님'을 가리킨 말이었다. 이제 석가모니 부처는 왕위를 물려받을 태자가 아니라 출가 사문 석가족의 한 사람이라는 뜻이다. 이후 불교에 귀의한 출가 수행자들은 자신의 법명 앞에 '석釋'이라는 글자를 써 넣어 석가모니 부처를 따라 석가족이 되었음을 선언한다.

출가 후, 처음 고향을 찾은 석가모니 부처는 많은 젊은이를 출가시켰다. 배다른 아우 난다를 비롯해 친아들 라훌라, 이발사 우팔리, 사촌 아난다와 데바닷타, 귀족 바드리카 등 그 수가 500여 명이 넘었다. 슈도다나 왕은 심하게 충격을 받았다. 손주인 라훌라를 비롯해 쓸 만한 젊은이가 모두 출가해버리자 허전함을 견딜 수 없었다. 그래서 이후로는 '부모의 승낙 없이 미성년자를 출가시키지 마라'는 칙명을 내렸다.

수많은 젊은이를 출가시킨 의도가 무엇이었을까. 몇 년 후에 석가족이 멸망할 것을 알았기 때문이 아니었을까. 석가족은 이웃한 코살라국의 공격으로 완전히 멸망해 지구상에서 사라졌다. 대신 출가한 사문 석가족을 통해 그 가계가 이어지고 있다. (이 이야기는 뒤에 나올 '나는 농사짓는 사람'에서 살펴보기로 하자.)

석가모니 부처가 고향을 방문한 후 젊은이들을 출가시킨 일만 한 것은 아니었다. 이웃한 나라와의 분쟁도 해결했다. 석가모니 부처가 카필라 성의 교외에 있는 마하바나 정사에 머물러 있을 때였다. 석가족과 콜리야족 사이에 전쟁이 일어났다. 원인은 물 때문이었다. 두 나라 사이에는 로히니 강이 흐르고 있었다. 그들은 한 개의 제방을 만들어 두 나라의 논밭에 서로 물을 끌어들여 농사를 지었다. 그러던 어느 해, 가뭄이 심하게 들었다. 물이 모자라 땅이 타들어가고 곡식이 시들었다. 석가족과 콜리야족이 제방의 물을 서로 자기네 땅으로 끌어들이는 과정에서 싸움이 벌어졌다. 처음에는 작은 시비에서 시작된 다툼이 점점 과격해졌다. 말다툼이 주먹으로 발전했고 나중에는 집단적인 충돌로 이어졌다. 금방이라도 전쟁이 일어날 것 같은 험악한 상황이었다. 누군가 중재하지 않으면 두 나라 사이에는 피의 강물이 흐를 지경이었다. 이 사실을 전해들은 석가모니 부처가 현장으로 달려갔다. 석가모니 부처의 모습을 본 양쪽 사람들은 무기를 버리고 예배했다. 석가모니 부처가 말했다.

"왕이여, 물과 사람 중에 어느 쪽이 더 소중합니까?"

"물보다는 사람이 더 소중합니다."

"그런데 지금 물 때문에 소중한 사람의 목숨을 버리려고 합니다. 그건 옳지 않습니다."

그제서야 사람들은 양쪽 모두 정신을 차리고 무기를 내려놓았다. 석가모니 부처는 거듭해서 원한과 고뇌와 탐욕을 멀리하는 삶에 대해 설법했다. 설법을 들은 석가족과 콜리야족은 각각 250명의 귀공자를 뽑아 출가시켰다. 자칫 무력 충돌로 번질 수 있는 분쟁이 석가모니 부처의 현명한 중재로 평화롭게 마무리됐다.

석가족과 콜리야족의 싸움이 평화적으로 해결되고 나서 얼마 후의 일이었다. 석가모니 부처의 아버지 슈도다나 왕이 세상을 떠났다. 그러자 석가모니 부처의 양어머니인 마하프라자파티가 여성의 출가를 허락해달라고 요청했다. 당시까지 출가는 오직 남성들의 전유물이었다. 석가모니 부처는 허락하지 않았다. 세 차례나 간청했지만 석가모니 부처는 결코 허락하지 않았다. 마하프라자파티의 뒤를 따라 석가족의 많은 여성이 출가를 원했다. 거듭되는 간청에도 거절당한 양어머니는 석가모니 부처의 시자인 아난다에게 부탁했다. 석가모니 부처는 아난다의 부탁에도 계속 거절했다. 그러자 아난다가 석가모니 부처에게 이렇게 질문했다.

"부처님, 만일 여성이 부처님의 가르침에 따라 출가해서 수행을 하면 남자와 같은 수행의 효과를 얻을 수 있습니까?"

"아난다야, 물론 그럴 수 있다."

"그런데 부처님께서는 어찌하여 여성들의 출가를 허락하지 않으신 것입니까?"

아난다는 양어머니가 석가모니 부처에게 바친 은혜를 말씀드리고 간곡하게 출가를 부탁했다. 석가모니 부처는 고민 끝에 허락했다. 대신 여성 출가자가 지켜야 할 여덟 가지 조건을 제시했다. 석가모니 부처가 여성의 출가를 반대한 이유는 결코 여성의 능력이 남성에 뒤진다고 생각했기 때문이 아니었다. 수행자는 인적이 드문 한적한 곳에서 수행을 해야 하는데 당시에는 치안이 불안했다. 또한 남녀가 같은 장소에서 수행할 경우 발생할 수 있는 여러 가지 문제를 염려했기 때문이다. 결국 석가모니 부처의 이런 우려를 불식시킬 수 있는 조건을 마하프라자파티가 수용함으로써 여성의 출가가 인정되었다. 당시로써는 획기적인 사건이었다.

쌍림열반상 雙林涅槃相

8
사라쌍수
밑에서
열반에 들다

업보

나는
농사짓는
사람

김득신 「벼 타작」

"수행자여! 나는 스스로 밭을 갈고 씨를 뿌려 양식을 얻고 있소. 당신도 밭을 갈고 씨를 뿌려 양식을 얻는 것이 어떻겠소?"

석가모니 부처가 코살라국의 에카사라라는 마을에 머물 때였다. 아침에 탁발하는 도중 어떤 브라만의 집 앞에 멈추어 섰다. 브라만은 마을 사람들과 함께 파종하느라 정신없이 바빴다. 석가모니 부처가 탁발하러 도착했을 때는 마침 브라만이 마을 사람들에게 음식을 나눠주고 있었다. 브라만은 자신들은 땀 흘려 일하는데 석가모니 부처가 수행자입네 하며 놀고먹는 것이 눈에 거슬려 비아냥거리며 한 말이었다.

석가모니 부처가 대답했다.

"브라만이여! 나도 밭을 갈고 씨를 뿌려 양식을 얻고 있소."

석가모니 부처의 대답을 들은 브라만은 이해할 수 없다는 표정을 지으며 되물었다.

"나뿐만 아니라 그 누구도 당신이 밭을 갈고 씨를 뿌려 양식을 얻는 것을 보지 못했소. 그런데 당신이 농사를 짓는다니…… 도대체 당신의 쟁기는 어디 있소? 당신의 소는 어디 있으며 당신은 대체 무슨 씨를 뿌린단 말이오?"

그러자 석가모니 부처는 게송으로 대답했다.

믿음은 나의 씨앗이요, 지혜는 나의 쟁기
신구의 악업을 제어하는 것은 잡초를 제거하는 것이네
정진은 내가 부리는 소로 나아가 물러서지 않으며
행한 일은 슬퍼하지 않으며 나를 편안한 마음으로 데려 가네
나는 이와 같이 밭을 갈고 씨를 뿌려 감로의 열매를 거둔다네

석가모니 부처의 게송을 들은 브라만은 금세 그 뜻을 알아차렸다. 자신의 무지함을 깨달은 브라만은 방금 전의 거만한 표정을 바꾸며 이렇게 말했다.

"부처님은 참으로 뛰어난 농부이십니다. 부처님께서 밭을 갈고 씨를 뿌리시는 것은 불사(不死)의 열매를 거두기 위한 것임을 이제야 알았습니다. 부디 이 음식을 받아주십시오."

브라만은 탁발하러 온 석가모니 부처에게 음식을 바쳤다. 석가모니 부처는

그 음식을 물리치며 이렇게 말했다.

"나는 게송을 읊고 음식을 얻지는 않는다. 그와 같은 일은 지견知見이 있는 사람이 하는 짓이 아니다. 깨달은 사람은 게송을 읊은 대가를 받아서는 안 된다. 깨달은 사람은 오직 진리 가운데 사는 것이 생활이다. 그러므로 브라만이여, 온갖 번뇌에 얽혀 후회가 따르는 행동을 하지 말고 성자에 대해 진정한 마음으로 음식을 공양하는 것이 좋으리라. 그와 같이 음식을 공양하면 공덕을 원하는 사람의 복전이 되기 때문이다."

고정관념을 벗어난 그림 읽기

김득신의 「벼 타작」은 『사계풍속도』에 들어 있는 여섯 번째 그림이다. 『사계풍속도』는 봄부터 겨울까지의 사계절 풍속을 여덟 장면에 담은 그림으로 그 시대 사람들의 고민과 문제의식이 담겨 있다. 이 그림은 단순히 가을이 되어 벼 타작하는 모습을 그린 것이 아니다. 그림 속에는 마름과 소작인들 간의 갈등이 은근하게 드러나 있다. 코흘리개의 손도 빌려야 할 만큼 바쁜 수확 철에 소작인들은 타작을 하느라 여념이 없다. 지주를 대신해서 나온 마름만이 이곳에서 유일하게 한가한 사람이다. 소작인들을 감시하는 것 외에는 딱히 할 일이 없다. 느긋하게 여유를 부리며 목이 컬컬할 때마다 술을 마시고 담배를 핀다. 그러거나 말거나 네 명의 소작인들은 통나무에 볏단을 내리치며 정신없이 타작하기에 바쁘다. 그 곁에서 한 사람은 타작할 볏단을 들어 올리고, 삿갓 쓴 농부는 흩어진 나락을 빗자루로 쓸고 있다. 지나가던 스님은 행여 시주를 받을 수 있지 않을까 싶어 지켜보는데 낯선 사람의 등장에 신경이 곤두선 강아지가 잽싸게 뛰어나온다. 뒤쪽으로는 소 등에 볏단을 싣고 오는 사람도 눈에 띈다. 그 와중에 암탉과 수탉은 사람들의 눈치를 살피면서 요

佛

김득신, 「벼 타작」(『사계풍속도』 중에서), 비단에
연한 색, 95.2 × 35.6cm, 1815,
삼성미술관 리움 소장

령껏 모이를 주워 먹는다. 벼 타작하는 모습을 그리면서 사소한 주변 풍경까지 시시콜콜 설명해야 직성이 풀리는 김득신의 성격이 묻어 있는 작품이다.

이렇게 「벼 타작」은 당시의 신분제의 모순과 계층 간의 갈등이 은근하게 풍자되어 있다. 그러나 풍자의 방법은 신랄하거나 비판적이기보다는 해학적이다. '익살스러우면서도 품위 있는 말이나 행동'이라는 풍자의 정의에 알맞게 유머러스하다. 자세히 들여다보지 않으면 단순히 늦가을에 타작하는 장면을 그린 그림으로 지나칠 만큼 직설적이지 않다.

김득신의 「벼 타작」과 비슷한 작품을 김홍도도 남겼다. 두 작품이 구도나 인물 배치가 거의 비슷해 김득신이 김홍도의 작품을 참고해서 그렸다고 생각할 수 있을 정도다. 그러나 조금만 달리 생각해보면 가을에 타작하는 장면은 당시 어디서나 발견할 수 있는 흔한 모습이었다. 농부들은 봄부터 가을까지 모내기, 피 뽑기, 밭 갈기, 타작 등 쉴 새 없이 움직이며 농사를 짓는다. 여인들은 누에 치고 길쌈하고 베 짜는 일을 하면서 자식을 기르고 새참을 내 가고 집안일을 한다. 이런 「경직도耕織圖」와 같은 그림은 궁궐에 사는 왕과 세자가 백성의 수고로움을 알 수 있도록 제작된 경우가 많다.

얼마 전까지만 해도 「벼 타작」에 대한 나의 생각은 여기에서 크게 벗어나지 않았다. 적어도 「조선시대 회화에 나타난 음주상飮酒像 연구」라는 박사 논문을 읽기 전까지는 그랬다. 그런데 이 논문에는 「벼 타작」에 대한 전혀 새로운 견해가 담겨 있었다. 마름으로 생각했던 한량은 소작인들을 감시하기 위한 존재가 아니라 오히려 농부들을 도와주고 감독하기 위해 대기하고 있는 사람이라는 주장이었다. 그래서 마름이라 부르기보다 '권농관勸農官' 혹은 '타작관打作官'이라 불러야 타당하다는 뜻이다. 그러고 보니 모내기 철부터 추수할 때까지 모든 농사 현장을 그린 그림에는 권농관이 있었다. 특별히 감시가 필요하지 않는 곳에도 권농관이 있었다. 그걸 무시한 채 나는 「벼 타작」 속의 인물들을 오로지 계층 간의 갈등 관계로만 읽었다. 나의 생각이 얼마나 편파적이었는지를 알 수 있는 경험이었다. 좋은 논문 한 편이 고리타분한 고정관념을 완전히 바꿔놓은 셈이다. 이전까지의 나는 석가모니 부처에게 '농사'에 대한 게송을 듣기 전까지의 브라만과 같은 수준이었다.

　석가모니 부처가 '밭을 갈고 씨를 뿌리는 곳'에서는 어디서나 풍성한 '감로의 열매'가 열렸다. 바이살리에서도 마찬가지였다. 어느 해에 바이살리에 혹심한 가뭄이 들었다. 굶어죽는 사람이 넘쳐나고 질병이 유행하자 거리 곳곳에는 버려진 시체가 즐비했다. 두려움에 빠진 백성들은 종교 지도자를 불러 악귀를 쫓아내자는 데 의견을 모았다. 바라문교힌두교에서 하는 대로 제사를 지내자는 의견, 자이나교의 마하비라에게 부탁하자는 의견, 아지비카교의 교주를 찾아가자는 의견 등이 분분했다. 결국 그 어떤 종교도 만족할 수 없었던 백성들은 석가모니 부처의 힘을 빌리기로 했다. 죽림정사에 있던 석가모니 부처가 소식을 듣고 갠지스 강으로 향했다. 500명의 비구들이 그 뒤를 따랐다. 그런데 놀라운 일이 발생했다. 석가모니 부처가 강을 건너 바이살리의 영토에 첫발을 들여놓자마자 하늘에서 천둥이 치더니 큰비가 내렸다. 쩍쩍 갈라진 땅바닥이 순식간에 빗물로 채워졌다. 사람들은 환호성을 울렸다. 석가모니 부처는 바이살리에서 이레 동안 설법을 펼쳤고, 8만4,000명이 불교에 귀의했다. '중생이 아프면 보살도 아프다'는 유명한 불이법문不二法文을 펼친 유마거사維摩居士도 바이살리 출신이다.

진실은 언제든 밝혀져

　세상에는 진짜와 가짜가 있다. 김홍도의 「서당」은 진짜 작품이고 작자 미상의 「서당」은 김홍도의 작품을 보고 베낀 가짜이다. 먼저 김홍도의 「서당」을 보면, 채색을 거의 쓰지 않았는데도 선의 강약과 색의 농담 변화로 인해 인물의 표정과 특징이 생생하게 살아 있다. 먹색의 변화는 훈장님에게서 확인할 수 있다. 훈장의 옷은 먹으로 그렸다. 허리띠도 먹으로 그렸다. 그런데 옷과 허리띠가 분명하게 구분된다. 가짜 그림의 훈장의 모습에서는 구분이 어렵다. 진짜 작품에서의 선은 마치 소리를 옮긴 듯 살아 있다. 울고 있는 아이의 옷 주름 선은 이어지지 않고 툭툭 끊어진다. 선을 그린 색도 진한 색과 연한 색이 뒤섞여 있다. 떨고 있는 아이의 움직임을 보여주려 함이다. 웃고 있는 아이들의 옷 주름 선은 끊어짐 없이 이어졌다. 그 대신 연한 색으로 그렸다. 김홍도가 선과 색을 통해 아이들의 심리상태를 보여주고자 고심한 흔적이 역력하다. 가짜 그림에서는 그런 고민을 찾아볼 수 없다. 김홍도의 그림에서는 아이들의 머리카락까지 세밀하게 표현했다. 가짜에서는 아이들이 마치 가발을 쓴 듯 어색하다. 가장 눈에 거슬리는 것은 낙관이다. 낙관과 제시는 그림을 돋보이게 하는 구성 요소다. 작가는 낙관을 아무 데나 함부로 찍지 않는다. 보이는 듯 보이지 않게 도장을 찍어 겸손함과 자긍심을 동시에 보여주는 것이 낙관이다. 가짜 그림에서는 낙관이 마치 주인공 같다. 김홍도라면 어림없는 생각이다.

  석가모니 부처의 명성이 높아짐에 따라 시기하고 음해하는 사람들도 많아졌다. 부처가 기원정사에 머물러 있을 때의 일이었다. 석가모니 부처를 질투한 다른 종교의 수행자들이 계략을 꾸몄다. 친차라는 예쁜 여인을 이용해 석가모니 부처를 모함하기로 한 것이다. 몸을 예쁘게 단장한 친차는 일부러 사람들의 눈에 띄게 하려고 해질녘에 기원정사로 향했다. 그녀는 기원정사 부근에서 잠을 자고 이튿날 아침 일찍 숙소에서 나왔다. 사람들 눈에는 영락없

佛

김홍도, 「서당」(『단원풍속도첩』중에서), 종이에 연한 색, 27×22.7cm, 보물 제527호, 국립중앙박물관 소장

작자 미상, 「서당」

이 기원정사에서 자고 오는 것처럼 보였다. 몇 달이 지나면서부터는 사람들이 물어보면 석가모니 부처의 방에서 자고 오는 길이라고 아예 드러내놓고 거짓말을 했다. 이윽고 아홉 달이 지났다. 배가 부른 친차가 석가모니 부처를 찾아갔다. 많은 사람들이 볼 수 있도록 석가모니 부처가 설법하고 있는 장소에 가서 큰 소리로 말했다. 자신이 석가모니 부처의 아이를 가졌으며 만삭이 되었으니 당연히 책임져야 하는 것 아니냐고 소리쳤다. 법문을 듣고 있던 사람들은 어리둥절했다. 그때였다. 어디선가 네 마리의 쥐가 나타나더니 친차의 옷을 물어뜯었다. 그러자 배 안에서 나무 그릇이 떨어졌다. 가짜 임신부였다는 것을 안 사람들이 욕을 하며 달려들어 그녀를 쫓아냈다. 진실은 언젠가는 밝혀지기 마련이다. 이와 비슷한 일이 또 있었다. 못된 수행자들이 순다리라는 여자 수행자를 죽여 석가모니 부처의 명성에 먹칠을 하려 했다. 그러나 얼마 지나지 않아 진실은 곧 규명됐다. 이 일로 석가모니 부처와 불교 교단은 오히려 더 많은 사람들의 신뢰와 공경을 받았다.

　석가모니 부처의 가르침은 어리석은 사람에게는 진리를, 분노한 사람에게는 평안을 주었다. 그러나 아무리 좋은 가르침으로도 어쩌지 못하는 것이 있었다. 그것은 '업보業報'다. '업Karma'은 '몸과 입과 뜻으로 짓는 말과 동작과 생각하는 것과 그 세력'을 말한다. 선악의 업에 의해 과보를 받기 때문에 업과業果라고도 한다. 석가족이 멸망하게 된 것도 바로 이 업보에 의해서다. 사연은 이렇다.

위대한 석가족의 소멸

석가족은 이웃한 코살라보다 힘이 약해 그들의 권력 아래 있었다. 그러나 코살라국의 국왕인 프라세나지트는 '진리의 구현자'인 석가모니 부처를 예배하고 존경했다. 프라세나지트 왕이 불교에 귀의하게 된 것은 왕비 말리카의 힘이 컸다. 말리카는 진실한 불교 신자였는데 왕이 어려움에 빠질 때마다 석가모니 부처의 가르침을 받을 수 있도록 조언을 아끼지 않았다. 프라세나지트 왕은 그가 다스리는 영토 안에 불교 신자가 많은 것을 알고 석가족에서 후비를 맞아들이고 싶어했다. 왕의 뜻을 알게 된 석가족은 난처한 입장이 됐다. 석가족은 예전부터 동족 결혼만을 고수해 다른 종족과 결혼하는 일이 없었다. 그러나 코살라국은 강대국이었다. 거절할 수 없는 요구였다. 그래서 마하나만이 노비 사이에서 낳은 딸 바사바를 공주라 속여 프라세나지트 왕의 후비로 보냈다. 말리카는 불교에 귀의했지만 바사바는 부처의 설법 듣는 것을 좋아하지 않았다.

프라세나지트 왕과 바사바 사이에 왕자 비두다바가 태어났다. 어느 날 비두다바는 외가인 석가족의 나라를 방문했는데 그곳에서 비로소 어머니가 천한 신분이었음을 알았다. 심한 분노와 모욕감을 느낀 비두다바는 언젠가는 꼭 석가족에게 복수하겠다고 맹세했다.

드디어 기회가 찾아왔다. 비두다바는 아버지 프라세나지트 왕이 외유한 사이에 정변을 일으켜 왕위에 올랐다. 망명길에 오른 왕은 마가다국으로 망명 가는 도중 죽었다. 새로 왕이 된 비두다바는 곧바로 석가족을 공격하기 위해 카필라 성으로 향했다. 그런데 한참 가다 보니 길가의 마른 나무 아래 석가모니 부처가 앉아 있었다. 석가모니 부처는 비두다바 왕이 태자 시절에 노비의 자식이라는 것을 안 아버지가 모든 직위를 박탈하고 유폐시킨 것을 구해준 은

인이었다. 비두다바 왕은 진격하던 마차에서 내려 부처에게 예배하고 물었다.

"이 근처에는 가지와 잎이 무성한 나무도 많은데 하필이면 이런 마른나무 아래 앉아 계십니까?"

석가모니 부처가 대답했다.

"대왕이시여! 친척의 그늘은 서늘합니다."

석가모니 부처의 뜻을 알아차린 왕은 군대를 돌렸다. 이렇게 세 차례나 똑같은 일이 반복됐다. 비두다바 왕이 석가족을 공격한 것은 단순한 원한 때문만은 아니었다. 이웃 나라를 침략해서 강대국이 되고자 하는 욕심이 더 크게 작용했다. 석가모니 부처를 봐서 공격을 멈췄지만 침략 전쟁을 멈출 수 없었다. 드디어 네 번째 공격이 시작됐다. 부처는 석가족이 더 이상 업보를 피할 수 없다는 사실을 알고 모습을 나타내지 않았다. 비두다바의 군대는 석가족의 수도 카필라바스투를 공격했다. 비두다바의 외할아버지 마하나만은 모든 사태가 자신의 책임이라는 것을 알고 외손자에게 이렇게 요청했다.

"내가 물속에 들어가서 다시 떠오를 동안만이라도 사람들이 피난 가는 것을 막지 말아 달라."

마하나만은 물속에 들어가 자신의 머리카락을 풀어서 나무뿌리에 매어 놓고 떠오르지 않았다.

석가족을 멸망시키고 궁궐로 돌아온 비두다바는 배다른 형 제타 태자도 죽였다. 제타 태자는 수닷타 장자와 함께 기원정사를 세운 사람이었다. 모든 권력을 손에 넣고 침략 전쟁에서 승리한 비두다바는 그러나 이레만에 천재지변으로 죽고 말았다. 강에 떠내려갔다고도 하고 연못 가운데 만들어놓은 전각에 불이 나서 타 죽었다고도 한다. 코살라국은 나중에 더 큰 강대국 마가다국에 흡수됐다. 제행무상諸行無常과 성주괴공成住壞空이 따로 없다. 이렇게 해서 석가모니 부처를 탄생시킨 위대한 석가족은 지상에서 영원히 자취를 감췄다. 석가모니 부처마저도 막아줄 수 없었던 업보의 결과다.

가르침

앙굴리말라와 올바른 가르침

김정희 「불이선란」

올바른 가르침이란 어떤 것일까. 그 가르침은 사람을 어떻게 변화시킬까. 부처의 교화를 받은 후 인생이 180도로 바뀐 사람은 셀 수 없을 정도로 많지만 그중 가장 드라마틱한 변화를 보여준 사람은 앙굴리말라일 것이다.

삿된 가르침이 만들어낸 연쇄살인마

석가족이 멸망하기 전의 일이었다. 프라세나지트 왕이 다스리는 코살라국

佛

의 슈라바스티에 한 바라문이 살고 있었다. 바라문은 500명의 제자가 있었는데 그중 아힘사라는 청년은 체격도 건장하고 얼굴도 훤칠했다. 어떤 여자가 봐도 반할 정도로 잘생긴 청년이었다. 바라문의 부인도 아힘사에게 마음을 빼앗겼다. 어느 날 바라문이 외출을 했다. 그 틈을 이용해 바라문의 부인이 다가와 제자를 유혹했다. 기가 막힌 아힘사는 유혹을 단호히 거부했다. 뜻을 이루지 못한 스승의 부인은 수치심에 몸을 떨며 아힘사에게 깊은 원한을 품었다. 그녀는 자신의 옷을 스스로 찢었다. 머리카락도 마구 헝클어뜨렸다. 누가 봐도 겁탈당하지 않으려 필사적으로 저항한 모습이었다.

드디어 바라문이 집에 돌아왔다. 바라문의 아내는 남편을 보자마자 아힘사가 자신을 욕보이려 했다고 모함했다. 바라문은 분노했다. 어떻게 하면 제자를 파멸시킬 수 있을까 몇 날 며칠을 궁리했다. 며칠 후, 드디어 바라문이 아힘사를 불렀다. 바라문은 아주 은밀하게 제자에게 속삭였다.

"너의 수행은 이제 거의 완성 단계에 이르렀다. 마지막으로 한 가지 관문만 통과하면 너의 수행은 완성될 것이다."

아힘사는 스승의 말을 듣고 무척 기뻤다.

"스승님, 그 한 가지 관문이란 것이 무엇입니까?"

"너는 내일부터 아침 일찍 성 밖으로 나가 100명의 사람을 죽이되, 한 사람한테서 손가락 하나씩을 잘라 그것으로 목걸이를 만들면 된다."

아힘사는 너무나 의외의 가르침을 받고 놀랐다. 그러나 스승에 대한 믿음이 절대적이었던 그는 한 치의 의심도 없이 스승의 가르침대로 실행했다. 다음 날 아침부터 성 밖으로 나가 사람을 죽이고 손가락을 잘라 목걸이를 만들기 시작했다. '앙굴리'는 손가락, '말라'는 목걸이라는 뜻으로 '앙굴리말라'는 '손가락 목걸이를 가진 자'를 가리킨다. 그의 악명은 점점 더 높아졌다. 사람들은 그의 이름만 들어도 정신없이 도망쳤다. 두려움에 사로잡힌 사람들은 왕에게 달려가 호소했다. 그사이 앙굴리말라는 99개의 목걸이를 목에 걸게 됐다. 마지막으로 한 사람만 더 죽이면 100개의 목걸이가 만들어질 순간이었다. 앙굴리말라는 눈을 번득이며 살인할 대상을 찾았다. 저 멀리서 한 여인이 걸어오고 있었다. 옳다구나 싶었다. 저 여인만 죽인다면 나의 수행은 완성될 수 있다. 그런데 가까이 온 여인의 얼굴을 본 앙굴리말라는 깜짝 놀랐다. 그녀는 바로 자신의 어머니였기 때문이다. 한동안 갈등하던 앙굴리말라는 마침내 어머니를 죽이기로 결심했다.

그때 기원정사에 머물던 석가모니 부처는 천안통으로 그 상황을 전부 보고 있었다. 자칫하다가는 아들이 어머니를 죽이는 패악무도한 사건이 발생할 상황이었다. 석가모니 부처는 살인을 막기 위해 앙굴리말라를 찾아갔다. 어머니를 죽이려 했던 앙굴리말라는 석가모니 부처가 나타나자 대신 석가모니 부처를 죽이려 했다.

"꼼짝 말고 거기 섰거라!"

앙굴리말라가 소리쳤다. 석가모니 부처가 대답했다.

"나는 아까부터 여기에 가만히 서 있다. 앙굴리말라여, 네가 멈추어라."

앙굴리말라가 아무리 칼을 휘두르며 달려가도 석가모니 부처는 결코 따라잡을 수가 없었다. 이상하게 여긴 앙굴리말라가 석가모니 부처에게 다시 소리쳤다.

"어째서 당신은 서 있지 않으면서 서 있다고 하고, 어째서 나는 서 있는데도 서 있지 않다고 하는가."

석가모니 부처가 대답했다.

"나는 살아 있는 모든 것들에 대해 해칠 마음이 없기 때문에 서 있는 것이고, 너는 살아 있는 모든 것들에 대해 자제심이 없기 때문에 서 있지 않은 것이다."

佛

김정희, 「불이선란」, 종이에 먹, 55×31.1cm, 1853~55(추정), 개인 소장

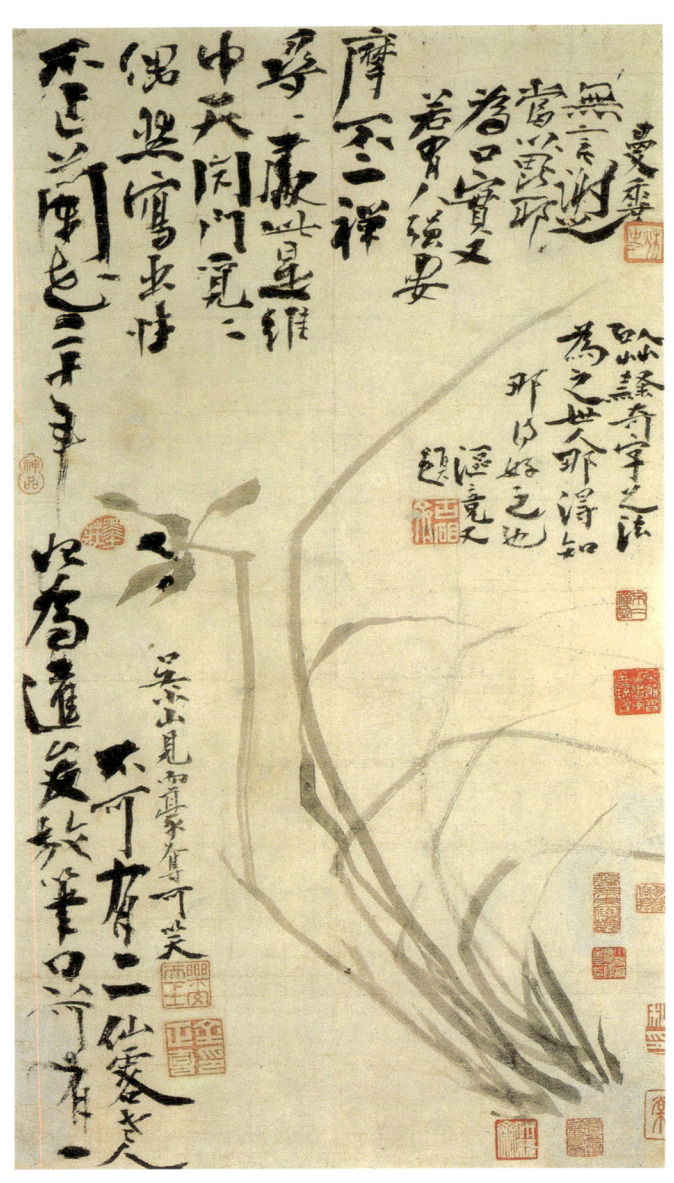

그 말을 듣는 순간 앙굴리말라는 정신이 번쩍 들었다. 내가 지금까지 무슨 짓을 했단 말인가. 잘못돼도 크게 잘못됐구나. 앙굴리말라는 마치 오랜 꿈속에서 깨어난 듯 자신의 모습이 명확하게 보였다. 그는 마침내 칼을 내던지고 땅에 엎드려 석가모니 부처에게 용서를 구했다.

난초를 살린 극적인 시도

「불이선란不二禪蘭」은 「세한도」와 더불어 추사 김정희의 대표작이다. 추사가 과천에 살면서 인생 말년에 그의 시동 달준이를 위해 그려준 작품이다. 「불이선란」은 그림을 그림답게 그려야겠다는 생각 없이 자유롭고 걸림 없는 상태에서 제작됐다. 그가 평소에 "난초 그리는 법은 예서隷書를 쓰는 법과 가깝고, 그림 그리는 기술로 그리는 것이 아니다"라고 말했듯 기교라고는 찾아볼 수 없다. 오직 마음을 비우고 무심한 경지에서 붓을 댄 자의 허허로움만이 느껴질 뿐이다.

그림에 적힌 제발題跋을 먼저 살펴보자.

① 난초를 안 그린 지 20년 만에(不作蘭畵二十年)
　　우연히 본성의 참모습을 그렸네(偶然寫出性中天)
　　문 닫고 찾으며 또 찾은 곳(閉門覓覓尋尋處)
　　이것이 유마의 불이선이네(此是維摩不二禪)
　　만약 어떤 사람이 억지로 요구하며 구실을 삼는다면(若有人强要爲口實)
　　또한 마땅히 유마거사의 무언으로 사양하리라(又當以毘耶無言謝之)
　　만향(曼香)
② 초서와 예서, 기자의 법으로 그렸으니(以草隷奇字之法爲之)

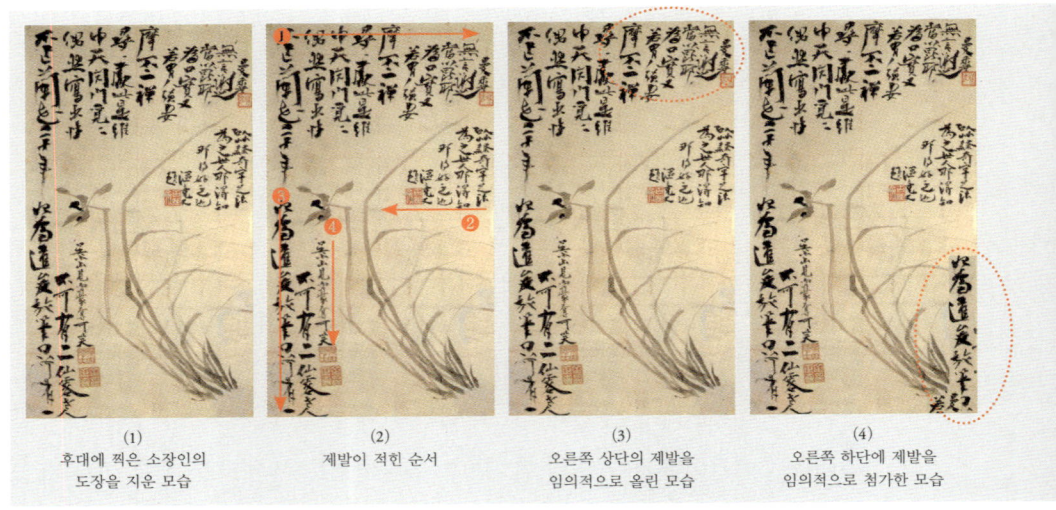

(1)	(2)	(3)	(4)
후대에 찍은 소장인의 도장을 지운 모습	제발이 적힌 순서	오른쪽 상단의 제발을 임의적으로 올린 모습	오른쪽 하단에 제발을 임의적으로 첨가한 모습

세상 사람들이 어찌 알겠으며 어찌 좋아하겠는가(世人那得知, 那得好之也)

구경이 또 삼가 쓰다(漚竟又齋)

③ 애초 달준이를 위해 아무렇게나 그렸으니(始爲達俊放筆)

단지 한번만 가능하고 두 번은 불가하다(只可有一, 不可有二)

선객노인(仙客老人)

④ 소산 오규일이 보고 강제로 빼앗으니 우습다(吳小山見而豪奪, 可笑)

「불이선란」은 추상적으로 생긴 난을 중심에 그리고, 나머지 빈 공간에 여러 차례 제발을 쓰고 도장을 찍었다. 현재 그림에는 수많은 도장이 다닥다닥 찍혀 있는데 김정희가 직접 찍은 도장과 소장자가 찍은 도장으로 나눌 수 있다. '秋史추사' '古硯齋고연재', '樂文天下士낙문천하사', '金正喜印김정희인' 등의 도장은 김정희가 직접 찍은 것이다. 나머지 도장은 모두 이 작품을 소장한 사람들이

후대에 찍은 것이다. 꽃심 옆에 찍힌 '墨莊묵장'에 대해서는 아직까지 의견이 분분하다. 그러나 필자는 후대 소장인의 도장으로 판단했다. 설령 김정희의 도장이었다 해도 김정희라면 그 자리에 도장을 찍지는 않았을 것이다. 검은색으로 진하게 그린 꽃심 옆에 붉은색 도장을 찍게 되면 꽃보다 도장이 더 눈에 띄게 된다. 그림을 살리는 것이 아니라 죽이는 도장이다. 김정희 같은 심미안이 그렇게 눈썰미 없는 행동을 했을 리 만무하다. 여기서 후대 소장인의 도장을 모두 지우고 김정희가 처음 붓을 들었을 때의 원형을 복원한 작품이 (1)번 그림이다. 어떠한가. 두 그림을 비교해본 소감이. 훌륭한 그림이 작가의 의도와 상관없이 몇몇 소장자의 무분별한 도장 때문에 어떻게 망가지는지를 확인할 수 있지 않은가.

「불이선란」은 서예를 그린 기법으로 그림을 그렸다. 그림과 서예가 둘이 아니라는 서화일치書畫一致 사상이다. 또한 그림畫의 이치가 선禪과 통한다는 화선일치畫禪一致의 경지에서 붓을 들었다. 김정희는 20년 동안 난을 그리지 않다가 우연히 붓을 들어 「불이선란」을 그렸는데 '본성의 참모습性中天'을 얻었다. 이것은 말로 설명할 수 없다. 무언無言의 경지다. 굳이 사람들이 말로 표현하라고 요구하면 어떻게 해야 할까. 그냥 무언으로 사양하면 된다. 마치 비야리성毘耶離城, 바이샬리의 유마維摩거사가 침묵으로 불이不二법문을 들려준 것처럼.

김정희가 제발의 배치에 얼마나 신중했는가는 (2)번 제발의 순서를 봐도 알 수 있다. (2)번의 숫자와 화살표는 제발을 쓴 순서와 방향이다. 원래 동양화에서는 제시나 제발을 쓸 때 오른쪽에서 왼쪽으로 향한다. 그런데 맨 위에 배치한 ①번 제발은 왼쪽에서 오른쪽으로 향했다. 정반대다. 왜 그랬을까. 난을 그린 후 빈 공간을 활용했기 때문이다. 김정희는 난을 먼저 그리고 제발을 나중에 썼다. 처음에는 맨 윗부분만 썼는데 할 얘기가 많아져 세 번을 더 썼다. 글은 써야겠는데 공간이 한정되어 있다. 김정희는 최대한 난의 작품성을 살리면서 글을 써 넣는 방법을 고민했다. 네 개의 제발 방향이 모두 제각각인 이유다.

김정희가 고정관념에 얽매이지 않고 자유스럽게 공간을 운용했음을 알 수 있다. 필자가 제발을 임의적으로 변경한 (3)번 그림만 봐도 김정희의 탁월한 공간 운용 감각을 확인할 수 있다. 김정희는 ①번 제발의 끝부분을 한단 낮춰서 양쪽의 기울기를 맞췄다. 만약 글자의 윗단을 맞췄다면 (3)번처럼 왼쪽이 무겁고 오른쪽이 불안해 옹색한 구도가 됐을 것이다. 만약 이런 계산과 분석 없이 무비판적으로 글자를 배치했다면 낭패를 보기 십상이다. 또한 상하단의 세 군데 모퉁이는 모두 글자로 채우면서 오른쪽 하단은 깨끗하게 비웠다. 난을 보는 감상자의 시선을 방해하지 않기 위해서다. 더불어 네 모퉁이가 꽉 막혔을 때의 답답함을 피하기 위해서다. 작가들은 이렇게 꽉 막힌 구도를 가장 경계한다. (4)번에 필자가 임의적으로 제발을 첨가한 그림을 보면 금세 이해할 수 있을 것이다. 여백이 없는 그림은 아무리 현란한 기교를 뽐낸다 해도 훌륭한 그림이 아니다. 그러니 사람도 너무 완벽한 모습을 보이려 애쓰지 않아도 된다. 빈 구석이 있는 듯한 사람이 편안하다, 그림의 여백처럼. 남에게 나의 결점을 보여서는 안 된다는 강박관념에 사로잡혀 살면 새로운 세계가 열리지 않는다. 다른 사람들이 주장한 숱한 말들은 스스로의 잣대로 검증하고 재해석해야 한다. 요설饒舌에 넘어가면 안 된다. 또한 여백에 남겨야 할 자리에 쓸데 없이 도장을 찍어서도 안 된다.

그림 그리는 법이나 수행하는 법이나 마찬가지다. 앙굴리말라가 죄가 있다면 이런 비판 정신의 결여일 것이다. 그가 저지른 연쇄살인은 어떤 이유로도 용납될 수 없다. 아무리 신뢰하는 스승의 말이라도 상식에 어긋나는 짓을 시컸는데 따라했다는 것은 멀쩡한 정신의 소유자가 할 수 있는 변명이 아니다. 이것이 그가 석가모니 부처를 만나고 깨달은 사실이었다.

석가모니 부처에게 용서를 구한 앙굴리말라는 삭발을 하고 출가를 했다. 그는 곧 성자의 경지에 이르렀다. 한편 백성들의 탄원을 받은 파세나디 왕은 앙굴리말라를 잡기 위해 병사들을 이끌고 나타났다. 파세나디 왕은 석가모니 부처 곁에 선 비구를 보고 깜짝 놀랐다. 그에게서 악독한 살인마의 모습은 전혀 찾아볼 수 없었기 때문이다. 파세나디 왕은 석가모니 부처의 위대한 감화력에 거듭 놀라며 다음과 같이 말씀드렸다.

"부처님은 무슨 일이든지 다 이루십니다. 앞으로도 중생들에게 끝없는 자비를 베푸시어 미혹에서 건져주시기 바랍니다."

파세나디 왕은 석가모니 부처를 믿고 돌아갔다. 그런데 사람들의 생각은 달랐다. 잔인한 살인마가 출가를 했다는 것도 충격이었지만 그가 더 이상 완력을 쓰지 않는다는 것을 알고는 탁발을 나갈 때마다 앙굴리말라를 괴롭혔다. 아이들은 앙굴리말라에게 돌멩이를 던졌다. 어른들은 폭행을 하고 칼로 찔렀다. 앙굴리말라는 그들의 행동을 일체 원망하지 않고 자신의 행위에 대한 과보를 달게 받았다. 자신의 죄를 참회하며 새롭게 태어난 앙굴리말라는 오랜 인욕 끝에 마침내 아라한과를 얻었다.

석가모니 부처에게 맞선 데바닷타

앙굴리말라는 그나마 나은 편이다. 자신의 행동이 잘못된 것을 알고 나서 전격적인 변신을 감행했기 때문이다. 죽을 때까지 자신의 잘못을 깨닫지 못한 사람도 있다. 데바닷타가 대표적이다. 그는 석가모니 부처의 사촌이다. 석가모니 부처의 고향 방문 때 여러 명의 석가족 젊은이들과 함께 출가했다. 그러나 석가모니 부처의 가르침에 따라 수행하기보다는 세속적인 욕망이 더 많았다. 염불에는 뜻이 없고 잿밥에만 관심이 있는 경우다. 그런 수행자가 어찌 데다밧타 뿐이겠는가. 지금도 여전히 현재진행형인 것을. 그는 빔비사라 왕의 아들인 아자타삿투 왕자의 환심을 얻어 지나칠 정도로 많은 공양을 받았다. 석가모니 부처는 그런 데바닷타를 끊임없이 야단치고 나무랐다. 이에 앙심을 품은 데바닷타는 석가모니 부처를 몰아내고 그 자리를 차지하려 했다. 가장 강력한 나라인 마가다국의 왕자 아자타삿투도 자신의 편이니 해볼 만한 싸움이 아닌가. 그는 아자타삿투를 충동질해 아버지 빔비사라 왕을 내쫓고 왕위를 탈취하게 했다. 그의 계략대로 아자타삿투는 빔비사라 왕을 감옥에 가둬 굶어죽게 하고 스스로 왕이 되었다. 이제 자신만 부처의 자리를 차지하면 되었다.

자신을 따르는 무리들이 상당히 많다고 확신한 데바닷타는 석가모니 부처를 찾아갔다. 석가모니 부처는 이제 연로하니 편안하게 여생을 보내고 교단을 자신에게 넘기라고 말했다. 석가모니 부처는 "너같이 탐욕에 가득한 사람에게는 교단을 맡길 수 없다"는 말로 일언지하에 거절했다. 데바닷타는 자신의 추종자들을 의식해 그럴 듯한 요구 조건을 제시하며 청정한 체했다. 그러나 아무리 석가모니 부처 흉내를 내려 해도 결코 석가모니 부처가 될 수는 없었다. 석가모니 부처의 가르침이 마음에서 우러난 걸림 없는 가르침이었다면 데바닷타의 가르침은 가식이 섞여 자연스러움이 없었다. 그것은 마치 김정희가 어린 달준이를 위해 「불이선란」을 그린 후 말한 "똑같은 작품은 한 번만 가능하고 두 번은 불가한" 경지나 다름없다. 흉내 내서 그린 그림에는 영혼이 없다. 기교만이 드러날 뿐이다. 닮게 그리려고 할수록 본성의 참모습에서 멀어질 뿐이다.

그 결과는 아자타사투 왕자의 모습만 봐도 알 수 있다. 아자타사투 왕자는 처음에는 부처의 흉내를 낸 데바닷타의 꾀임에 빠져 아버지까지 죽인 패륜을 저질렀다. 그러나 가짜는 가짜다. 언젠가는 진짜가 아니라는 것이 드러난다. 아자타사투 왕자는 얼마 지나지 않아 데바닷타의 가르침이 참본성을 거슬린다는 것을 깨달았다. 그는 자신의 잘못을 참회하고 부처를 찾아가 용서를 구한 후 아버지의 뒤를 이어 독실한 불교의 후원자가 됐다.

결국 데바닷타는 자신의 추종자들을 데리고 승단을 떠났다. 승단의 분열이었다. 그러나 그를 따라 갔던 추종자들도 오래지 않아 진실을 깨닫고 데바닷타를 떠나 석가모니 부처에게 돌아갔다. 홀로 남은 데바닷타는 분노에 사로잡혀 9개월을 앓다 세상을 떠났다. 굳이 해명하려 애쓰지 않아도 진실은 언젠가 빛을 보기 마련이다. 석가모니 부처의 가르침이 그와 같았다.

열반

자신을
등불 삼아
법을
등불 삼아

신명연 「연꽃」
작자 미상 「일월오봉도」

 가지 많은 나무에 바람 잘 날 없다. 제자가 많아지고 교단이 커지다 보니 여러 가지 분열이 일어났다. 석가모니 부처가 코삼비에 머물고 있을 때였다. 한 비구가 계를 범했는데 이것이 파계에 해당되는지 아닌지에 대해 비구들이 두 파로 나뉘었다. 그들은 서로 다투며 조금도 자신들의 견해를 굽히지 않았다. 석가모니 부처는 양쪽 비구들을 찾아가 화합할 것을 타일렀지만 듣지 않았다. 오히려 시간이 갈수록 논쟁이 심해지더니 급기야 폭력 사태까지 발생했다. 데바닷타의 반역만큼이나 심각한 사태였다. 석가모니 부처는 여러 가지 예를 들며 "원한은 원한에 의해 풀리지 않는다"라고 거듭 타일렀으나 소용없었다. 그들은 자신만이 옳다는 편견에 사로잡혀 석가모니 부처의 가르침마저 듣지 않으려 했다. 더 이상 방법이 없다고 판단한 석가모니 부처는 아무도 거느리지 않고 혼자 길을 떠났다. 분노한 것은 코삼비 신자들이었다. 비구들의 다툼과 분쟁으로 석가모니 부처가 코삼비를 떠난 것을 안 신자들은 비구들에 대한 공양과 보시를 그만두어버렸다. 비구들이 탁발을 나와도 문을 닫아버리고 아무도 상대해주지 않았다. 그제서야 비구들은 자신들의 잘못을 반성하고 석가모니 부처의 가르침을 받아들였다. 소동을 벌인 비구는 잘못을 사과했고 반대파들은 서로 찾아가 화해를 청했다. 교단의 불화는 해소됐고 화합이 이루어졌다. 그러나 계율을 둘러싼 의견 대립은 자주 발생했다.

비록 교단의 화합을 해치는 무리가 있었지만 불교 교단을 보호하고 분열을 방지하기 위해 노력한 훌륭한 제자들도 상당히 많았다. 석가모니 부처의 상수제자인 사리붓다와 목련이 대표적이다. 그들은 서로 친구였는데 입적할 때까지 불교 교단을 위해 헌신했다. 아무리 훌륭한 수행자라도 세월을 비켜갈 수는 없는 법. 목련이 세상을 떠날 때가 가까워졌다. 목련과 함께 출가했던 사리붓다는 친구가 입적할 때가 왔다는 것을 알고 함께 입적하고자 했다. 사리붓다는 석가모니 부처에게 먼저 입적하겠다는 허락을 받았다. 그 후 고향에 내려가 친족들에게 최후의 설법을 마친 다음 입적했다. 목련도 고향 친족들에게 최후의 설법을 마치고 사리붓다의 뒤를 따랐다.

두 제자의 입적 소식을 들은 석가모니 부처는 탄식하는 제자들에게 다음과 같이 설법했다.

"이 세상에 무상하지 않은 것은 아무것도 없다. 사랑하는 사람들은 모두

佛

신명연, 「연꽃」, 비단에 연한 색, 33.3×20cm, 국립중앙박물관 소장

언젠가는 이별해야 한다. 그러니 비구들이여, 그대들은 자신을 등불 삼고 법을 등불 삼되 다른 것에 의지해서는 안 된다. 현재도, 내가 입적한 뒤에도 자신을 등불 삼고 법을 등불 삼아 수행에 정진하는 수행승이야말로 내 뜻에 가장 맞는 사람이다."

 석가모니 부처가 아프다는 얘기를 듣고 당황한 아난다에게도 석가모니 부처는 똑같은 내용을 말했다. 자신을 등불 삼고 법을 등불 삼아 게으름 없이 정진하라. 그렇게 말한 석가모니 부처도 두 제자가 빠진 자리가 허전하기는 마찬가지였다. 밧지국의 웃카켈라라는 마을에서 설법을 할 때 이렇게 말했다.

 "사리붓다와 목련이 죽은 이후로 이 집회는 텅 빈 것 같구나. 두 사람의 얼굴이 보이지 않는 집회는 쓸쓸하기 그지없다."

진흙 속에서 나왔으되 맑은 연꽃처럼

 애춘藹春 신명연申命衍, 1809~86이 그린 「연꽃」은 보는 사람의 혼을 뒤흔들어놓을 만큼 고혹적이고 아름답다. 작가는 하얀 꽃잎 끝에 붉은색을 살짝 물들였다. 그 발상이 참신하면서도 감각적이다. 활짝 핀 연꽃을 푸르스름한 연잎 위에 받쳐 놓았다. 그 색감의 대비가 현대 수채화를 보듯 신선하다. 만개한 꽃 아래에는 아직 열리지 않는 꽃봉오리를 배치했다. 오므린 꽃이 가슴을 열면 위에 핀 꽃처럼 절정에 이를 것이다. 두 송이 연꽃 사이에는 기다림의 시간만큼의 떨림과 가슴 조임이 묻어 있다. 그 구도가 절묘하다. 신명연의 붓끝에서 피어난 고운 연꽃은, 진흙에서 피었으나 더러움에 물들지 않는 구도자의 상징성이 훌륭하게 담겨 있다. 연꽃을 "향기가 멀수록 더욱 맑아 군자君子의 꽃"이라 칭송했던 이는 북송北宋의 유학자 주돈이다. 신명연의 「연꽃」을 보면 주돈이의 주장에 고개가 절로 끄덕거려지지 않은가.

신명연은 대나무를 잘 그린 자하紫霞 신위申緯, 1769~1845의 아들이다. 그는 산수, 사군자, 화조 등 여러 분야에 능한 작품을 남겼다. 특히 양귀비, 장미, 국화, 모란, 수국, 난초 등 다양한 소재의 화조화를 그린『산수화훼도첩』은 남계우南啓宇, 김수철金秀哲, 전기, 홍세섭洪世燮 등 신감각적인 미감으로 화단에 새로운 바람을 일으켰던 동시대 작가들과 그 궤적을 같이한다. 연꽃을 그린 화가는 많지만 연꽃의 속성을 신명연처럼 잘 드러낸 작가는 흔치 않다.

석가모니 부처가 성도하고 녹야원에서 최초의 설법을 하신 지 어느새 45년이 흘렀다. 45년 석가모니 부처의 생애는 한마디로 연꽃과 같았다. 그 긴 세월을 한결같이 진흙탕 같은 사바세계를 맨발로 걸어 다니며 무명에 쌓인 중생을 제도하느라 보냈다. 그것은 오직 자비로 점철된 삶이었다. 진리를 깨닫기도 쉽지 않지만 깨달은 진리를 실천하며 평생을 바치기는 더욱 어렵다. 쉽지 않은 일을 45년 동안 오롯한 마음으로 실천한 분이 석가모니 부처다. 이제 여든의 나이가 된 석가모니 부처는 노쇠한 몸에 자주 심한 통증을 느꼈다. 낡아 빠진 수레가 간신히 움직이고 있는 것처럼 석가모니 부처의 몸도 겨우겨우 움직이고 있었다.

석가모니 부처는 비구들을 영취산에 모이게 했다. 마지막으로 공식적인 설법을 하기 위해서였다. 설법의 내용은, "비구들이 서로 모여 화합하고 계율을 지키며 선배를 존경하여 훌륭한 수행자가 되어야 한다"는 '불멸의 일곱 가지 법'이었다. 비구들의 승단이 번영하고 계속되기를 바라는 가르침이었다. 석가모니 부처의 설법은 불교의 근본 가르침인 '계정혜戒定慧' 삼학三學으로 이어졌다. '삼학三學'에서 '학學'은 배운다는 뜻이 아니라 '실천'한다는 뜻이다. 그러니 계율과 명상과 지혜를 배워 실천하지 않으면 아무 의미가 없다. 불교는 지식으로만 아는 종교가 아니다. 믿고 공부하고 실천해서 논리를 증명해야 하는

8
사라쌍수 밑에서 열반에 들다

신해행증信解行證의 종교다. 그 중심에 계정혜가 있다. 계율戒律은 생활하는 데 필요한 규범이다. 정定은 선정 또는 삼매라 부르는데 마음을 집중시켜 산란하지 않게 하는 생활 태도다. 혜慧는 인생 문제의 근본을 깨닫고 해결하는 예지로 계율과 선정이 뒷받침되었을 때 얻을 수 있는 공덕이다. 불교 수행의 목표는 계정혜 삼학에 의해 미혹에서 벗어나 해탈하는 것이다.

석가모니 부처, 석 달 뒤에 열반에 들다

석가모니 부처는 병든 몸을 이끌고 바이샬리로 향했다. 제자들을 모아놓고 "석 달 뒤에 입적할 것"이라 선언했다. 석가모니 부처는 입적 후의 제자들을 위해 '4대 교법四大敎法'에 대해 설했다. 앞으로 불교 교단에서 무슨 일을 행할 때 네 가지 기준에 의해 비추어본 다음 결정할 수 있는 근거라고 할 수 있다.

설법을 마친 석가모니 부처는 금속 세공인 춘다의 과수원에 잠시 머물렀다. 석가모니 부처가 왔다는 소식을 들은 춘다는 석가모니 부처의 설법을 듣고 기뻐 이튿날 식사에 초대했다. 춘다의 공양을 받은 석가모니 부처는 돌아오는 도중 등에 심한 아픔을 느껴 자리를 깔게 하고 앉았다. 음식에 문제가 있었던 것이다. 석가모니 부처는 춘다가 걱정됐다. 행여 비구들이 춘다의 공양 때문에 석가모니 부처가 탈이 났다고 비난할까봐 아난다를 불렀다.

"아난다야, 춘다가 바친 공양이 여래가 받는 마지막 공양이 되었다. 그것 때문에 춘다가 후회할 필요는 없다. 여래가 처음 도를 이루었을 때 바친 공양과 입적하기 전에 바친 공양은 그 공덕의 크기가 똑같다고 할 수 있다. 마지막 공양을 올린 것은 커다란 공덕이지 결코 후회할 일이 아니다."

춘다의 공양을 받은 다음 날 석가모니 부처는 아난다를 데리고 쿠시나가르로 향했다. 도중에 길가의 나무 아래서 웃옷을 네 겹으로 접어 그 위에 앉아

지친 몸을 쉬면서 물을 마셨다. 그때 풋쿠사라는 말라족의 귀족 한 사람이 지나가다 석가모니 부처의 가르침을 듣고 감화되어 신자가 되겠다고 말했다. 풋쿠사는 하인 한 사람을 시켜 금실로 짠 천을 두 장 가져오게 해서 석가모니 부처에게 바쳤다. 석가모니 부처는 아난에게 그 천을 입혀달라고 했다. 아난다는 석가모니 부처를 보고 깜짝 놀랐다. 금실로 짠 화려한 천이 석가모니 부처의 위엄과 권위에 가려 빛을 잃었기 때문이다. 아난다가 석가모니 부처에게 그 까닭을 물었다. 석가모니 부처가 대답했다.

"아난다야, 여래의 피부 빛깔이 유난히 맑고 빛나는 일이 두 번 있다. 최고의 깨달음을 얻었을 때와 열반하는 밤이다. 여래는 오늘 밤 쿠시나가르 말라족의 사라나무 숲에서 열반에 들 것이다. 카쿳타 강으로 가자."

석가모니 부처는 제자들을 거느리고 카쿳타 강에 이르렀다. 몸소 강물에 들어가 목욕한 후 근처 암바 숲속에 들어가 가사를 네 겹으로 접어 펴게 한 후 그 위에 누웠다. 석가모니 부처의 몸에서는 눈이 부실 정도로 빛이 났다. 석가모니 부처는 다시 한 번 춘다가 올린 공양의 공덕에 대해 말했다. 석가모니 부처를 죽게 한 자라는 오명을 받을까 걱정됐기 때문이다. 마지막까지 춘다를 지켜주고자 한 자비심에서였다. 그리고 마침내 강을 건너 쿠시나가르 말라족의 사라나무 숲속으로 향했다. 석가모니 부처는 아난다를 시켜 두 그루의 사라나무 사이에 자리를 마련하도록 했다. 그리고 오른쪽 옆구리를 바닥에 대고 발을 포개어 옆으로 누웠다. 석가모니 부처의 열반이 가까워온 것을 안 제자들은 장례 절차에 대해 물었다. 석가모니 부처는 여래의 장례는 재가신자들이 치러줄 것이니 출가 수행승은 장례에 상관하지 말고 오직 게으름 없이 정진하라고 대답했다. 석가모니 부처의 열반이 임박한 것을 안 아난다는 슬픔을 이기지 못해 자리를 떠나 나뭇가지를 붙들고 울었다. 석가모니 부처가 아난다를 불렀다.

"아난다야. 너는 오랫동안 여래를 정성껏 섬겨 왔으니 큰 공덕을 쌓았다. 앞으로도 한 층 더 정진해 성자의 경지에 이르도록 하라."

아난다는 이 궁벽하고 보잘것없는 시골 동네에서 열반에 들지 말고 큰 도시로 가는 것이 어떻겠느냐고 말씀드렸다. 석가모니 부처는 아난다의 말을 막았다.

"그렇게 말하지 마라, 아난다야. 이곳은 나와 인연이 깊은 곳으로 이 백성들은 내가 사랑하는 사람들이니라. 여래가 태어난 곳, 최고의 깨달음을 얻은 곳, 최초로 설법한 곳, 마지막으로 입적한 곳은 아주 중요한 성지가 될 것이다. 먼 미래에 많은 사람들이 구름처럼 몰려와 이곳에서 예배할 것이다."

석가모니 부처는 아난다에게 오늘 밤 여래가 입적할 거라는 사실을 쿠시나가르의 말라족 사람들에게 알리도록 했다. 그들 가까이 있으면서 마지막 작별 인사할 기회마저 주지 않으면 그들이 서운해 할 것이기 때문이었다. 그날 밤, 수많은 말라족들이 처자를 거느리고 석가모니 부처에게 마지막 예배를 드리러 왔다. 그때 수바드라라는 늙은 수행자가 석가모니 부처의 입적 소식을 들었다. 그는 석가모니 부처가 이 세상에 출현하는 것이 아주 드물다는 것을 알고 평생의 의문을 풀기 위해 석가모니 부처에게 달려와 뵙기를 청했다. 아난다는 석가모니 부처를 번거롭게 해드려서는 안 된다는 이유로 그의 간청을 거절했다. 석가모니 부처는 아난다에게 수바드라를 막지 말라고 말했다. 그리고 수바드라에게 팔정도와 사성제에 대해 설법했다. 석가모니 부처의 설법을 듣고 눈이 뜨인 수바드라는 그 자리에서 불법승 삼보에 귀의하고 출가했다. 그는 석가모니 부처의 마지막 직계 제자가 됐다. 석가모니 부처는 마지막 순간까지 제자들에게 의문이 있으면 질문하라고 말했다. 석가모니 부처 앞에

작자 미상, 「일월오봉도」(6곡병), 비단에 색, 149.3×325.8cm, 19세기, 국립고궁박물관 소장

8
사라쌍수 밑에서
열반에 들다

있던 500명의 비구 중에는 아무도 질문하는 사람이 없었다. 이미 넘치도록 충분히 가르침을 받은 결과였다. 신념에 찬 제자들의 모습을 본 석가모니 부처는 다음과 같이 말했다.

"비구들이여, 여래가 입멸한 뒤 그대들은 이렇게 말할지도 모른다. '이제 우리에게는 스승의 말씀만 남아 있고 스승은 이 세상에 계시지 않는다'라고. 그러나 여래가 입멸한 후에는 여래가 지금까지 설한 법과 율이 그대들의 스승이 될 것이다. 모든 것은 무상하다. 그러니 게을리 말고 정진하라."

마지막 말을 마친 석가모니 부처는 고요히 삼매에 들었다. 기원전 544년의 일이었다. 이로써 기원전 624년에 탄생해 스물아홉 살에 출가하고 6년 고행 후 서른다섯 살에 득도한 후 여든 살까지 가르침을 준 석가모니의 생애가 문을 닫았다. 이제 새로운 법法의 세계가 열릴 것이다.

왕은 「일월오봉도」 속에 현존한다

「일월오봉도」는 해와 달, 다섯 개의 산봉우리와 소나무, 폭포와 파도가 그려진 궁궐 그림이다. '일월도日月圖' '일월오악도日月五岳圖' '오봉산병五峯山屛' '오봉병五峯屛'으로도 불리는데 화려한 채색과 정확한 좌우대칭이 특징이다. 「일월오봉도」는 왕이 있는 곳이라면 어디든지 그 배경으로 그렸다. 경복궁의 근정전, 창덕궁의 인정전, 창경궁의 명정전, 덕수궁의 중화전, 경희궁의 숭정전 등 궁궐의 정전正殿에는 왕의 어좌가 놓인 당가唐家, 닷집에 「일월오봉도」를 설치하여 왕의 위엄과 권위를 과시했다. 왕이 궁궐을 벗어나 행궁이나 사가에 임시로 거처할 때도 「일월오봉도」는 필수적으로 휴대했다. 왕이 참석하는 연회장이나 왕이 붕어崩御, 돌아가심했을 때 관을 모시는 빈전殯殿, 신위神位를 모시는 혼전魂殿, 그리고 어진을 모시는 진전眞殿에도 「일월오봉도」를 드리워 마치 살아 있을 때의 왕을 모시듯 대했다. 그런데 특이한 것은 「일월오봉도」를 그리면서 그 앞에 앉아 있어야 할 어좌御座 위의 왕은 그리지 않았다는 점이다. 왕은 워낙 지중至重한 분이라 감히 화원의 붓질로 그려서는 안 되는 분이었기 때문이다. 비록 그림 속에 왕은 보이지 않으나 왕은 그림 속에서 여전히 현재형으로 실존한다. 「일월오봉도」가 왕의 현존을 말해준다. 「일월오봉도」는 그 누구도 아닌 오직 왕의 배경으로만 그려지기 때문이다. 「일월오봉도」가 곧 왕이다. 석가모니 부처는 입적했지만 여전히 우리들 속에 현재형으로 살아 있다. 석가모니 부처의 모습은 보이지 않지만 석가모니 부처가 설하고 제정한 법과 율 속에서 생생하게 살아 있다. 계정혜 삼학과 불법승이 석가모니 부처의 현존을 알려주는 「일월오봉도」다. 불법승이 곧 석가모니 부처다.

마치며

"모든 것은 무상하다. 그러니 게으르지 말고 정진하라."

평생 중생을 위해 살다간 석가모니 부처는 마지막 순간에도 제자들에게 정진을 당부했다. 이제는 우리가 정진할 차례다. 석가모니 부처의 가르침에 귀 기울인다면, 우리는 매순간 부처와 마주앉아 법문法問을 듣는 영광을 누릴 수 있다. 마음이 순해지면 삶에 향기가 도는 법이다.

이 글은 『법보신문』에 1년 동안 연재한 글을 손질한 것이다. 부족한 글을 올릴 수 있도록 지면을 허락해준 남배현 대표님과 연재를 기획한 이재형 부장님께 진심으로 감사드린다. 특히 연재 기간 동안 정성껏 글을 보살펴준 김규보 기자님께 깊은 감사의 마음을 전한다.

부처와 독대하면서 듣게 될 가르침은 2권 『옛 그림, 불교의 가르침에 빠지다』로 찾아갈 예정이다. 다시 만날 때까지, 모두들 큰 정진 있으시기를!

참고자료

_____ 논문 _____

고연희, 「韓·中 翎毛花草畵의 政治的 性格」(이화여대 박사학위 논문, 2012)

김선정, 「朝鮮後期 百子圖 硏究」(이화여대 대학원 석사학위 논문, 2001)

박수연, 「朝鮮後期 八相圖의 展開」(이화여대 석사학위 논문, 2006)

박은순, 「金剛山圖 硏究」(홍익대 대학원 박사학위 논문, 1994)

박은순, 「正廟朝「王世子冊禮稧屛」: 神仙圖稧屛의 한 가지 예」, 『미술사연구』제4호(1990)

박정혜, 「朝鮮時代 宮中記錄畵 硏究」(홍익대 대학원 박사학위 논문, 1998)

송혜경, 『顧氏畵譜』와 조선후기 화단」(홍익대 대학원 석사학위 논문, 2002)

신성란, 「蕙春 申命衍(1809-1886)의 繪畵 硏究」(홍익대 대학원 석사학위 논문, 2004)

신지연, 「朝鮮時代 釋迦八相圖 硏究」(동국대 석사학위 논문, 2010)

우현수, 「조선후기 瑤池宴圖에 대한 연구」(이화여대 대학원 석사학위 논문, 1996)

유옥경, 「蕙山 劉淑(1827-1873)의 회화 연구」(이화여대 대학원 석사학위 논문, 1995)

「朝鮮時代 繪畵에 나타난 飮酒像 연구」(이화여대 대학원 박사학위 논문, 2011)

유홍준, 「凌壺觀 李麟祥의 生涯와 藝術」(홍익대 대학원 석사학위 논문, 1983)

윤진영, 「강세황 작「복천오부인 영정」」, 『강좌미술사』27호.(2006)

이선옥, 「朝鮮時代 梅花圖 硏究」(한국정신문화연구원 박사학위 논문, 2004)

이순미, 「澹拙 姜熙彦의 繪畵 硏究」(홍익대 대학원 석사학위 논문, 1995)

이승은, 「朝鮮中期 小景山水人物畵의 硏究」(홍익대 대학원 석사학위 논문, 1992)

정영미, 「朝鮮後期 郭汾陽行樂圖 硏究」(한국정신문화연구원 석사학위 논문, 1998)

최성희, 「朝鮮後期 平生圖 硏究」(이화여대 석사학위 논문, 2001)

하향주, 「朝鮮後期 畵壇에 미친 『唐詩畵譜』의 影響」(동국대 석사학위 논문, 2005)

_____ 책

노자키 세이킨, 변영섭·안영길 옮김, 『중국길상도안』(예경, 1992)

마성, 『사캬무니 붓다』(대숲바람, 2010)

박은화, 『중국회화감상』(예경, 2001)

사마천, 김원중 옮김, 『사기세가』(민음사, 2010)

아키야마 테루카즈, 이성미 옮김, 『일본회화사』(예경, 1992)

안휘준, 『안견과 몽유도원도』(사회평론, 2009)

　　　　『한국회화사』, (일지사, 1983)

오주석, 『이인문의 강산무진도』(신구문화사, 2006)

와타나베 쇼코, 법정 옮김, 『불타 석가모니』(문학의 숲, 2010)

위안커, 김선자 외 옮김, 『중국신화사 上』(웅진지식하우스, 2007)

이기동 역해, 『서경강설』(성균관대학교출판부, 2006)

이성미, 『가례도감의궤와 미술사』(소와당, 2008)

　　　　『한국회화사 용어집』(다할미디어, 2003)

이중석, 『내 인생의 멘토 붓다』(불광출판사, 2011)

조정육, 『조선의 미인을 사랑한 신윤복』(아이세움, 2009)

　　　　『조선의 미인을 사랑한 신윤복』(아이세움, 2009)

　　　　『조선의 글씨를 천하에 세운 김정희』(아이세움, 2007)

_____ 도록·잡지 외

한국고전종합DB

『간송문화』 77호(한국민족미술연구소, 2009)

『간송문화』 84호(한국민족미술연구소, 2013)

『겸재 정선— 붓으로 펼친 천지조화』(국립중앙박물관, 2009)

『궁궐의 장식그림』(국립고궁박물관, 2009)

『능호관 이인상』(국립중앙박물관, 2010)

『東洋의 名畵: 飛鳥~江戶時代의 繪畵 6, 日本』(삼성출판사, 1985)

『東洋의 名畵: 朝鮮前半期의 繪畵 1, 韓國Ⅰ』(삼성출판사, 1985)

『東洋의 名畵: 朝鮮後半期의 繪畵 2, 韓國Ⅱ』(삼성출판사, 1985)

문화재청, 『궁궐의 현판과 주련 1-경복궁』(수류산방, 2007)

문화재청, 『궁궐의 현판과 주련 2-창덕궁, 창경궁』(수류산방, 2007)

『서울대학교박물관소장 한국전통회화』(서울대학교박물관, 1993)

『서울역사박물관』(서울역사박물관, 2002)

『모방의 미학』(이화여자대학교박물관, 2013)

『조선시대 풍속화』(국립중앙박물관, 2002)

『조선시대 향연과 의례』(국립중앙박물관, 2009)

『조선화원대전』(삼성미술관 리움, 2011)

『청록산수, 낙원을 그리다』(국립중앙박물관, 2006)

『표암 강세황』(국립중앙박물관, 2013)

『한국박물관 개관 100주년 기념 특별전』(국립중앙박물관, 2009)

『한국의 도교문화』(국립중앙박물관, 2013)

『한국의 미―산수화』상(중앙일보사, 1982)

『한국의 미―산수화』하(중앙일보사, 1982)

『한국의 미―인물화』(중앙일보사, 1982)

『한국의 미―풍속화』(중앙일보사, 1982)

『한국의 미―화조화』(중앙일보사, 1982)